Reiner Kotulla

**Leander Parow
in:
Chatten über Waldgirmes**

Bekäme er eine zweite Chance, den Lehrerberuf ergriffe er erneut, meint Leander Parow, obwohl es nicht von Dauer ist, sein Lehrerdasein. Und überhaupt, von Dauer ist bei ihm kaum etwas. Die „Fortbildungsgeliebte" ist verheiratet und will es auch bleiben, und Judith, die er heiratet, ist eine religiöse Heuchlerin, der er dummerweise die Erziehung ihrer gemeinsamen Tochter, Sandrine, überlässt. Nur die Freundschaft zu Bruni und Sonja scheint von Bestand zu sein. Er gründet ein Dienstleistungskombinat, das ihm ein gewisses Auskommen sichert. So ist alles in bester Ordnung – bis es zu dem Unfall kommt.

Und dann ist da noch die Geschichte von Lanto, dem Chattenmann. Der wird von seiner Sippe verstoßen, weil er die Frau eines anderen begehrt. Er wandert durch das Chattenland, beiderseits der Lagona (Lahn), findet Aufnahme in der Sippe der Elstern, bis die Römer kommen und ihn und Nanne zu Sklaven machen. In Mattiacum (Waldgirmes) schmieden beide einen Plan, der, wenn er gelingt, das Ende der Römerherrschaft über Mattiacum bedeuten kann.

Reiner Kotulla, begann 1997 mit dem Schreiben. Schauplätze für seine Geschichten findet er an Lahn und Dill, auf Sardinien und in Berlin. Schreibanlässe bietet auch seine politische Arbeit, denn der Autor ist Mitglied der Partei DIE LINKE.

Reiner Kotulla

Leander Parow in:
Chatten über Waldgirmes

Shaker Media

Bibliografische Information der Deutschen Nationalbibliothek
Die Deutsche Nationalbibliothek verzeichnet diese Publikation in der
Deutschen Nationalbibliografie; detaillierte bibliografische Daten sind
im Internet über http://dnb.d-nb.de abrufbar.

Die Handlung dieses Romans ist frei erfunden. Alle Figuren in diesem
Buch, mit Ausnahme der namentlich angeführten historischen Persönlichkeiten, sind Erfindungen des Erzäh-lers. Keine ist identisch mit einer toten
oder lebenden Per-son. Konkret beschriebene Orte entsprechen der Realität. Der Autor erhebt nicht den Anspruch auf wissenschaftliche Genauigkeit.

Lektorat: Sandra Nowack
Coverentwurf: Reiner Kotulla
Foto, Titelseite: Reiner Kotulla
Foto, Rückseite: Hartmut Krämer

www.reiner-kotulla.de

Copyright Shaker Media 2011
Alle Rechte, auch das des auszugsweisen Nachdruckes, der
auszugsweisen oder vollständigen Wiedergabe, der Speicherung
in Datenverarbeitungsanlagen und der Übersetzung, vorbehalten.

Printed in Germany.

ISBN 978-3-86858-707-4

Shaker Media GmbH • Postfach 101818 • 52018 Aachen
Telefon: 02407 / 95964 - 0 • Telefax: 02407 / 95964 - 9
Internet: www.shaker-media.de • E-Mail: info@shaker-media.de

Reiner Kotulla

Leander Parow
in:
Chatten über Waldgirmes

Mein Dank gilt dem Geschäftsführer des Fördervereins Römisches Forum Waldgirmes e.V. Peter Schepp und seinem Kollegen Hartmut Krämer, dem Archäologen Dennis Stephan, dem Historiker Professor Doktor Friedrich Schlette (DDR), dem Pädagogen Herbert Mühlstädt (DDR) und nicht zuletzt Friedrich Engels, dem Verfasser von: Der Ursprung der Familie, des Privateigentums und des Staates.

Shaker Media

„Die Entstehung von Religionen wurde durch das Unvermögen des Menschen, die tatsächlichen Vorgänge und Zusammenhänge in der Natur und Gesellschaft zu erfassen, gefördert. Je niedriger der wissenschaftliche Erkenntnisstand einer Gesellschaft ist, um so größere Bedeutung besitzen Religion und Kult im Leben des Menschen." (Friedrich Schlette)
„Erst die wirkliche Erkenntnis der Naturkräfte vertreibt die Götter oder den Gott aus einer Position nach der anderen." (Friedrich Engels)

Leander Parow
in:
Chatten über Waldgirmes

Erster Teil

Eins

So gut wie leer, erkannte ich, als ich die Kühlschranktür öffnete. Ich nahm das Fahrrad, und weil auf der Bahnhofstraße Marktverkehr herrschte, schob ich das Gefährt, um es am Eingang zum großen Kaufhaus anzuschließen. Dummerweise hatte ich mir keine Notizen gemacht und so stellte ich in Gedanken zusammen, was eingekauft werden musste. Margarine, Butter, Käse, Wurst … „Darf ich Ihnen einen Gruß von Jesus überreichen?"

Ich hatte nicht auf die Leute geachtet, blieb stehen und musste die junge Frau wohl erschrocken angeschaut haben, denn sie bat mich sofort um Entschuldigung, hielt mir aber einen Zettel hin, den ich ihr aus der Hand nahm, fast reflexartig.

Ich wusste sofort, wen ich da vor mir hatte, und auf einen Schlag kam alles in mir hoch, was ich längst vergessen zu haben geglaubt hatte. So musste sie ausgesehen haben, vor zwanzig Jahren. Da hatte sie vermutlich auch auf der Straße gestanden, hatte ebensolche Blättchen an Passanten verteilt. Vielleicht hatte sie auch ähnlich ausgesehen wie die junge Frau, die gerade ansetzte, mich missionieren zu wollen. Fast so groß wie ich, schlank, ihr Haar zu einem langen Zopf geflochten. Sie lächelte mich offen an und ich nahm ihre hellblau-grauen Augen wahr. Auf ihrer Nase tummelten sich ein paar Sommersprossen. Schon wollte ich sie unterbrechen, als mich die Neugierde bewog, ihr ein paar Fragen zu stellen. Sie antwortete geduldig, auch noch, als sie meine Provokationen längst bemerkt haben musste. Hin und wieder stieg ihr Röte ins Gesicht. Wut- oder Schamesröte, ich wusste es nicht.

Als ich Tränen in ihren Augen entdeckte, zwang ich mich zur Zurückhaltung und entschuldigte mich bei ihr. „Nein, nein", meinte sie, und so hätten wir wohl noch eine Zeit lang weiter Argumente ausgetauscht, wäre da nicht plötzlich einer ihrer Glaubensbrüder aufgetaucht, der sich in unser Gespräch einmischte, vielleicht, um ihr beizustehen.

Ich verspürte keine Lust, alles Gesagte zu wiederholen. Schon wollte ich mich verabschieden, da bat sie mich, einen Moment zu warten. Sie eilte zum Kioskwagen. Zurück, reichte sie mir eine CD. „Hören Sie doch mal rein", und lächelte mich an wie zu Beginn unserer Unterhaltung.

Jetzt zuerst eine Tasse Kaffee und dann der Einkauf. Neben mir an der Wand hing die Zeitungsstange. Ich nahm sie vom Haken, überflog die ersten Seiten. Dann, im Lokalteil, interessierte mich ein Artikel. Ich las:

Fast wäre Mattiacum (Waldgirmes) die Hauptstadt einer römischen Provinz geworden. Ob das so stimmt, konnte Mar-

tina Aberle nicht bestätigen. Dass die Archäologin aber an einer bedeutenden Ausgrabung beteiligt war, machte sie mit ihrem Vortrag über die Römerstadt deutlich.

Mit 350 Besuchern war das Interesse an dem, was seit 1993 aus dem Ackerboden zwischen Waldgirmes und der Autobahn gegraben wurde, außergewöhnlich groß. „Mattiacum ist für mich die schönste Grabung überhaupt", so Aberle gleich zu Beginn. Mit der Entdeckung der römischen Stadt sei eine Grundregel ihres Studiums außer Kraft gesetzt worden. „Es gibt keine rechtsrheinische römische Stadt", hatte diese gelautet. Als 1997 die steinernen Fundamente des Forums zutage kamen, rief deshalb auch die Römisch-Germanische Kommission bei ihr an. „Das gibt es nicht. Wir kommen sofort", habe deren Leiter gesagt.

Interessant, dachte ich und hängte die Zeitung wieder an den Haken, denn nun wollte ich auf den Grund meines Hierseins zurückkommen – Einkaufen. Noch konnte ich nichts von der Bedeutung wissen, die dieser Artikel für meine Zukunft haben sollte.

Zwei

Meine Eltern waren einfache Leute. Mutter Bankkauffrau, Vater Bankkaufmann, die sich durch ihre Arbeit bei der Volksbank kennengelernt hatten. Meine Mutter hatte eine traditionelle Mädchenerziehung genossen. Sie gab ihre Berufstätigkeit auf, als ich mich ankündigte. Mein Vater hatte die Banklehre nach dem Erwerb des Wirtschaftsabiturs begonnen. Im Laufe der Jahre arbeitete er sich zum Filialleiter einer Zweigstelle in Siegen hoch. Damit waren für mich die besten Voraussetzungen für eine ordentliche Bildung geschaffen worden.

Ich studierte an der Siegener Universität, die für eine traditionelle Lehrerausbildung bekannt ist. Das soll einmal anders gewesen sein. Da hatten dort aufrührerische Geister im Trend einer Bildungsreform für Aufsehen gesorgt. Doch mit dem

Wandel von einer Gesamthochschule zurück zur traditionellen Universität vergaßen einstmals linke Professoren vieles von dem, was sie sich ursprünglich auf ihre Fahnen geschrieben hatten. Einer von ihnen, der sich treu geblieben war, der zu meinen Lehren gehörte und mit dem ich ein fast freundschaftliches Verhältnis pflegte, äußerte einmal, dass einige seiner Kollegen einst so weit links gestanden hätten, dass sie dann, als ein Wandel opportun war, rechts herausgekommen seien. Einer habe in den 70ern dem Kommunistischen Bund Westdeutschland angehört, einer sich maoistisch gebenden Organisation. Der habe einen Aufruf des KBW unterschrieben, dessen Hauptforderung gelautet hatte: „Arbeiter Westdeutschlands, greift zu den Waffen!" Das sei zu einer Zeit gewesen, als sich kaum ein Beschäftigter als Arbeiter angesprochen gefühlt und viel lieber zur Bierflasche gegriffen habe. Dieser Mann, karrieregeil, promoviert und habilitiert, habe sich später beim „Bund Freiheit der Wissenschaft", einer rechten Professorenvereinigung, engagiert.

Zurück zu jenem meiner Lehrer, der seiner Überzeugung treu geblieben war. Der vermittelte mir eine Fähigkeit, von der ich später manchmal glaubte, dass ich ohne sie zufriedener in den Tag hinein leben könnte. Er lehrte mich, hinter die Wörter zu schauen. Ein Beispiel dafür habe ich nicht vergessen: „Streikgefahr gebannt", war ein Zeitungsartikel überschrieben, den er uns zum Seminarbeginn vorgelegt hatte. Zunächst sahen wir Studenten nichts Besonderes an der Überschrift. Da stellte der Dozent die Frage: „Für wen eigentlich ist ein Streik eine Gefahr?" Und so kamen wir dahinter, auf wessen Seite der Zeitungsredakteur stand. Schließlich bestand ich alle Prüfungen und wurde Lehrer.

Man hatte mir eine Anstellung an einer kleinen, privaten Schule am Rande Siegens angeboten. Ich erinnere mich noch genau an den Tag vor zwanzig Jahren, als ich Judith Neumann kennenlernte. Wir trafen uns auf dem Schulhof.

„Entschuldigung", sprach ich die junge Frau an, die mir entgegenkam, „wo, bitte, finde ich das Sekretariat dieser Schule?"

„Keine Ahnung, da will ich auch hin."

Wir gingen zusammen hinein und entdeckten im selben Augenblick ein entsprechendes Hinweisschild.

Die Schulsekretärin, eine nette, schon etwas ältere Frau, schien meine Begleiterin zu kennen und begrüßte sie herzlich mit: „Hallo Judith, dann beginnt wohl heute für dich der Ernst des Lebens?"

Der Ernst des Lebens, dachte ich. Das sagt man den Kindern zum ersten Mal, wenn sie den Kindergarten besuchen. Dann erneut und drückt ihnen die Schultüte in die Hand. Und was weiß ich, wie oft noch, bis sie es dann eines Tages zu ihren eigenen Kindern sagen. Sicher sind Schule und Beruf eine ernst zu nehmende Angelegenheit aber, so weiß ich das heute, sehen manche Menschen ihren Beruf als so ernst an, dass sie jeglichen Spaß an der Arbeit verloren haben.

„Und Sie, was kann ich für Sie tun?" Die Sekretärin blickte mich fragend an.

„Für ihn auch", antwortete Judith an meiner Stelle, „beginnt heute ..."

Weiter kam sie nicht, denn in diesem Augenblick öffnete sich eine Tür und ein Mann, ich schätzte ihn auf Mitte fünfzig, betrat das Büro. Er kam um die Theke herum und gab zuerst Judith und dann mir die Hand.

„Judith Neumann, nehme ich an, und Sie", er wandte sich an mich, „müssen Leander Parow sein."

Wie aus einem Mund bestätigten wir seine Annahmen: „Stimmt."

„Nun, dann folgen Sie mir bitte unauffällig."

So lernte ich Judith Neumann kennen. Zunächst verloren wir uns aus den Augen. Beide mussten wir die Anfangshürden überwinden. Wir waren die Neuen, man schaute uns genau auf die Finger, Kollegen wie Schüler. Hinzu kam, dass wir nicht in denselben Fächern unterrichteten. Judith unterrichtete in Mathematik und Religion, ich Deutsch und Geschichte, und deshalb hatten wir fachlich nichts miteinander zu tun.

In den Pausen trafen wir uns oft, aber nur für jeweils kurze Zeit. Die Tischordnung im Lehrerzimmer war einem ungeschriebenen Gesetz folgend fachorientiert festgelegt.

Dann, eines Tages, saß sie plötzlich neben mir. Schon seit einiger Zeit war der Platz neben mir leer gewesen. Ein Kollege war an eine andere Schule versetzt worden.

„Ich setze mich jetzt einfach hier hin", sagte sie. „Ist das in Ordnung für dich?"

Ich war in angenehmer Weise überrascht. Judith gefiel mir. Sie war groß, nur ein wenig kleiner als ich, schlank und hatte blondes Haar, von dem ich annahm, dass es sehr lang sein musste, obwohl sie es nie offen trug.

„Natürlich, Judith, ich freue mich."

Es blieb nicht dabei, dass wir nun nebeneinandersaßen. Manchmal, wenn wir gemeinsam Unterrichtsschluss hatten, gingen wir in eines der örtlichen Cafés, tauschten Unterrichtserfahrungen aus.

Zum Unterrichtsstil hatten wir unterschiedliche Ansichten. Judith bevorzugte den lehrerzentrierten Frontalunterricht. Die Schüler, nie sagte sie Schülerinnen und Schüler, müssten wissen, wer bei der Arbeit das Sagen habe. Das sei realistisch, entspräche den Bedingungen am Arbeitsplatz – „und in der Familie", fügte sie hinzu, mit einem Lächeln im Gesicht, dessen Ausdruck, so glaubte ich zu bemerken, ihre Aussage nicht ernst erscheinen lassen sollte. Doch da hatte ich mich getäuscht, was sich aber erst später herausstellen sollte.

Ich versuchte, andere Methoden zu praktizieren. Selbstständiges Lernen und Arbeiten lernt man nur durch eigenständiges Lernen und Arbeiten, war meine Devise.

Wir hatten uns viel zu sagen und hin und wieder machte uns die Besitzerin des Cafés höflich, aber bestimmt darauf aufmerksam, dass sie längst Geschäftsschluss habe.

Judith nahm ihren Beruf sehr ernst, sprach mit mir kaum über andere Dinge. Einmal redeten wir darüber, ob die Inhalte bestimmter Unterrichtsfächer wertfrei seien. Judith rechnete ihr Fach, Mathematik, dazu. „Zahlen und Buchstaben alleine sagen doch nichts darüber aus, dass hinter einer Aufgabe bestimmte politische oder gesellschaftliche Interessen stecken", meinte sie.

Zufällig hatte ich in einer überregionalen Zeitung von einer Abituraufgabe gelesen, die man Schülern in Bayern gestellt hatte. Sie hatte gelautet: „Im Rahmen des Ausbaus der Energieerzeugung aus Kernkraft wurde beschlossen, die japanischen Kernkraftwerke an den Küsten, jedoch in Entfernung zu den großen Verdichtungsräumen zu errichten. Begründen Sie diese Entscheidung und stellen Sie positive Effekte für die Entwicklung der räumlichen Strukturen an diesen Standorten dar!"

Judith überlegte einen Moment. „Ja und, was willst du damit sagen?"

Zunächst war ich perplex ob ihrer Ahnungslosigkeit, fragte dann aber nach: „Meinst du nicht, dass sich die Schüler hier den Kopf der japanischen Energiekonzerne und nicht den von Atomkraftgegnern zerbrechen sollten?"

„Ja schon, aber das macht doch nichts."

Ich fragte nicht weiter nach.

Manchmal hatte ich den Eindruck, dass sie sich als Mutter ihrer Schüler sah. Dann hörte ich eines Tages auf dem Schulhof, ich hatte Pausenaufsicht, eine Schülerin von der „Mama" reden. Ich achtete zunächst nicht weiter auf das Gespräch der Schülergruppe, die in meiner Nähe stand, bis man ständig von einer „Mama" sprach. Wie zufällig trat ich ein paar Schritte näher an die Gruppe heran. Da bekam ich mit, dass Judith mit der Bezeichnung gemeint war.

„Na und", sagte sie am Nachmittag, als wir wieder bei einem Kaffee beisammensaßen, „manchmal fühle ich mich auch als eine solche. Einige Schüler reden mich, wie in der Grundschule, immer noch mit ‚du' an, sagen zum Beispiel, ‚du, Frau Neumann, darf ich Sie etwas fragen?', das ist doch lustig, Leander, nicht wahr?"

Ich wusste nicht so recht, was ich dazu meinen sollte, stimmte ihr aber zu, vielleicht auch nur, um sie nicht zu verärgern. Ich wollte sie nämlich an diesem Nachmittag fragen, ob wir uns nicht einmal abends treffen könnten. Das tat ich dann auch.

„Wenn es nicht zum Tanzen sein muss, habe ich nichts dagegen."

Ehrlich gesagt hatte ich daran überhaupt nicht gedacht, eher an ein Essen in einem guten Speiserestaurant des Ortes.

„Gerne, Leander, wie wäre es, wenn wir uns morgen nach der Konferenz träfen, dann können wir entscheiden, wohin wir gehen?"

Ich war einverstanden, hatte nicht mit einer sofortigen Zusage gerechnet.

Judith besaß, wie ich, ein Auto und so trafen wir uns auf dem Parkplatz des Restaurants, das sich etwas außerhalb des Ortes vor einem Wald befand. „Gutbürgerliche Küche" stand auf einem Schild, das neben der Eingangstür hing.

Beide bestellten wir Sauerbraten mit Knödeln. Judith schwärmte und bestätigte die Richtigkeit der Aussage neben der Eingangstür. Sie erzählte, dass man bei ihr zu Hause sehr viel Wert auf eine gute Küche lege, dass ihr Vater bei jeder sich bietenden Gelegenheit die Kochkünste ihrer Mutter lobe.

Ich nutzte die Gelegenheit und fragte nach. Ihr Vater sei Ingenieur bei einer Firma in der Nähe Siegens und ihre Mutter Hausfrau. Da hätte alles noch seine richtige Ordnung, meinte sie.

„Was verstehst du unter einer ‚richtigen Ordnung'?"

„Dass der Mann das Geld verdient und die Frau sich um den Haushalt und die Kinder kümmert."

„Und möchtest du das später auch so halten, wenn du mit einem Partner zusammenlebst?"

„Du meinst, wenn ich verheiratet bin."

Da hätte ich aufhorchen müssen. Aber wieder einmal bestätigte sich die Annahme, dass Männer besser sehen als hören können. Sie sah hinreißend aus, hatte sich wohl nach der

Konferenz irgendwo umgezogen. Sie trug einen eng anliegenden Rock, der ein wenig über ihre Knie reichte. Es war warm an diesem Abend und so trug sie keine Strümpfe. Die Schuhe passten nicht so recht dazu, kamen mir ein wenig klobig vor. Und obwohl die Bluse hochgeschlossen war, konnte man ihre Brüste unter dem Stoff erahnen. Sie war nicht geschminkt, hatte das, wie ich meinte, auch nicht nötig.

Ich machte ihr Komplimente, auf die sie zurückhaltend, ja fast schüchtern, reagierte. Schließlich nahm ich all meinen Mut zusammen und bat sie, ihr Haar zu öffnen.

„Das werde ich tun", sagte sie, „wenn es dann so weit ist."

Ich schaute sie fragend an.

„Das kannst du, wenn du willst, herausfinden."

Wieder hatte ich wohl nicht richtig zugehört und einen falschen Schluss gezogen. Ich brachte sie bis zu ihrem Wagen. Meiner Sache sicher ließ ich sie die Autotür aufschließen in der Annahme, sie würde sich dann mir zuwenden. Weit gefehlt. Schnell gab sie mir die Hand und verschwand im Inneren des Wagens. Ein wenig kurbelte sie die Scheibe herunter.

„Dann bis morgen, Leander", und weg war sie.

Ich stand da, völlig überrumpelt und enttäuscht. Am Tag darauf, als wir in der ersten Pause beim Kaffee im Lehrerzimmer saßen, war sie freundlich wie immer und bedankte sich höflich bei mir für den schönen Abend.

Hatte ich mich zunächst damit getröstet, dass es ja nicht unbedingt Judith sein musste, mit der ich ins Bett ging, so reizte mich jetzt ihre Zurückhaltung.

Also versuchte ich es ein zweites Mal. Gutbürgerlich, Parkplatz am Wald und Autotür zu und weg. Beim dritten Mal, ich hatte mir vorher die Sätze zurechtgelegt, fragte ich sie offen, ob sie ein Problem damit hätte, sich von mir küssen zu lassen beziehungsweise mit mir zu schlafen.

„Das ist doch, wie du es nennst, kein Problem, Leander. Ich kann warten bis zur Hochzeitsnacht. Und wenn du nicht warten kannst, dann musst du dir eine andere suchen."

Drei
    Ich hatte mich zu einer Fortbildung angemeldet. Der Tagungsort war ein Hotel am Sorpesee, der liegt im Norden des Naturparks Homert südwestlich von Arnsberg. Er wird von der Sorpe, seiner Namensgeberin, durchflossen.
    Im Zweiten Weltkrieg war der Staudamm des Sorpesees ebenso wie die Staumauern der Eder- und der Möhnetalsperre Ziel von Bomber-Angriffen. Mit Rollbomben versuchten die Alliierten, den Staudamm zu zerstören. Er hielt den Angriffen jedoch stand und wurde nur wenig beschädigt. Dieser Teil der Geschichte des Sees bildete auch das Thema der Weiterbildungsveranstaltung. So standen auch Exkursionen rund um die Talsperre mit auf dem Programm. Es war Spätsommer und die Aussicht auf eine Woche Fast-Urlaub war verlockend. Ich liebe das Wasser, egal ob in Flüssen, Seen oder dem Meer.
    Zwei Stunden früher als in der Einladung angegeben war ich dort. Ich bekam ein Einzelzimmer, die Nummer acht, im unteren Flur. Die Urlaubssaison war vorüber und das Hotel machte auf den ersten Blick nicht den Eindruck, ausgebucht zu sein. Laut Wetterbericht würde das gegenwärtige Hoch auch noch die nächsten Tage das Wetter bestimmen.
    Das Seminar war so organisiert, wie ich schlechten Unterricht kannte. Referenten tragen vor, Zuhörer stellen Fragen, Referenten antworten, also auf die Dauer alles recht langweilig.
    Bald interessierte mich eine Kollegin, die mir gegenüber am Tisch des offenen „U" saß, mehr als das, worüber gerade gesprochen wurde. In der nächsten Pause trafen wir uns an der Kaffeetheke. Schnell kamen wir ins Gespräch, vertraten, was die Qualität dieser Veranstaltung betraf, dieselben Ansichten.
    „Warum lässt man nicht uns selbst die Geschichte, um die es hier geht, erforschen?"

„Vielleicht aus Angst, wir könnten aus der Fortbildung Urlaubstage werden lassen."

„Und, hättest du etwas dagegen?"

„Eigentlich nicht", und dabei lächelte sie mich an, dass es mir so richtig gut tat.

In der längeren Mittagspause machten wir zusammen einen Spaziergang. Wir sprachen über unsere Schulen, tauschten Erfahrungen aus und tratschten über die Kollegen.

Man hatte Namensschilder gedruckt, die für alle Teilnehmer sichtbar vor uns auf den Tischen standen. So wussten wir unsere Namen. Sie hieß Nadine Pauli.

Nach drei Tagen sprachen wir noch einmal über den Charakter dieser Veranstaltung und fanden unsere Anfangsmeinung bestätigt – langweilig. Später, als wir uns besser kennengelernt hatten, meinte Nadine, dass unsere Übereinstimmung zu dieser Frage ein Grund für sie gewesen sei, mich interessant zu finden.

Sie sei Verbindungslehrerin, also eine Vertrauensperson für die Schüler ihrer Schule, berichtete sie. Schon während des Studiums hätte sie gelernt, dass Lehrer auch die Interessen ihrer Schüler zu vertreten hätten. Einmal in der Woche habe sie eine offizielle Sprechstunde, doch der Andrang von Hilfe suchenden Schülern sei so groß, dass in dieser kurzen Zeit von fünfundvierzig Minuten eine gute Beratung nicht möglich sei.

„Eine Schülerin meiner Klasse trug mir zum Beispiel Folgendes vor: ‚In Ihrem Unterricht, Frau Pauli, haben wir gelernt, dass die Grundrechte auch für uns Schüler gelten, stimmt´s?' Da wusste ich noch nicht, worauf Nicole, so hieß die Schülerin, hinauswollte, und bestätigte ihre Aussage. ‚Gilt das auch für das Postgeheimnis?' Auch da gab ich ihr Recht. ‚Dann hat Herr Lodenburg dieses Grundrecht verletzt.' Kollege Lodenburg unterrichtet in meiner Klasse Physik. ‚Was meinst du damit, Nicole?', forderte ich sie zum Weiterreden auf.

‚Ich hab dem Benny in der Physikstunde einen Brief geschrieben, hab den Bogen gefaltet und mit dem Klebestift zusammengeklebt. Dann hab ich ihn zum Durchgeben nach hinten gereicht. Das hat der Lodenburg gesehen und hat den Brief genommen, geöffnet und vor der ganzen Klasse vorgelesen. Viele in der Klasse haben schadenfroh gelacht. Dann hat der Lodenburg meinen Brief in seine Tasche gesteckt und zu mir gesagt: ‚Deine Mutter kann ihn bei mir abholen.' Ich hätte heulen können vor Wut, hab mich aber beherrscht.'

Jetzt sah mich Nicole erwartungsvoll an. Was sollte ich drum herumreden? Natürlich hatte Nicole recht und deshalb versprach ich ihr, mit dem Kollegen zu reden. Die Gelegenheit dazu ergab sich in der nächsten großen Pause. Ich bat ihn in eine Ecke des Lehrerzimmers, wo wir ungestört waren, und sprach ihn auf den Vorfall an.

Lodenburg, ich weiß, dass er mich nicht mag, aber das ist eine andere Geschichte, lachte nur und fragte mich, ob ich sie noch alle hätte.

‚Wie darf ich das verstehen, Herr Lodenburg?' Und er antwortete: ‚Gibt es denn nichts Wichtigeres, als sich mit solchen Lappalien zu beschäftigen? Kümmern Sie sich lieber darum, dass das Fräulein Nicole seine Hausaufgaben macht.'

Der Kollege hatte so laut gesprochen, dass andere auf unser Gespräch aufmerksam wurden. Darauf hatte es Lodenburg wohl abgesehen, denn er wandte sich nun an die Kollegen: ‚Die Verbindungslehrerin', höhnte er, ‚kümmert sich jetzt schon um die Schmierzettel, die Schüler heimlich weitergeben, meint, das seien Briefe, auf die das Postgeheimnis zuträfe.'

Jetzt wurde ich wütend. ‚Hören Sie, Herr Lodenburg', sagte ich nun auch so laut, dass es alle hören konnten, ‚geben Sie meiner Schülerin den Brief zurück und ich verzichte auf eine Dienstaufsichtsbeschwerde gegen Sie. Und eines sollten Sie auch für Ihren Unterricht beachten.' Jetzt blickten alle zu uns hin. ‚Wir Lehrer sollten das, was wir an Werten vermitteln wollen, auch im Kleinen selbst beherzigen. Ansonsten werden wir unglaubwürdig und wirken, wie in diesem Falle, Herr Lodenburg, sogar lächerlich.'

Eine Woche später sprach mich Nicole in der Pause an und berichtete, dass sie ihren Brief an Benny zurückbekommen habe. Sie bedankte sich dafür, dass ich mit dem Lodenburg gesprochen hätte.

Ich bin mir allerdings sicher, dass der Kollege nicht aus Einsicht gehandelt hatte."

Nadine sah mich fragend an. „Was meinst du, hat er das Postgeheimnis verletzt?"

Schon während sie berichtete, hatte ich darüber nachgedacht und ihr innerlich zugestimmt, denn ich kannte den Artikel 10 des Grundgesetzes. Das sagte ich ihr.

Gerne hätte ich ihr von einer Sache mit dem Physiklehrer meiner Klasse berichtet, doch die Mittagspause neigte sich ihrem Ende zu und wir mussten uns zum angesagten Treffpunkt begeben, um dem nächsten Referat zu lauschen. Am Abend sahen wir uns nur kurz. Nadine hatte noch zu tun, wie sie sagte.

Für den nächsten Vormittag war eine Exkursion angesagt worden. Mit dem Frühstück erhielten wir ein Lunchpaket, weil wir erst zum Abendessen zurück sein würden.

Auch draußen herrschte der Vortragsstil vor. Wir liefen am Ufer des Sorpesees entlang von einer Station zur nächsten, hörten dort jeweils zu und stellten Fragen. Dann aber, am Nachmittag, sollten wir in Partnerarbeit selbstständig einige Aufgaben bearbeiten. Wie selbstverständlich fanden Nadine und ich uns zu einem Team zusammen.

„Weißt du was, Leander?"

„Nein."

„Wir erledigen die Aufgaben so schnell es geht."

„Und dann?"

„Wir werden sehen."

Es gelang uns tatsächlich, innerhalb kurzer Zeit alle gefundenen Ergebnisse zu Papier zu bringen. Inzwischen hatten wir uns von den anderen Teilnehmern entfernt. Wir suchten uns am Ufer des Sees einen schattigen Platz. Zuerst besprachen wir den Ablauf unseres Vortrages, den wir dann später, im Plenum, zu halten hatten. Dazu breiteten wir auf der Wiese unsere Jacken aus, setzten uns gegenüber. Nach getaner Arbeit sprachen wir wieder über dies und das. Ich saß im sogenannten Schneidersitz und beobachtete Nadine, die es scheinbar nicht lange in einer Sitzposition aushielt. Sie trug keine Strümpfe, und jedes Mal, wenn sie sich anders setzte, konnte ich für einen kurzen Moment den weißen Streifen ihres Unterhöschens erkennen. Heute bin ich mir sicher, dass sie genau gewusst hat, wo ich hinschaute, und ich gebe zu, dass mich diese Aussicht seinerzeit sehr erregt hat.

Ich weiß nicht mehr alles, worüber wir damals geredet haben. Nur dass ich, wie Nadine tags zuvor, über eine Begebenheit berichtete, die ich mit einem Kollegen hatte.

„Als du gestern von der Sache mit dem Physiklehrer erzählt hast, musste ich an einen Streit mit einem unserer Kollegen denken. Soll ich erzählen?"

Nadine lächelte wieder dieses seltsame Lächeln, und ich wusste nicht, ob sie vielleicht eine andere Reaktion auf ihr Flirten erwartet hatte. „Aber ja", ermunterte sie mich.

„Im Geschichtsunterricht habe ich den Zweiten Weltkrieg behandelt. Das verband ich mit der Länderkunde über die Sowjetunion; die Größe dieses Staates, die Völker, die in den Sowjetrepubliken lebten, ihre Wirtschaft und Kultur. Es sollte deutlich werden, dass die Russen nur ein Teil des Staatsvolkes waren. Am Ende der Unterrichtseinheit ließ ich die Schüler einen Test schreiben.

Eine Schülerin gebrauchte in ihrem Text ausschließlich die Bezeichnungen Russland und Russen, wenn sie Staat und Volk der Sowjetunion meinte. Das wertete ich als einen Fehler, der ihre Gesamtpunktzahl minderte. Daraufhin beschwerte sich das Mädchen bei ihrem Klassenlehrer, der auch Physik unterrichtete.

In einer großen Pause sprach der mich darauf an.

‚Herr Parow', meinte er, nachdem ich meine Bewertungsentscheidung begründet hatte, ‚finden Sie es nicht etwas pingelig, nur wegen einer Namensverwechselung gleich Punkte abzuziehen? Sagt man nicht allgemein Russland, wenn man die Sowjetunion meint?'

Ich kenne den Kollegen, weiß, dass er in seinem Physikunterricht sehr auf Begriffsgenauigkeit achtet. Deshalb stellte ich ihm eine Gegenfrage: ‚Wie werten Sie es denn, wenn ein Schüler das Ergebnis einer Berechnung mit Watt bezeichnet, wo es sich eigentlich um Kilowatt handeln müsste?'

Das sei doch etwas ganz anderes, meinte er, hier handele es sich doch um eine falsche Größenordnung beziehungsweise Maßeinheit.

‚Genau, Herr Rundmann', entgegnete ich. ‚Darum geht es auch in meinem Fall. Der riesige Staat Sowjetunion wurde im Westen gern auf die Teilrepublik Russland verkleinert, während begrifflich die USA auf die Bezeichnung Amerika vergrößert werden.'

‚Wenn Sie das so sehen', meinte er, die Sache ins Lächerliche ziehend, ergriff seine Aktentasche und verließ das Lehrerzimmer."

Nadine überlegte einen Moment lang. „Ich denke, dass du recht hattest. Oft schon habe ich mich darüber geärgert, wenn der Präsident der USA als amerikanischer Präsident bezeichnet wurde. Ist er denn auch der Präsident des mittelamerikanischen Volkes der Kubaner?"

„Das wäre er wohl gerne."

„Womit du nicht unrecht hast", meinte Nadine lachend. „Kann das bedeuten, dass Physiklehrer eher, na, sagen wir mal konservativ eingestellt sind?"

Ich dachte an meine Studienzeit und daran, dass an den politischen Auseinandersetzungen die Kommilitonen der naturwissenschaftlichen Fachbereiche eher nicht teilgenommen hatten. Doch meinte ich gerechterweise sagen zu müssen: „Das darf man aber nicht verallgemeinern, Nadine."

„Eben, Peter unterrichtet Biologie und Chemie und er ist ein Linker."

Wer ist denn Peter, dachte ich, behielt die Frage aber für mich.

Ich weiß noch, dass ich auch an Judith dachte, die so ganz anders war als Nadine. Judith, die Zurückhaltende, Schüchterne, Mitfühlende und Hochmoralische, wie ich, ohne es genau zu wissen, annahm – und Nadine, die Aggressive, Selbstbewusste, politisch Interessierte und Linksorientierte, wie ich glaubte. Auch äußerlich unterschieden sich beide Frauen stark voneinander. Nadine war nicht groß und schlank, aber auch nicht klein und dick. Sie war etwas kleiner als Judith, hatte eine eher sportliche Figur, einen runden Hintern und Schenkel, die vorne wie hinten leicht gewölbt waren. Wenn ich ihr Äußeres so beschreibe, sehe ich das nicht als sexistisch an, denn so, wie ich ihr gerne unter ihren Rock schaute, war ich auch von dem, was sie sagte und woran sie glaubte, beeindruckt.

Während wir da auf unseren Jacken saßen, den See und die Sonne, die uns inzwischen erreicht hatte, genossen, und ich ihr zwischen ihre Schenkel schaute, sprachen wir viel über Schule und unser Bildungssystem. Auch hier waren wir uns darin einig, dass unser in Hauptschule, Realschule und Gymnasium gegliedertes Schulsystem überlebt sei und eine Schule für alle gerechter sei, vor allen Dingen für die Kinder, deren Eltern sich nicht um ihre schulische Förderung kümmern können.

Man hatte die Hotelzimmer wohl in alphabetischer Folge den Namen nach verteilt, denn Nadine Paulis lag auf dem gleichen Flur neben dem meinen.

In der Nacht, wir hatten an der Hotelbar noch ein paar Gläser Wein getrunken, lag ich noch wach in meinem Bett und trauerte der, wie ich meinte, verpassten Gelegenheit draußen am See nach, schalt mich einen Esel, sah die Bilder immer noch vor mir.

Plötzlich, ich musste gerade eingeschlafen sein, vernahm ich an der Wand direkt neben mir ein Klopfen. Ich war sofort hellwach und wartete, da ich nicht ganz sicher war, ob ich vielleicht nur geträumt hatte, auf ein zweites. Und tatsächlich, das erfolgte kurz darauf.

Auch ich klopfte nun mit dem Knöchel meines Zeigefingers gegen die Wand, von der ich wusste, dass hinter ihr Nadines Zimmer lag. Sie wusste jetzt, dass ich ihr Klopfen gehört hatte, also noch wach sein musste. Was sollte ich tun? Besser, was wollte ich tun?

Nur mit Unterhose und T-Shirt bekleidet, also so, wie ich gerade war, öffnete ich leise meine Zimmertür. Umso mehr erschrak ich, als bei meinem Hinaustreten auf den Flur dessen Beleuchtung aufflammte. Doch ich sah niemanden. Ich klopfte leise an. Fast unmittelbar danach öffnete Nadine mir und stand vor mir, genauso bekleidet wie ich.

„Komm rein", sagte sie, und als ich ihrer Aufforderung gefolgt war, schloss sie hinter mir die Tür.

Wir küssten uns leidenschaftlich, während ich ihren Kopf in beide Hände nahm. Ich berührte ihre Brüste und spürte ihre Brustwarzen unter meinen Händen. Und wieder küssten wir uns. Mir wurde fast schwindlig. Sie zog ihr Hemd aus. Der Anblick ihres nackten Oberkörpers verschlug mir beinahe den Atem.

Wir legten uns auf das Bett. Ich streichelte ihre warmen, schönen Schenkel vom Knie aufwärts ganz langsam und bedächtig, jede Berührung genießend. Sie begann, ihr Becken zu bewegen, während sie ihre Beine leicht spreizte. Ich konnte nicht mehr denken, war wie in einem Rausch.

Dann lagen wir eng umschlungen. Sie atmete gleichmäßig, immer tiefer, ihr nackter Körper zuckte, bevor sie endgültig einschlief. Ihre Nähe spürend, schlief auch ich schließlich ein.

Als ich wach wurde, schaute sie mich an. Wir sprachen nicht. Durch die Fenstervorhänge drang das erste Licht des Tages herein.

„Ich glaube, wir müssen", sagte Nadine und stand auf.

„Wie schön du bist, Nanne", so nannte ich sie, nur für mich allein. Nadine drehte sich kurz zu mir um. „Danke", sagte sie und lächelte mich an.

„Wir sehen uns beim Frühstück", sagte ich, während ich mich anzog. Mir war es gleichgültig, ob mich jemand sah, als ich über den Flur zurück in mein Zimmer ging.

An den verbleibenden Tagen nutzten wir jede Gelegenheit, die uns das Seminarprogramm bot, beieinander zu sein, fanden einsame Uferstücke, wo wir nackend badeten, und verbrachten die Nächte in Nadines Bett. Wenn wir an den Abenden, zusammen mit anderen Teilnehmern, eine Kneipe aufsuchten, saßen wir immer nebeneinander. Oft legte dann Nadine unter dem Tisch ein Bein über mein Knie. Niemand sah, wenn ich dann eine Hand unter den Tisch nahm und ihren Schenkel streichelte. Nie trug sie Strümpfe und einmal auch keinen Slip.

Aber wie das so ist: erlebt man Schönes, vergeht die Zeit leider viel zu schnell. Am Samstagvormittag fand die Abschlussbesprechung statt.

Ich hörte kaum zu, hatte nur Augen für Nadine, die, wie am ersten Tag, mir gegenübersaß. Sie hatte sich dort hingesetzt und ich machte mir darüber weiter keine Gedanken. Ich blickte oft zu ihr hinüber und hatte den Eindruck, dass auch sie mit ihren Gedanken ganz woanders war. Noch nahm ich an, sie trauerte bereits den vergangenen Tagen nach. Dass sie mich selten, und wenn, dann nur kurz anschaute, bekümmerte mich nicht.

Um ein Uhr wurde uns noch ein Mittagessen angeboten, doch beide hatten wir keinen Appetit, verzichteten und ließen uns, nachdem wir unser Gepäck an der Rezeption abgestellt hatten, in der Lobby nieder. Bald glaubte ich zu wissen, dass Nadine ihr Schweigen brechen und mir etwas sagen wollte. Da überkam mich der Abschiedsschmerz mit einer solchen Heftigkeit, dass ich an mich halten musste, nicht loszuheulen. So war ich auf das gefasst, was sie mir sagen würde.

„Du wirst es nicht verstehen, Leander, dass wir uns, trotz allem, was zwischen uns passiert ist, nicht mehr wiedersehen werden." Ich unterbrach sie nicht. „Ich bin verheiratet und liebe Peter."

Ich wusste nichts darauf zu sagen. Ihre Aussage war so eindeutig, dass sie keiner weiteren Erklärung bedurfte. Und was sollte ich sagen? Dass ich so etwas geahnt hätte?

„Dann lass uns jetzt gehen."

Wir standen auf, nahmen unser Gepäck und verließen, ohne nach den noch dagebliebenen Seminarteilnehmern zu sehen, das Hotel, gingen zu Nadines Auto. Ich stellte meine Reisetasche ab, während sie ihre im Kofferraum verstaute. Dann standen wir uns gegenüber, schauten uns an.

„Und jetzt, Nadine", sagte ich und nahm all meine Ironiefähigkeit zusammen, „hau endlich ab."

Sie hatte verstanden, lächelte, stieg in ihr Auto und fuhr los.

Noch war sie keine fünfzig Meter gefahren, da sah ich die Bremslichter ihres Wagens aufleuchten, dann die Rückfahrscheinwerfer. Neben mir angekommen, senkte sich die Scheibe. „Guck nicht so blöd, ich hab dich doch lieb."

Ich sah, wie sie einen Gang einlegte und hörte, dass sie den Motor abwürgte. Ich stand immer noch wie angewurzelt. Ihr zweiter Versuch gelang, wenn auch mit zu viel Gas.

An meine Rückfahrt erinnere ich mich heute kaum noch. Hoffnungslosigkeit war alles, was mich beherrschte. Und die verließ mich auch so schnell nicht wieder.

Hoffnungslosigkeit? Natürlich hatte ich keinen Grund, darauf zu hoffen, dass ich von Nadine eine neue, die alte ins Gegenteil umkehrende Nachricht erhalten würde. Zu Beginn des Seminars hatten wir eine Teilnehmerliste bekommen, die Anschriften, Telefonnummern und E-Mail-Adressen enthielt. So hatte ich ihre Daten und sie meine. Für mich aber verbat sich die Kontaktaufnahme, weil ich ihr auf gar keinen Fall schaden wollte. Und sie, warum sollte sie?

Vier

In der ersten Nacht, zu Hause, wurde ich plötzlich wach, glaubte, ein Klingeln gehört zu haben. Ich stand auf, lief zur Wohnungstür, öffnete – niemand. Und obwohl ich annahm, dass es sich um einen Traum gehandelt haben musste, konnte ich nicht wieder einschlafen, wartete auf ein erneutes Klingelzeichen.

Entsprechend unausgeschlafen war ich am folgenden Morgen. Das war nicht tragisch, war doch heute Sonntag. In der nächsten Nacht jedoch passierte dasselbe und danach hatte ich Unterricht zur ersten Stunde, den ich zudem auch kaum vorbereitet hatte. Schüler merken sehr schnell, wenn der Lehrer seine Hausaufgaben nur ungenügend gemacht hat, reagieren gelangweilt und sind unkonzentriert. Und genau den Eindruck muss ich wohl auf sie gemacht haben, unkonzentriert.

Anders in meiner eigenen Klasse. Dort hatten wir ein Projekt begonnen, dessen Thematik die Schüler interessierte. Sie arbeiteten in Gruppen und meldeten sich nur dann bei mir, wenn sie alleine nicht weiterkamen. Während alle anderen arbeiteten, saß ich an meinem Tisch und begann bald gegen meine Müdigkeit anzukämpfen. Normalerweise wäre ich hin und wieder von einer Arbeitsgruppe zur anderen gegangen und hätte mich über den jeweiligen Stand der Arbeit informiert. Dabei nutzte ich manchmal die Gelegenheit zu einem Abstecher ins Lehrerzimmer, um dort eine Tasse Kaffee zu trinken oder mit den anwesenden Kollegen ein Schwätzchen zu halten. Traf ich dort aber auf die Falschen, wusste ich, dass die, kaum dass ich den Raum wieder verlassen hatte, über meine angeblich schlechte Arbeitsmoral herziehen würden. Diese Kollegen konnten sich nicht vorstellen, dass Schüler auch ohne ständige Kontrolle arbeiten können. Einige von ihnen hatten sogar dann schon Angst vor Unruhe, wenn sie sich zum Anschreiben an die Tafel von der Klasse wegdrehen mussten.

Heute war mir weder nach Kaffee noch nach einem Schwätzchen zumute. Ich war nur müde. So verlor ich plötzlich die Kontrolle über mich. Ich rückte mit meinem Stuhl ein wenig vom Lehrerpult ab und hatte schon meine Beine angehoben, um die Füße auf den Tisch zu legen, als eine Schülerin, die mit ihrer Arbeitsgruppe nahe bei mir saß, meinte: „Ach, Herr Parow, von mir aus können Sie ruhig ein Nickerchen halten." Dabei lächelte sie mich verständnisinnig an, so, als wollte sie hinzufügen: „Da ist es wohl gestern etwas spät geworden." Respektvoll unterließ sie das aber. Ich jedoch war sofort hellwach und reagierte: „Da siehst du mal, wenn man nichts zu tun hat, schläft man leicht ein." Also machte ich doch einen Kontrollgang, unterließ aber den Abstecher ins Lehrerzimmer.

In der ersten Pause setzte sich Judith wie gewohnt neben mich. Sie blickte mich erwartungsvoll an.

„Na, wie war´s denn?"

Was sollte ich ihr darauf antworten? Konnte ich sagen, schön war´s, hab mit Nadine die Nächte verbracht, doch die ist leider verheiratet, liebt ihren Mann?

„Interessant war´s, hab viel gelernt und mich abends mit netten Kollegen unterhalten."

„So, so, dann kannst du jetzt ja mit neuen Ideen und Wissen versehen an die Arbeit gehen."

Pure Ironie, empfand ich, sah ich denn so schlecht aus, dass Judith sofort merkte, dass etwas nicht stimmte mit mir? Ich wagte nicht, sie danach zu fragen, nahm mir vor, am Nachmittag ordentlich zu arbeiten und früh zu Bett zu gehen.

Als ich dann später an meinem Schreibtisch saß und mich zu meiner Aktentasche herunterbückte, wurde mir schwarz vor Augen. Ich versuchte es mit einer Runde pädagogischen Heilschlafs, wie Lehrer den Mittagsschlaf spaßhaft nennen. Gebrauchte ich sonst diesen Begriff, musste ich zumindest innerlich lachen. Nichts. Auch wenn ich mich noch so sehr bemühte, es gelang mir nicht, nicht an Nadine zu denken. Kann man so sein, wie sie zu mir gewesen war, wenn man einen anderen Mann liebt? Ich konnte es mir nicht vorstellen.

Zwei Tage schaute mich Judith nur an, sagte nichts, und ich ging ihr wo es nur möglich war aus dem Weg. Am dritten fragte sie mich.

„Wie wär´s mit einem Kaffee, heute Nachmittag, in unserem Café?"

In unserem Café, ging es mir durch den Kopf, was wollte sie damit sagen?

„Gerne", heuchelte ich, denn eigentlich wäre ich lieber nach Hause gefahren, hätte mich in mein Bett gelegt, um in Ruhe an Nadine denken zu können. Ständig hatte ich Bilder vor Augen, wie sie nackend vor mir hergegangen war, als wir im Sorpesee gebadet hatten. Oder ich sah sie neben mir sitzen, wenn wir abends alle zusammen in einem Lokal gewesen waren.

Kaum, dass wir saßen und den Kaffee bestellt hatten: „Was ist los mit dir, Leander?"

Wir saßen in einer Ecke, waren die einzigen Gäste. Auf diese direkte Frage war ich nicht vorbereitet. So saß ich zunächst da und überlegte. Was sollte ich ihr antworten? Konnte ich sagen, dass ich mich verliebt hatte? Dass ich mit Nadine mehrere Nächte verbracht und auch tagsüber jede Gelegenheit genutzt hatte, ihr nahe zu sein? Dass ich nun unter der Trennung litt, mich in Liebeskummer verzehrte?

Ich entschloss mich, zu umschreiben. Erzählte, dass ich jemanden kennengelernt und wir uns gut verstanden hätten.

„Und jetzt leidest du unter der Trennung von dieser Frau", warf Judith, mehr als Frage betont, ein.

„Ich leide nicht", widersprach ich. „Ich glaube eher, dass ich eine Erkältung bekomme", log ich.

Ob sie mir das nun abnahm oder nicht, wusste ich nicht. Auf jeden Fall schien sie ein wenig erleichtert zu sein. Wenn wir bisher gemeinsam an einem Tisch gesessen hatten, hatte Judith stets Abstand gewahrt und den Tisch als Barriere genutzt. Sie hatte alles darangesetzt, mir nicht zu nahe zu kommen. Heute war sie dicht an den Tisch herangerückt, ihre Hände und Unterarme lagen auf der Tischplatte. Mehr unbeabsichtigt hatte ich es ihr gleichgetan. Die Entfernung zwischen unseren Händen betrug keine zwanzig Zentimeter.

Fast hätte ich zurückgezuckt, als sie plötzlich ihre rechte Hand auf meine linke legte, mich mit großen Augen ansah. Zum ersten Mal registrierte ich, dass Judith blaue Augen hatte.

„Weißt du, Leander, du, bist mir nicht gleichgültig und deshalb tut es mir weh, wenn du leidest. Wenn ich dir irgendwie helfen kann, dann sage es mir bitte."

Wir hatten uns die ganze Zeit in die Augen gesehen. Jetzt blickte Judith nach unten. Ich weiß heute nicht, wie ich mein Handeln begründen kann. War es die Enttäuschung, die ich mit Nadine erlebt hatte, oder die Einsamkeit, denn ein halbes Jahr später haben wir geheiratet.

Nadine lief ich noch eine Zeit lang nach. Einmal fuhr ich nach Arnsberg, konnte sie beobachten, traute mich aber nicht, sie anzusprechen, da sie kurz mit einer anderen Frau sprach und ich sie nicht in Verlegenheit bringen wollte. Dann rief ich sie an, hatte mir vorgenommen, sofort wieder aufzulegen, sollte ihr Mann am Telefon sein. Da ich nicht wusste, welche Tätigkeit er ausübte, rief ich am Nachmittag an und hatte Glück. Ich hatte nicht den Eindruck, dass sie erstaunt war, von mir zu hören, erfreut schien sie aber auch nicht. Ich schlug ihr ein Treffen in Nehheim am Bahnhof vor, weit genug von ihrer Wohnung entfernt, dass uns niemand Bekanntes sehen konnte, wie sie sagte.

Wir fuhren ein Stück hinaus aus der Stadt. Nadine wies mir den Weg bis zum Ende eines Waldweges. Warum tut sie das, ging es mir durch den Kopf. Wir hätten doch an einer belebten Straße halten können, für das, was wir vorhatten, zu reden. Nicht dass ich gesagt hatte: „Wir müssen reden." – ein blöder Satz.

„Komm", sagte sie, als sie die Autotür öffnete, ein Bein hinausschwang und der enge Rock ein Stück noch oben rutschte. Da sah ich sie vor mir, wie wir das erste Mal am See gesessen und Nadine ständig ihre Sitzposition gewechselt hatte. Ich schaute ihr nach, wie sie, als kannte sie diesen Ort, zu einer grob gezimmerten Bank ging, ihren Rock glättete, sich setzte und mir zuwinkte.

Vor uns, hangabwärts, eine Weide, auf der drei Kühe lagen, Braunbunte nennt man sie, glaube ich, und wiederkauten, was sie den Tag über von der Weide gerupft hatten. Fast gleichzeitig hoben sie ihren Kopf und blickten in unsere Richtung.

Ich hoffte, Nadine würde beginnen, denn mir fehlten die Worte, und was hätte ich auch sagen sollen.

„Bitte, Leander, versuche, mich zu vergessen."

Etwas Ähnliches hatte ich auch erwartet und doch auf Anderes gehofft.

„Ich versuche es, seitdem wir uns voneinander verabschiedet haben, Nanne, doch es will mir nicht gelingen." Ich wollte sie noch einmal so nennen, wie ich sie genannt hatte in einem Moment, da ich sehr glücklich war.

Sie ignorierte das, schaute mich mit einem Gesichtsausdruck an, als wollte sie sagen …

„Glaub mir, Leander, die Zeit wird uns helfen. Du musst mich verstehen. Die besondere Situation am Sorpesee. Das war für mich tatsächlich so wie Urlaub. Ich habe mich Hals über Kopf in dich verliebt. Für ein paar Tage habe ich den Alltag hinter mir gelassen. Und auch sonst, die ideelle Übereinstimmung, die ich so mit Peter nicht finde. Er arbeitet an einem Gymnasium, da scheinen ganz andere Bedingungen zu herrschen. Dann, als unsere Tage zu Ende gingen, nahm die Wirklichkeit wieder von mir Besitz. Verliebt sein und lieben, das ist etwas anderes. Das war ganz seltsam. Etwa auf halber Strecke, nach Arnsberg, richtete ich mich auf mein Zuhause ein, ließ die Tage mit dir zurück. Vergessen habe ich dich nicht. Ein Stück unseres Weges sind wir gemeinsam gegangen. Lassen wir es dabei bewenden – bitte."

Jetzt wusste ich, dass es gut gewesen war, herzukommen. Dieses eine Pronomen war für mich die Bestätigung dafür, dass sie mir damals nichts vorgemacht hatte. Dieses „uns" würde mir helfen, ohne sie zu leben, sie aber nicht zu vergessen. Und vielleicht, die Hoffnung bleibt, wird sie irgendwann wieder da sein. Wenn nicht hier, dann …

Am Bahnhof stieg sie aus, nachdem sie mir einen flüchtigen Kuss auf den Mund gehaucht hatte.

Es dunkelte, als ich den Motor anließ. Anfangs war ich froh, dass es keinen schnellen Weg zurückgab, nur Wälder, Hügel und kleine Ortschaften, wie sie typisch sind für diesen Teil des Sauerlandes. So hatte ich Zeit zum Nachdenken. Zuerst war die Strecke recht kurvenreich, dann folgten lange Geraden und meine Anspannung ließ nach.

Plötzlich, wie aus dem Boden gewachsen, ein Rind, mitten auf der Fahrbahn vor mir. Geistesgegenwärtig, so schien es mir, trat ich auf die Bremse, schleuderte ein wenig, bis das Auto zum Stehen kam.

Nichts, keine Kuh, kein Ochse und auch sonst nichts, was auf einer Landstraße hätte stehen können. Fange ich womöglich schon an zu spinnen, fragte ich mich und lenkte den Wagen auf den Standstreifen. Vielleicht aber war doch alles in Ordnung mit mir, war das nur ein Traum, wie man ihn hat, im Halbschlaf. Da war ich froh, denn hätte ich, statt der Kuh vor mir, Nadine neben mir sitzen sehen, ich wäre weitergefahren …

Judith erzählte ich später einmal, dass die Frau, die ich kennengelernt hatte, verheiratet gewesen sei und wir beide nicht die Absicht gehabt hätten, uns noch einmal wiederzusehen. Sie sah mich lange an, bevor sie sagte: „Du sollst nicht die Ehe brechen und auch nicht nach der Frau deines Nächsten verlangen."

Das äußerte sie mit einer solchen Bestimmtheit, dass mir schlagartig klar wurde, dass sie ein solches Verhalten meinerseits niemals tolerieren würde. Judith selbst schien der Sexualität wenig Bedeutung beizumessen. Bis zu unserer Hochzeit ließ sie allerhöchstens zu, dass ich sie umarmen und auf die Wange küssen durfte. In der Nacht nach unserer kirchlichen

Trauung öffnete sie mir ihre Beine, ließ mich in sie eindringen und wartete geduldig darauf, dass ich kam. Danach blieb sie liegen und ich legte mich neben sie. Sie erklärte, noch eine Zeit lang auf dem Rücken liegend verweilen zu wollen, da so eine Empfängnis gesichert würde.

Damit sollte sie recht behalten, denn neun Monate später wurde unsere Tochter, Sandrine, geboren. Da war ich siebenundzwanzig Jahre alt.

Der Hinweis auf das Gebot, das den außerehelichen Geschlechtsverkehr verbietet, sollte nicht ihre einzige bekennende Aussage sein, mit der sie mir klarzumachen versuchte, welchen Wertvorstellungen sie folgte. Nach der Entbindung von Sandrine gab sie ihre berufliche Tätigkeit auf, behauptete, dass ich ja wohl in der Lage sei, eine Familie zu ernähren. Und überdies wollte sie sich neben den ureigensten Aufgaben einer Frau nun auch verstärkt der Gemeindearbeit widmen, wie sie sich ausdrückte.

„Und", fügte sie noch hinzu, „auch du solltest nun, da du eine Familie hast, Jesus, dem Herrn, dienen."

Fünf

Das erste Mal war ich im Rahmen unserer Hochzeitsvorbereitungen in ihrem Gemeindehaus gewesen. Nach der Vermählung begleitete ich sie einige Male zum Gottesdienst und lernte dabei die dort herrschenden Bräuche kennen.

An eine Predigt des Gemeindepfarrers erinnere ich mich heute noch, weil sie mich zu einer Entscheidung führte. Ich versuche, sie möglichst genau wiederzugeben:

„Ich spreche heute über eine gefährliche Unwissenheit, über Aberglauben und Zauberei", leitete der Pfarrer ein.

„Wenn die Menschen wüssten, was sich hinter Aberglauben und Zauberei verbirgt, würden sie sich mit Schrecken davon abwenden. Wie viel Unwissenheit über dieses gefährliche Gebiet, welch sträflicher Leichtsinn gegenüber dem Wirken dämonischer Mächte, die unter dem Schein der Hilfe Menschenleben, ganze Familien und Generationen der ewigen

Verdammnis verhaften. Wie viele könnten wieder froh, glücklich und gesund werden, wenn sie glaubten, dass ihre Not Folge dieser leichtsinnigen Unwissenheit ist.

Um die Zukunft zu erfahren, gehen viele zur Kartenlegerin, lassen sich ein Horoskop erstellen, machen beim Tischerücken mit, um Geister zu befragen und so weiter.

Wie erklärt sich diese krankhafte Erscheinung des Seelenlebens bei Menschen mit normalem Verstand? Aberglaube und Zauberei sind ein Gewächs der Hölle, eine Folge intensiver Arbeit Satans. Der zieht die Menschen von Gott ab und bindet sie an sich."

Dann wurde er konkreter, listete Erscheinungsformen des Aberglaubens auf: Zeichendeuterei wie Glücksschweine, Schornsteinfeger, schwarze Katzen, Sterndeuterei, Wahrsagerei, Besprechen von Krankheiten, Pendeln, moderne Heilmethoden wie autogenes Training.

Schließlich kam er zu Möglichkeiten der Abhilfe:

„Ungehorsam gegen Gottes Wort und Willen ist eine Zaubereisünde. Wer mit seiner Not nicht zum lebendigen Gott und seinem Wort Zuflucht nimmt, geht mit dem Teufel ein Vertauensverhältnis ein.

Bete zum Herrn Jesus Christus und entsage dem Teufel und all seinem finsteren Werk und Wesen und bekehre dich zu Gott, lebe im Glauben und Gehorsam mit ihm und sei ihm treu bis an dein Ende. Lies täglich in deiner Bibel und nimm das Wort so, wie es dort geschrieben steht, auch wenn du nicht alles gleich verstehst. Bitte um den Heiligen Geist und rufe Jesus immer wieder an!"

Den letzten Teil seiner Predigt sprach der Pfarrer mit erhobener, mahnender Stimme und entließ danach die Gläubigen.

Zunächst war ich beeindruckt von der Freude, die allen Gemeindemitgliedern ins Gesicht geschrieben stand. Später stellte ich fest, dass das ständige gütige Lächeln lediglich ein zur Schau gestelltes war, das sie wie eine Maske trugen. Und noch etwas gab mir zu denken. Ich wurde den Verdacht nicht los, dass der Prediger lediglich den einen Hokuspokus durch einen anderen ersetzen wollte.

An einem Abend, Sandrine war zu Bett gebracht worden, fasste ich mir ein Herz und bat Judith darum, mich von den religiösen Aktivitäten zu entbinden.

„Aber Leander", entgegnete sie, „du bist ein freier Mensch und ich kann warten, bis du eines Tages deinen Weg zu unserem Herren gefunden hast. Nur um eines möchte ich dich bitten, lass mich unsere Tochter so erziehen, dass sie möglichst schnell den meinigen Weg als den richtigen erkennt, denn wir alle brauchen den Herrn."

Was sollte ich dagegen sagen, hatte Judith mir nicht erklärt, dass die Kinder den Weg zu Gott selbst finden müssten und deshalb erst mit vierzehn Jahren nach freier Entscheidung die Weihe annehmen könnten. Und doch gab mir der Widerspruch zu denken: „den meinigen Weg als den richtigen".

Ich stimmte ihr zu, hatte ich doch meine Arbeit, die mir Freude bereitete, aber auch viel Zeit in Anspruch nahm. Indem ich meine Zustimmung gab, machte ich, wie sich später herausstellen sollte, einen großen Fehler. Zunächst aber verlief unser Leben, wie man so sagt, in geordneten Bahnen. Judith sorgte für die Ordnung im Heim und ich für das nötige Einkommen. Zu dieser Ordnung gehörte es auch, dass sie die Verwaltung unserer Finanzen übernahm. Ich war froh darüber, hatte ich doch den Umgang mit Geld nie so richtig gelernt.

Zu Hause, bei meinen Eltern, hatte ich an jedem Wochenende einen bestimmten Betrag bekommen, das sogenannte Sonntagsgeld. War es alle, musste ich nur bis zum nächsten Samstag warten. So lernte ich nicht, mit einer bestimmten Summe über einen längeren Zeitraum Haus zu halten.

In sexueller Hinsicht hatte ich mich daran gewöhnt, dass Judith und ich nur abends im Bett miteinander verkehrten, immer peinlichst darauf bedacht, dass Sandrine, die stets um sieben Uhr zu Bett gebracht wurde, davon nichts mitbekam.

Später, als Judith und ich oft stritten, erfuhr ich, dass sie nur deshalb oft mit mir geschlafen hatte, weil sie sich ein zweites Kind, einen Sohn, wünschte.

Die Bezeichnung „mit mir schlief" ist nicht ganz zutreffend. Wie in der Hochzeitsnacht, legte sie sich stets auf den Rücken, öffnete ihre Beine und wartete, ohne sich zu bewegen, auf meinen Orgasmus. Doch ein zweites Kind wollte sich nicht einstellen.

„Wenn es dann Gottes Wille ist", sagte Judith eines Tages, als sich ihre Periode, wie sie es nannte, wieder eingestellt hatte, „müssen wir es auch nicht weiter versuchen."

Als sie das sagte, war ich mir der Tragweite ihrer Äußerung nicht bewusst. Erst einige Tage später, ich versuchte, ihr näher zu kommen, eröffnete sie mir, von mir abgewandt auf der Seite liegend, dass sie den Plan des Herrn erkannt habe und von nun an keine Zeugungsversuche mehr unternehmen wolle.

Zunächst glaubte ich nicht an den Ernst ihrer Worte. Nach einigen erfolglosen Versuchen meinerseits jedoch erkannte ich die Endgültigkeit ihrer Aussage, erfuhr so ein zweites Mal, dass Frauen auch meinen, was sie sagen.

Eines Nachts, ich hatte, wie oft in letzter Zeit, von Nadine geträumt und war wie immer kurz vor meinen Orgasmus wach geworden, setzte ich mit meiner Hand fort, was ich nicht mehr hatte träumen dürfen. Ich hatte die Augen geschlossen, sah Nadine wie zuvor im Traum vor mir, als es mir kam.

Plötzlich hörte ich Judith neben mir sprechen. Ich erkannte, dass sie betete.

„Du Herr des Lebens, erhöre mich, mach, dass er weder sich selbst noch andere zum Objekt seiner Begierde macht."

Am Morgen, es war ein Sonntag, zog Judith noch vor dem Frühstück meine Bettwäsche ab und steckte sie in die Waschmaschine. Mich erinnerte das an meine Mutter, doch die hatte wissend gelächelt, wenn ich ihr bei der Arbeit zugeschaut hatte. Judith hingegen würdigte mich, auch noch während des Frühstückens, keines Blickes.

Jahre später, als sie Sandrine einmal beim Masturbieren erwischt hatte und anschließend mithilfe christlicher Phrasen auf sie einwirkte – ich konnte ihr vom Nebenraum aus zuhören –, erklärte sie mir danach, dass Sandrine diese Eigenart sicher von mir geerbt hätte und dass es sich in jedem Fall um einen Akt der Enthemmung handele, den in uns auszulösen der Teufel die Macht besäße.

„Und du", fragte ich sie, „verspürst du nie das Bedürfnis nach sexueller Befriedigung?"

„Niemals", antwortete sie, „davor bewahrt mich der Herr."

Und ich, Lehrer und Erzieher von Beruf, unternahm nichts, glaubte, mich an die Vereinbarung halten zu müssen, dass Judith für die Erziehung von Sandrine verantwortlich war. Später erkannte ich meinen Fehler, versuchte etwas zu ändern, doch da war es schon zu spät.

Sechs

Meine Beziehung zu Sandrine, meiner Tochter, war von Anfang an stark beeinflusst von der Rolle, die Judith übernommen hatte. Wollte ich helfen, wickeln, waschen oder Ähnliches, lehnte sie das mit der Begründung ab: „Du hast deine Arbeit und ich die meine." Und wie das so ist, wird einem etwas abgenommen, drängt man sich nicht danach. So trug ich Sandrine herum, wenn sie schrie und Judith mit einer anderen Hausarbeit beschäftigt war. Wenn sie ins Bett gebracht wurde, ging ich mit, wünschte ich ihr eine gute Nacht und gab ihr einen Kuss.

Die Jahre vergingen und plötzlich, wie es mir erschien, war Sandrine in der Hochphase der Pubertät. War sie bis dahin allen Anordnungen, die Judith ihr erteilte, widerspruchslos gefolgt, versperrte sie sich diesen nun zunehmend. Das galt auch Judiths Bestrebungen, aus Sandrine eine ebenso gute Christin machen zu wollen wie sie es selbst zu sein glaubte.

Sandrine war fünfzehn Jahre alt, als sie zum ersten Mal den dreiviertellangen Faltenrock gegen eine Jeans austauschte, die eine Schulfreundin ihr geliehen hatte. Judith fiel aus allen Wolken, als Sandrine an diesem Tag, später als erwartet, von der Schule nach Hause kam. Dann sah sie, als Sandrine sich bückte, den Riss in der Hose, der in Höhe ihres Hinternansatzes quer zum Oberschenkel verlief.

„Zieh das Ding sofort aus", brüllte sie Sandrine an. Die war darauf gefasst gewesen, richtete sich nun betont langsam auf, drehte sich zu ihrer Mutter hin, sah diese an und sagte: „Nur, wenn ich mir sofort eine eigene kaufen darf."

Judith muss wohl die Absolutheit in Sandrines Aussage erkannt haben, denn anstatt etwas zu entgegnen, wandte sie sich an mich. Und ich Dummkopf, das muss ich heute sagen, stimmte Judith zu. In dem Augenblick hatte ich es mir bei Sandrine verschissen. So drückte sie sich aus, als wir später einmal darüber sprachen.

Unsere Wohnung damals glich einer christlichen Kultstätte. Über jede Tür hatte Judith ein Kreuz gehängt.
Anfangs nahm ich alles hin, hoffend, sie mit der Zeit weltlich beeinflussen zu können. Ich selbst war nicht religiös, aber doch im Sinne christlicher Werte erzogen worden. An ein Beispiel dafür erinnere ich mich noch heute ganz genau.

Mein Vater, der, wie er stets betonte, gerne Soldat gewesen war, hatte mir eines Tages ein Luftdruckgewehr geschenkt. Er lehrte mich das Zielen und bald traf ich auf eine Entfernung von zwanzig Metern jeden Gegenstand bis zu der Größe einer kleinen Konservendose.

Bald war ich es leid, auf leblose Blechdosen zu schießen, legte auf einen Spatzen an und traf. Der aber war nicht sofort tot. Als ich ihn, mit den Flügeln schlagend, vor mir im Gras liegen sah, wurde mir mit einem Mal klar, was ich da getan hatte, indem ich mich daran erinnerte, was meine Mutter zu mir gesagt hatte: „Quäle nie ein Tier zum Scherz, denn es fühlt genau wie du den Schmerz." In dem Augenblick empfand ich mit dem Vogel und wusste, dass ich nie wieder auf ein Lebewesen würde schießen wollen. Daran habe ich mich bis heute gehalten.

Trotzdem bin ich nicht Vegetarier geworden, esse getötete Tiere, setze mich aber dafür ein, dass sie nicht qualvoll leiden müssen, bevor sie geschlachtet werden. Diese Einstellung versuchte ich auch meinen Schülern zu vermitteln.

Ich erkundigte mich auf dem Schlachthof der Stadt nach der Ankunft des nächsten Tiertransportes. Zum angegebenen Zeitpunkt war ich mit meiner Klasse dort. Die hatte unter anderem den Auftrag, den Fahrer des LKW nach der Transportdauer zu befragen. Aus dessen Weigerung, darauf eine Antwort zu geben, zogen die Kinder dann entsprechende Schlüsse. Das Beobachten der Tiere, als sie aus dem Laster getrieben wurden, war für uns sehr aufschlussreich, gab Auskunft über ihren Zustand. Zusammen mit der Kunstlehrerin entwarfen sie dann Flugblätter, die zum Widerstand gegen diese qualvollen Transporte aufriefen. Die verteilten wir dann in der Siegener Oberstadt.

Judith war jedoch der Auffassung, dass es nicht ausreiche, christliche Werte zu vertreten und danach zu leben, sondern dass ebenso der äußere Ausdruck von Religiosität ein christliches Leben ausmache.

So geschah es dann auch. Zuhause trug unsere Tochter den mittellangen Faltenrock oder ein anderes Kleidungsstück, das Judith aus dem Kataloganbot eines christlichen Bekleidungsshops bestellt hatte. Kaum dass sie außer Sichtweite ihrer Mutter war, tauschte sie diese Klamotten gegen solche aus, die auch ihre Mitschülerinnen trugen. Die hatte sie sich heimlich von ihrem Taschengeld gekauft. Das erfuhr ich allerdings auch erst später. „Der Herr sieht alles", war eine von Judiths ständig gebrauchten Wendungen. Und der sollte, was unsere Beziehung betraf, nichts – wie sie meinte – Negatives zu sehen bekommen.

So verging die Zeit, und ich bemerkte an mir, dass ich immer öfter an die Tage am Sorpesee denken musste. Nadine hatte sich nie bei mir gemeldet und ich selbst hatte alle Hoffnung aufgegeben, sie je wiederzusehen. Schon glaubte ich an die Einmaligkeit der großen Liebe.

Sieben

In diesem Jahr meldete ich mich wieder zu einer Lehrerfortbildung an, auch weil mich das Thema interessierte. Es sollte um die Aktualisierung alter Märchen gehen. Ich wusste, dass in heutigen Märchenbüchern nur die Märchen zu finden sind, die, als sie von den Märchensammlern aufgeschrieben wurden, für die Menschen damals von Bedeutung waren und es auch heute noch sind. Rotkäppchen zum Beispiel, denn immer noch haben Mütter Angst, ihre Töchter allein losziehen zu lassen, gibt ihnen gute Ratschläge mit auf den Weg. Bevor die Märchen aufgeschrieben wurden, haben Märchenerzähler die Geschichten der Zeit angepasst weitererzählt.

In dieser Veranstaltung sollten nun Märchen aus dem achtzehnten und neunzehnten Jahrhundert in die heutige Zeit übertragen werden.

Tagungsort war Rennerod, eine kleine Stadt nahe der Krombachtalsperre. Ich kannte diesen See, einen der schönsten des Westerwaldes. Zwei offizielle Badestrände gab es dort, einen bei Rehe und den anderen unterhalb von Mademühlen, am gegenüberliegenden Ufer. Es war noch Sommer und ich hatte bei der Anmeldung auch an die Möglichkeit von Waldspaziergängen und an das Baden im See gedacht. Erinnerungen an die Zeit am Sorpesee taten das Übrige. Und doch sollte es dieses Mal ganz anders sein.

Die Bildungsstätte, in einem nicht mehr genutzten Kasernenteil untergebracht, lag etwas außerhalb der Stadt. Ich bekam ein Zimmer im obersten Stockwerk und hatte von meinem Fenster aus eine schöne Aussicht auf die Talsperre.

Bis zum ersten Treffen blieb mir noch eine gute Stunde Zeit und ich ging, nachdem ich meine Sachen in den Schrank eingeräumt hatte, hinunter ins Foyer, nahm mir eine Tageszeitung vom Tresen der Anmeldung und setzte mich in einen Sessel, von dem aus ich den Eingang im Blick hatte. Ich las jedoch nur oberflächlich, und immer wenn sich die Eingangstür öffnete, blickte ich hoch in der Hoffnung, ein bekanntes Gesicht zu sehen. Eine Frau fiel mir auf, die – anders als im üblichen Lehrerinnenoutfit – mit einem schwarzen Kostüm bekleidet die Eingangshalle betrat. Schöne Beine, registrierte ich. Bald legte ich die Zeitung zusammen und begab mich in den Seminarraum. Dort standen Tische in einem offenen „U" und in einer Ecke ein Tisch, auf dem Thermoskannen, Teller und Tassen sowie mit Kuchenstückchen belegte Bleche auf uns warteten.

Nach einer kurzen Begrüßung durch den Seminarleiter wurden wir gebeten, uns an dem Tisch zu bedienen. Ich zählte sechszehn Teilnehmerinnen und Teilnehmer, von denen keiner mir bekannt war. Die Frau in dem schwarzen Kostüm hatte an der mir gegenüberliegenden Tischreihe Platz genommen. Hin und wieder wagte ich einen Blick auf ihre Beine und registrierte, dass sie keine Strümpfe trug. Sie schien mich nicht zu beachten, hörte interessiert den Seminarerläuterungen des Leiters zu.

Nach einer Rundfrage, warum wir diese Fortbildungsveranstaltung gewählt hatten, lieferte er eine kurze Einführung in die Methode des projektorientierten Arbeitens und schloss mit den Worten: „Projektorientiertes Arbeiten lernt man am besten, wenn man auch so arbeitet, learning by doing, wie man das Neudeutsch nennt."

Jetzt zog er einen Stapel Spielkarten aus seiner Aktentasche, mischte und verteilte sie an uns Teilnehmer. Quartett-Karten, stellte ich fest. Nun wurden wir aufgefordert, uns entsprechend den Kartenmotiven zu vier Arbeitsgruppen zusammenzufinden.

Meine Hoffnung erfüllte sich, Brunhild Schulte, ihren Namen hatte ich mir bei der Vorstellung gemerkt, die Frau im schwarzen Kostüm, gehörte zur selben Gruppe wie ich. Vorerst sollten wir um einen Tisch herum Platz nehmen.

Jetzt ergriff Heiko Waldstadt, der Seminarleiter, das Wort und betonte, dass er nicht die Absicht habe, hier weiter als

Vorturner zu fungieren. Er wies auf eine Regalwand, einen Handapparat, wie er die dort eingestellten Bücher bezeichnete, und auf einen PC mit Internetanschluss „für die Webkundigen", wie er sich ausdrückte, hin. Jede Gruppe sollte sich drei Märchen aussuchen und eine Rangfolge festlegen, damit es keine Doppelungen gäbe. Ziel unserer Arbeit sei, ein Märchen zuerst in einen der heutigen Zeit entsprechenden Prosatext umzuwandeln, aus dem dann ein Theaterstück oder ein Video entstehen sollte.

Nach einer Pause, keiner hatte eine Frage, sagte er: „Dann sehen wir uns zum Abendessen um neunzehn Uhr wieder", packte seine Sachen zusammen und verließ den Seminarraum.

Welch ein Unterschied zur Veranstaltung am Sorpesee. Und dieser sollte nicht der einzige bleiben.

Nun saßen wir da, hatten einen Auftrag, doch keiner von uns vieren ergriff die Initiative. Ich konzentrierte meine ganze Aufmerksamkeit auf Brunhild, die mir wieder gegenübersaß und deren Anblick meine Gedanken in eine nicht arbeitsfördernde Richtung lenkte. Fast asiatisch empfand ich ihr Gesicht. Nur ihre Augen verrieten die europäische Abstammung. Schwarzbraunes mittellanges Haar, im Zickzack gescheitelt. Sie war ein Stück kleiner als ich, Schultern und Hüften etwa gleichen Maßes.

Schon als Heranwachsender hatten mich Frauen in engen Röcken fasziniert. In meinem Jungenzimmer hatte ich, gerade mal fünfzehn Jahre alt, das Poster eines Rockstars gegen ein Werbeplakat für Nylons, das eine Frau in kurzem schwarzem Rock und hochhackigen Pumps zeigte, ausgetauscht. Wohlgemerkt nur Rock und Beine.

Die Stille um mich herum brachte mich in die Realität zurück. Sie bedeutete, dass wir in unserer Gruppenarbeit keinen Deut vorangekommen waren. Ich hob meinen Blick, schaute Brunhild kurz in die Augen und ergriff die Initiative. Ich stand auf, ging zu dem Regal, dem Handapparat, griff nach einem der Märchenbücher, Grimms Hausmärchen. Am

Tisch schlug ich eine beliebige Seite auf und fragte in die Runde: „Wie wär´s mit Rotkäppchen?"

„Keine schlechte Idee", meinte Heinz Horst.

„Ich finde aber Der Wolf und die sieben Geißlein besser", schlug Irene Neuhaus vor.

„Hänsel und Gretel", sagte Brunhild Schulte und schaute fragend in die Runde.

Da hatten wir drei Märchen und mussten ihnen nur noch eine Rangfolge verleihen.

Ich begründete meinen Vorschlag mit dem Hinweis auf die Notwendigkeit der Sorge um Kinder, die eigene Wege gehen wollen. Dann wies ich auf das französische Märchen Le Petit Chaperon Rouge hin, in dem der Wolf eher menschenmännliche Züge des Verführers trägt. So stamme auch eine der ältesten schriftlichen Fassungen von dem Franzosen Charles Perrault, Le Petit Chaperon Rouge. Schon damals seien dort zahlreiche Anspielungen auf die Sexualität eingewoben gewesen. Im Mittelpunkt stehe die an kleine Mädchen gerichtete Warnung vor dem Sittenstrolch als Mittel der Abschreckung.

„Eine gute Idee, Leander, und hochaktuell, wenn man sich vor Augen führt, was heute so an Kinderpornografie geboten wird."

„Das mag ja stimmen, Irene, aber oft sind es doch auch kleine Mädchen, die versuchen, ältere Männer zu verführen."

Wütend fast reagierte Brunhild: „Das ist doch Unsinn, Heinz, junge Mädchen in der Pubertät probieren sich natürlich aus, testen ihre Wirkung auf Männer. Da liegt es doch in der Verantwortung der Männer, entsprechend bestehenden Gesetzen zu reagieren."

„Schon klar, aber die Gesetze haben sich verändert. Ich weiß von den Germanen, dass die zum Beispiel in einer Paarungsehe lebten, das heißt, dass Mann und Frau nur für eine gewisse Zeit zusammen waren. Dass damals das Mädchen Kinder bekam, wenn es körperlich dazu in der Lage war. Da waren die Mädchen vielleicht zwölf Jahre alt."

Innerlich gab ich beiden Recht, suchte nach einer Erklärung für die Veränderungen in der Geschichte. Ich sah, dass auch Brunhild nach Argumenten suchte.

„Können wir vielleicht später noch einmal darüber diskutieren und ich begründe erst einmal meinen Vorschlag?"

Dass niemand etwas sagte, fasste Irene als Zustimmung auf.

„Ich meine, dass es auch heute oft passiert, dass Kinder allein zu Hause sich selbst überlassen werden. So beschreibt es auch das Märchen Der Wolf und die sieben Geißlein. Mutter Ziege muss das Haus verlassen und gibt ihren sieben Geißlein auf, während ihrer Abwesenheit niemanden ins Haus zu lassen.

Na ja, ihr kennt die Geschichte. Ich meine, Kindermord, aus welchen Motiven heraus auch immer, ist auch heute noch ein aktuelles Thema."

Keiner von uns äußerte sich dazu. Was sollte man auch sagen, Irene hatte recht.

Brunhilds Laudatio für Hänsel und Gretel ließ auf sich warten. Sie müsse noch überlegen und schlug eine kurze Pause vor.

Als hätten sie darauf gewartet, zogen Heinz Horst und Irene Neuhaus ihre Zigarettenschachteln aus der Tasche und strebten dem Ausgang zu. Ich stand unschlüssig herum, während Brunhild zum Fenster ging und hinausschaute. Ich blieb auf meinem Platz, war gespannt darauf, wie wir uns entscheiden würden. Weil ich sie nicht stören wollte, machte ich mir Gedanken zu der von Heinz Horst ausgelösten Diskussion. Die Frage war doch, warum stimmte in der Gesellschaft der Sammler und Jäger die körperliche mit der gesellschaftlichen Reife überein, was heute nicht der Fall war? Dazu machte ich mir ein paar Notizen. Als sich Brunhild neben mich setzte, wollte ich gerade beginnen, ihr meine Gedanken vorzutragen, als Irene und Heinz Horst zurückkamen, sich ebenfalls am Tisch niederließen.

Brunhild ergriff sogleich das Wort: „Neulich las ich in der Zeitung, dass seinerzeit Eltern ihre Kinder nur deswegen in der DDR haben allein gelassen, weil sie sich im Westen ein schöneres Leben erhofften. Ähnliches passiert heute in unserem Land, dass Kinder ausgesetzt werden, weil ihre Eltern sie nicht mehr versorgen können.

Erst vor kurzer Zeit, weil ich eine Unterrichtsreihe Märchen vorbereitete, habe ich mich mit dem Märchen Hänsel und Gretel beschäftigt. Deshalb ist mir seine Geschichte auch noch präsent.

In der Urfassung der Brüder Grimm, ebenso wie in Ludwig Bechsteins Märchensammlung, ist es statt einer Stiefmutter noch die eigene Mutter, was dem Märchen eine eher sozialkritische Bedeutung gibt. Die Kinder werden ausgesetzt, weil die Familie hungert. Bei Bechstein stirbt die Mutter nicht, sondern macht sich zusammen mit dem Vater Sorgen um die Kinder und bereut, sie fortgeschickt zu haben. In diesem Moment betreten die Kinder das Haus und die Not hat ein Ende."

Brunhild schaute in die Runde, wartete sicher auf Zustimmung oder Ablehnung unsererseits.

„Ich meine", begann Heinz, „alle drei Märchen sind es wert, aktualisiert zu werden. Warum also sollen wir nicht Brunhilds Informationsvorsprung nutzen, wenn sie schon über Hänsel und Gretel gearbeitet hat?"

„Da müssen wir das Fahrrad nicht noch einmal erfinden", meinte ich. Und ergänzte, dass das Aussetzen von Kindern eine lange Tradition habe. „Bei den Germanen wurde das neugeborene Kind dem Vater vorgelegt und er hatte zu entscheiden, ob es aufgezogen oder ausgesetzt werden sollte. Doch einmal aufgenommen war ein Aussetzen nicht mehr möglich. Erst in der Feudalgesellschaft des Mittelalters setzten landarme und hörige Bauern Kinder aus, wenn sie nicht mehr in der Lage waren, diese zu ernähren. Ich stimme Brunhilds Vorschlag zu."

Auch Irene stimmte, wenn auch enttäuscht, Brunhilds Vorschlag zu.

„Dann mache ich für unsere Rangfolge folgenden Vorschlag: Platz eins ist Hänsel und Gretel, Platz zwei ist Der Wolf und die sieben Geißlein und Platz drei Rotkäppchen."

Über Irenes Gesicht huschte ein Lächeln, gerettet, dachte ich. Müssen wir darüber abstimmen? „Nö", „Nee", „I wo".

Ich bat Brunhild, unseren Vorschlag am nächsten Morgen im Plenum vorzustellen. Hausaufgabe für uns: Die drei Begründungstexte zu verschriftlichen. „Das machen wir beide dann zusammen", meinte Irene an Heinz gewandt. Alle waren wir erleichtert, die erste Aufgabe bewältigt zu haben.

Brunhild Schulte verabschiedete sich sogleich. Irene und Heinz verabredeten sich an der Bar und ich ging auf mein Zimmer, zog mich aus, legte mich ins Bett, las noch ein paar Seiten in Bruno Bettelheims „Kinder brauchen Märchen", bevor ich einschlief. Kein Klopfen an der Wand, keine gemeinsame Nacht.

Acht

Nicht verabredet, trafen wir uns morgens am selben Tisch zum Frühstück. Irene und Heinz Horst kamen gemeinsam und so, wie sie sich ansahen, hatten sie die vergangene Nacht gemeinsam verbracht. Genauso hatten Nadine und ich uns damals benommen und sicher hatte man uns das auch angesehen.

Als Letzte kam Brunhild. Ausgeschlafen und gut gelaunt scherzte sie über das Aussehen anderer Teilnehmer. „Schaut mal die Kollegin dort am Tisch – nicht so auffällig, Leander –, sieht man ihr nicht auf Anhieb die Lehrerin an?"

„Woran erkennst du das?", fragte Heinz.

„An ihrer Kleidung, dem Gesichtsausdruck und vor allen Dingen an ihrem Haarschnitt. Wie selbst geschnitten. Hut auf und mit der Schere einmal an dessen Rand entlang."

Später, im Seminarraum, versuchte auch ich, Lehrertypisches festzustellen, während alle Gruppensprecher ihre Märchenvorschläge einbrachten. Ein Kollege fiel mir auf, der schaute zu allem skeptisch, zwei steile Falten links und rechts der Nase eingegraben. Ich konnte mir gut vorstellen, dass seine Schüler stets unsicher ob der Richtigkeit ihres Wortbeitrages waren, wenn er sie so anschaute.

Schließlich hatten alle Gruppen ein Märchen ausgewählt, ohne dass es zu Unstimmigkeiten gekommen war. Hänsel und Gretel würde unsere Gruppe ins einundzwanzigste Jahrhundert übertragen.

Der Rest des Tages stand uns in Form von Freiarbeit zur Verfügung. Zum Treffen am Abend sollten alle Gruppen den Prosatext ihres neuen Märchens verfasst haben.

„Was haltet ihr davon, wenn wir unseren Arbeitsplatz in das Gartenlokal am See verlegen?"

Alle waren mit meinem Vorschlag einverstanden, und so zogen wir, mit allem Nötigen versehen, hinunter zum See. Gleich hinter dem Eigang zum Campingplatz befand sich linker Hand das Restaurant.

Als wir unter einem Sonnenschirm Platz genommen hatten, meinte Brunhild: „Man könnte meinen, wir seien im Urlaub." Vielleicht ein Zufall, aber wir vier harmonierten gut miteinander, waren schnell in eine positive Arbeitsatmosphäre gelangt. Zwei Stunden später stand unser Text. Wir beschlossen, hier à la carte zu essen. Jägerschnitzel mit Pommes frites, da waren wir uns einig. Dazu Weizenbier und nach dem Essen vier Willys.

„Eigentlich könnten wir schon mit dem Drehbuch beginnen", meinte Irene.

„Also ein Video und kein Theaterstück?", fragte Heinz Horst.

Ich sah Brunhild an. Die nickte mir zu und so war auch diese Frage geklärt. Ich dachte bei mir, wenn wir doch bis zum anderen Morgen Zeit hatten, könnten wir die aufgekommene Urlaubsstimmung mittels eines Bades im See vervollständigen. Innerlich lachte ich über meine eigene Geschwollenheit angesichts dieses Ausdrucks.

„Wie wär´s mit einem Bad im See?"

„Schon, aber an Badesachen hat wohl keiner gedacht, oder?"

Es entstand eine Pause und ich war mir sicher, dass wir alle dasselbe dachten.

„Schauen wir doch mal, ob wir irgendwo ein lauschiges Plätzchen finden, wo wir unbeobachtet sind", schlug Heinz vor. Wir packten unsere Sachen zusammen, verließen den Campingplatz und entdeckten bald einen Weg, der parallel zum Seeufer verlief. Nach etwa einem Kilometer erreichten wir das Gelände einer DLRG-Station, die nicht besetzt war. Niemand war weit und breit zu sehen.

Wir zogen uns aus und liefen alle sogleich ins Wasser. Wieder an Land setzten wir uns auf den hölzernen Bootssteg, ließen uns von der Sonne trocknen. Die ganze Zeit über beobachtete ich Brunhild, und kaum dass ich auf den warmen Holzbrettern saß, spürte ich die Erregung. Schnell legte ich mich bäuchlings auf die Bretter. Irene und Heinz Horst tuschelten miteinander. Auf einmal standen sie beide auf und entfernten sich von uns, verschwanden hinter dem DLRG-Häuschen. Die Vorstellung, was sie dort taten, verstärkte meinen Zustand noch. Auch in der liegenden Position hatte ich Brunhild vor Augen.

„Ich gehe noch einmal ins Wasser, gehst du mit?"

Unmöglich konnte ich jetzt aufstehen. „Hab keine Lust."

„Na dann", meinte sie, erhob sich, rannte zum Stegende und sprang von dort aus kopfüber ins Wasser.

Eigentlich hätte ich mich jetzt schnell anziehen können. Doch was würden da die anderen denken, also blieb ich liegen, bis sich meine Erektion gelegt hatte. Irene kicherte, als sie um die Hausecke kamen. Brunhild kletterte die Holzleiter hoch und stellte sich zum Trocknen auf den Steg.

„Dann wollen wir mal", forderte ich die anderen auf und zog mich an.

Rechtzeitig zum Abendessen waren wir wieder in der Bildungsstätte.

Später trafen wir uns im Plenum, trugen vor, was wir erarbeitet hatten. Wir waren als Letzte dran und hatten uns darauf geeinigt, dass Brunhild vortragen sollte.
„Jasmin und Oliver", begann sie und legte eine kurze Pause ein, bevor sie fortfuhr:

Es war einmal ein Mann, der hatte dreizehn Jahre fleißig in einem Büro gearbeitet, als ihn sein Chef eines Tages zu sich rief. Jetzt arbeite ich schon so lange hier, da hätte ich wohl etwas mehr Lohn verdient, dachte der Mann auf dem Weg zu seinem Chef. Das sagte er dem dann auch. Der blickte den Mann erstaunt an.

„Deshalb habe ich dich nicht kommen lassen", sagte der Chef, „ich muss dir leider mitteilen ..."

Mehr brauchte er nicht zu sagen, denn da wusste der Mann Bescheid, er sollte entlassen werden.

„Stell dir vor, was dein Sohn heute zu mir gesagt hat!" Mit diesen Worten begrüßte ihn seine Frau, als der Mann am Abend nach Hause kam. „Ich hätte ihm überhaupt nichts zu sagen und überhaupt sei ich ziemlich doof."

Die Frau ließ ihren Mann gar nicht zu Worte kommen. So ging es fast jeden Tag. Ständig schimpfte sie über seine beiden Kinder, Jasmin und Oliver. Was er tagsüber erlebt hatte, interessierte seine Frau anscheinend nicht. Bestrafen sollte er die Kinder, heute war Oliver an der Reihe, gestern war es Jasmin gewesen.

Da brüllte der Mann los, schrie seine Frau an. Die wurde kreidebleich, musste sich hinsetzen.

„Ich habe dir gleich gesagt, dass du in solchen Zeiten nicht nach mehr Lohn fragen sollst, wo es doch schon so viele Arbeitslose gibt." Der Mann konnte sich nicht erinnern, dass sie das zu ihm gesagt hatte, entgegnete aber nichts.

Als sie im Bett lagen, sagte die Frau: „Wir müssen sie in ein Heim geben, dann kann ich mir Arbeit suchen. Wenn wir sie nur weit genug wegbringen, werden sie uns bald vergessen."

Vielleicht habe ich dann endlich meine Ruhe, dachte der Mann und willigte ein. Dabei dachte er auch an das neue Auto, das sie sich dann kaufen könnten.

Jasmin und Oliver waren durch das Brüllen ihres Vaters wach geworden, und weil die Tür nur angelehnt war, konnten sie jedes Wort verstehen. Beide wollten sie nicht glauben, was die Stiefmutter da gerade gesagt hatte, wagten aber nicht, miteinander darüber zu reden.

Doch bald wurde es für die beiden Kinder zur Gewissheit, als die Frau sie eines Morgens weckte.

„Steht auf, ihr Faulenzer, das hat jetzt ein Ende."

Jasmin hatte schon gehofft, dass es nur ein böser Traum gewesen war, doch als die Stiefmutter sagte, sie sollten für drei Wochen Sachen zusammenpacken, wusste sie, dass es Wirklichkeit gewesen war.

Auf dem Weg zum Bahnhof sagte der Vater kein Wort. Dort kaufte er eine Fahrkarte und brachte seine Kinder zum Bahnsteig.

Der Zug wurde angekündigt. Der Mann gab den beiden Kindern je eine Fahrkarte und deutete auf den Namen der Stadt, wo sie hinfahren sollten. Dann zog er aus seiner Tasche einen Zettel und sagte, dass sie diesen nach ihrer Ankunft einem Taxifahrer geben sollten. Der würde sie zu dem Heim bringen.

Schließlich drückte er Jasmin und Oliver dreißig Euro in die Hand, da war der Zug schon eingefahren.

„Wir holen euch dort bald wieder ab", waren seine letzten Worte. Als er wieder in seinem alten Auto saß, weinte er bitterlich, denn eigentlich hatte er seine Kinder lieb.

Jasmin und Oliver saßen nun alleine in einem großen Waggonabteil des Intercity Express. Erst am späten Abend würden sie in der großen Stadt ankommen.

Nachdem der Vater gegangen war, hatten sie zuerst geweint, fanden es dann in dem ICE aber recht spannend, waren sie doch noch nie eine so lange Strecke mit der Bahn gefahren.

„Lass uns etwas zu essen kaufen", schlug Jasmin vor. Sie gingen in das Bordrestaurant, das ihnen über Lautsprecher empfohlen worden war.

Später, wieder in ihrem Abteil, aßen sie von den Kartoffelchips und tranken sie von der Cola, die sie gekauft hatten.

Auf einmal fragte Oliver: „Sollen wir wirklich dorthin in das Heim fahren?"

„Aber ja, was sollen wir denn sonst tun?", meinte Jasmin. Darauf wusste Oliver keine Antwort. In das Heim wollte er aber nicht.

Als der Zug wieder einmal hielt, fragte er ein zweites Mal. Doch wieder antwortete Jasmin, was sie denn sonst tun könnten. Und wieder wusste Oliver darauf keine Antwort.

Dann waren es nur noch zwei Stationen bis zum Zielbahnhof und Oliver fragte Jasmin ein drittes Mal und hatte eine Idee. „Wir könnten uns Arbeit suchen."

Jasmin überlegte eine Zeit lang, dachte daran, dass sie manchmal älter geschätzt wurde, als sie wirklich war. Das könnte jetzt von Nutzen sein, überlegte sie.

Bald waren sie sich einig, dass sie am letzten Bahnhof vor dem eigentlichen Ziel aussteigen würden. Dann könnte man weitersehen, meinte Jasmin.

Gesagt getan, und schon standen sie auf dem großen Platz vor dem Bahnhof der unbekannten Stadt.

Es war schon dunkel geworden, sie froren und keiner von beiden wusste, wie es nun weitergehen sollte. „Ich habe Hunger", sagte Oliver. Sie gingen zurück, in die große Bahnhofshalle. Jasmin entdeckte eine Frittenbude, die noch geöffnet hatte.

„Es ist schon spät, und Arbeit finden wir wohl heute nicht mehr", sagte Jasmin.

„Dann müssen wir hier auf dem Bahnhof schlafen", schlug Oliver vor. Die meisten Geschäfte hatten schon geschlossen. Vor dem Eingang einer Buchhandlung blieb Jasmin stehen. „Hier können wir uns die Füße wärmen", meinte sie und deutete auf den Schlitz unter der Eingangstür, durch

den warme Luft nach außen strömte. Oliver setzte sich, lehnte sich mit seinem Rücken an die Tür. Jasmin tat es ihm gleich. Beide waren sie müde und schliefen bald ein.

Plötzlich schreckte Jasmin hoch, jemand hatte sie an der Schulter gerüttelt.

„Wir warten auf die Oma", erklärte sie geistesgegenwärtig dem Polizisten, der wenig freundlich auf sie herabblickte. Der fragte auch gleich nach, und ohne dass sich die beiden Geschwister abgesprochen hatten, wussten sie auf alle Fragen eine Antwort. Jasmin hatte auf einem großen Schild die Adresse eines Hotels gelesen. Die gab sie jetzt als den Wohnort ihrer Großmutter an. So durften sie noch weiter warten.

Im Morgengrauen, die Sonne war noch nicht richtig aufgegangen, machten sie sich auf den Weg. Ziellos irrten sie den ganzen Tag durch die große fremde Stadt. Wo sollten sie nach Arbeit suchen? Am Abend fanden sie wieder eine Tür, unter der warme Luft hervorströmte. Heute war es der Eingang zu einem Kaufhaus. So ging das mehrere Tage. Geld hatten sie schon lange keines mehr und Oliver, der keine zwei Jahre jünger war als Jasmin, drängte immer öfter, dass sie doch zurück nach Hause fahren sollten. Jasmin war dagegen.

„Die mögen uns nicht. Lieber fahren wir eine Station weiter und gehen in das Heim." Den Zettel, auf dem die Adresse stand, hatte sie immer noch in ihrer Jackentasche stecken.

Tags darauf, es war der siebte, hatten sie endlich Glück. In der Nacht hatte sich ein Hund zu ihnen gesellt. Mittelgroß, schwarzes Fell, mit weißen Flecken über den Augen. Er hatte sich einfach zwischen sie gelegt und sie ein wenig gewärmt. Am Morgen wurden sie vom Pförtner des Hauses geweckt, in dessen Eingang sie geschlafen hatten. Schnell rafften sie ihre Habseligkeiten zusammen, und folgten, da sie kein Ziel hatten, dem Hund, der ihnen vorauslief. Der schien sich in dieser Gegend auszukennen und hatte wahrscheinlich, ebenso wie Jasmin und Oliver, großen Hunger.

Bald entdeckte Oliver in einiger Entfernung eine Wurstbude, auf die auch der Hund zusteuerte. Der blieb jedoch an einer Hausecke, etwa zehn Meter vor dem Imbissstand, stehen. Er nahm Platz, blickte zu den beiden auf und bellte, kaum hörbar, als ob er sie am Weitergehen hindern wollte. Oliver wunderte sich, denn er nahm an, dass auch dem Hund der Bratwurstgeruch in der Nase stecken musste. Doch gleich sollte er erfahren, worauf der Hund wartete.

Die alte Frau, die eben noch hinter der Theke gestanden hatte, war plötzlich verschwunden. Da bellte der Hund kurz und Oliver hatte den Eindruck, dass es freudig klang. Der Hund sprang mehr, als dass er lief, und landete kurz darauf mitten auf der Theke der Frittenbude und schnappte nach der Wurst, die ihm am nächsten lag.

Jasmin und Oliver zögerten nicht, stiegen auf die Taschenablage, langten nach Wurst und Brötchen. Und weil sie einen riesigen Hunger hatten, liefen sie nicht gleich davon, sondern nur um die Ecke der Bude und ließen sich die Wurst schmecken.

„Trude, Trude, wer schmatzt hinter meiner Bude?"
Die Kinder antworteten:
„Der Hund, der Hund, der frisst sich gesund."
Und aßen weiter, ohne sich irremachen zu lassen.
Da ging auf einmal die seitliche Budentür auf und eine dicke alte Frau kam heraus.

Jasmin und Oliver erschraken fürchterlich. Schien die Bude nicht gerade noch leer gewesen zu sein?

„Er wartet immer, bis ich auf die Toilette gehe. Dann schnappt er sich, was gerade auf dem Rost liegt." Sie blickte die beiden Kinder freundlich an.

„Ich wohne gleich da drüben." Sie deutete auf ein schönes Haus, das sich fast ganz hinter einer hohen Mauer verbarg.

„Ihr beiden seht so aus, als könntet ihr ein heißes Bad, ein gutes Essen und danach ein frisch gemachtes Bett vertragen.

Jasmin und Oliver ließen sich nicht lange bitten. Sie waren von den Vorschlägen der Alten begeistert. Als sie ihr kurz darauf über die Straße folgten, blickte sich Jasmin nach dem Hund um. Der war verschwunden.

Im Haus angelangt, machte die Alte wahr, was sie den Kindern versprochen hatte. Als Jasmin und Oliver geduscht hatten und in das große Esszimmer kamen, war dort bereits der Tisch gedeckt. Es gab Spaghetti, Pizza und danach ein großes Eis.

Nachdem sie sich so richtig satt gegessen hatten, führte sie die Alte in ein Zimmer, in dem zwei große Himmelbetten standen, wie gesagt, frisch bezogen. Sich hineinlegen und einschlafen war eins.

Die Alte aber hatte sich nur freundlich angestellt und verfolgte in Wirklichkeit ganz böse Absichten.

Sieben Tage lang fütterte und pflegte sie die Kinder, bis die wieder so aussahen wie früher, als sie noch genug zu essen bekommen hatten. Das war, bevor ihre richtige Mutter gestorben war.

Tags darauf brachte die böse Frau den Kindern schöne neue Sachen, alles Markenklamotten. Die konnten sich nicht lange genug im Spiegel bestaunen. Solche Anziehsachen hatten sie selbst von ihrer richtigen Mutter nicht bekommen.

Jasmin sah wunderschön aus in dem kurzen bunten Kleid, beinahe wie eine richtige Dame.

Die Alte fotografierte die beiden Kinder in den neuen schönen Sachen. Dabei dachte sie an das viele Geld, das sie für die beiden bekommen würde.

Nach weiteren drei Tagen im Haus der Alten wurde es den beiden Kindern dort langweilig, sie wollten raus, anderen Kindern ihre schönen neuen Sachen zeigen.

Da wurde die Alte wütend, nannte sie undankbar und verließ das Kinderzimmer.

„Lass uns abhauen", meinte Jasmin. Als sie das Haus verlassen wollten, mussten sie feststellen, dass alle Türen, die nach draußen führten, verschlossen waren.

Plötzlich bekamen Jasmin und Oliver große Angst. Irgendetwas Schlimmes hatte die Alte vor, glaubten sie. Warum hatte die wohl die vielen Fotos von ihnen gemacht?, *fragten sie sich.*

Da entdeckte Oliver den Schlüssel, der von innen im Türschloss ihres Zimmers steckte.

Zweimal drehte er den Schlüssel im Schloss herum. Jetzt fühlten sie sich erst einmal sicher vor der Alten. Sie erschraken, als die Alte mit ihren Fäusten an die Tür schlug. Dann wurde es ganz still und sie hörten die Frau seltsame Sprüche murmeln. „Das sind Zaubersprüche", meinte Jasmin und beide wichen entsetzt bis zum Fenster zurück. Da hörten sie wieder das leise Bellen des Hundes, genau so, wie er sie damals zum Anhalten aufgefordert hatte.

Jasmin öffnete das Fenster und schaute hinunter. Es waren etwa zehn Meter bis zum Boden des Hofes. Unmöglich konnten sie da hinunterspringen.

Jetzt erst entdeckte sie den Hund, der neben einem großen Regenbottich, der bis zum Rand mit Wasser gefüllt war, stand.

Keiner konnte später sagen, ob der Hund ihnen wirklich eine Fluchtmöglichkeit hatte andeuten wollen.

Als sie aus dem Wasser auftauchten und nach ihm schauten, war der nirgends mehr zu sehen.

So schnell sie konnten rannten sie zum großen Tor in der Mauer, und weil sie inzwischen wieder zu Kräften gekommen waren, viel es ihnen leicht, über das Eisengestänge zu klettern.

Ohne sich noch einmal umzudrehen, rannten sie davon, nur weg von dem Horrorhaus wollten sie. Dass die Alte Schlimmes mit ihnen vorhatte, war ihnen jetzt klar.

„Halt! Stehen bleiben!", hörten sie plötzlich eine Stimme über sich. Aus dem Fenster eines Hauses blickte der Polizist, der sie damals im Bahnhof geweckt hatte. Mit strenger Miene forderte der sie auf, sofort in das Polizeirevier hereinzukommen.

Stunden später, sie hatten dem Polizisten die ganze Geschichte erzählt, saßen sie in einem Streifenwagen, der sie nach Hause bringen sollte.

Jasmin und Oliver hatten große Angst, wussten sie doch nicht, was Vater und Stiefmutter sagen würden, ständen sie plötzlich wieder vor der Wohnungstür. Doch dann fielen sie nacheinander ihrem Vater um den Hals.

Der Mann hatte keine frohe Stunde gehabt, seitdem er seine Kinder in den Zug gesetzt hatte.

Dann saßen sie um den Küchentisch und berichteten, was sich zugetragen hatte.

„Ach so", meinte auf einmal Jasmin, „das hätte ich ja beinahe vergessen."

Sie griff hinter sich, wo sie ihre Jacke über die Stuhllehne gehängt hatte.

Sie wirkte ein wenig schuldbewusst, als sie die vielen Bündel 500-Euro-Scheine auf den Tisch legte. „Das habe ich der Alten rechtzeitig geklaut."

Und wenn sie nicht irgendwann freiwillig aus des Vaters Wohnung ausgezogen sind, leben sie dort immer noch. Nein, nicht dort, sondern in dem schönen Einfamilienhaus, das der Vater von dem Geld der Alten hat bauen lassen."

Unsere Geschichte gefiel auch den anderen. Der Seminarleiter beglückwünschte alle Arbeitsgruppen zu ihren Märchen und gab seiner Hoffnung Ausdruck, dass auch die weitere Arbeit so erfolgreich verlaufen würde.

Brunhild besaß die Gabe, einen Text wirkungsvoll vorzutragen. Ich gestand es mir ein, dass ich zeitweilig richtig gerührt war, den Tränen nahe.

Hätte ich an diesem Abend gewusst, dass ich bald selbst erfahren sollte, dass man sein Kind auch auf ganz andere Weise verlieren konnte, ich glaube, dass ich sofort nach Hause gefahren wäre.

Neun
Später saßen wir im Klubraum und feierten unseren Arbeitserfolg.

„Ihr erinnert euch, dass Heinz Horst behauptete, kleine Mädchen würden es manchmal darauf anlegen, ältere Männer zu verführen, und dass Brunhild das als Unsinn bezeichnet hat?"

„Nein, Leander, so habe ich das nicht gemeint. Ich meinte, dass minderjährige Mädchen für ihr Verhalten nicht die Verantwortung übernehmen können, die betroffenen erwachsenen Männer aber schon."

„So weit, so gut. Darauf meinte Heinz Horst, dass zu Zeiten der Sammler und Jäger, zum Beispiel bei den Germanen, zwölf Jahre alte Mädchen Kinder bekommen hätten und keiner der Erzeuger sei damals bestraft worden. Gebe ich das richtig wieder?"

„Schon richtig, Leander, und ich stehe auch jetzt noch zu meiner Behauptung," erklärte Heinz Horst.

„Und ich sage immer noch, dass das sexueller Missbrauch Minderjähriger ist", entgegnete Brunhild.

Irene äußerte sich nicht.

„Ich habe mir darüber Gedanken gemacht und möchte sie euch nicht vorenthalten."

„Nur zu, Leander", das war Irene.

„Rein biologisch gesehen können Jungen und Mädchen, wenn sie geschlechtsreif sind, Kinder zeugen oder gebären. In der Urgesellschaft, also bei den Sammlern und Jägern, wurden sie dann auch im Rahmen einer feierlichen Handlung zum Mann oder zur Frau erklärt. Dann waren sie aber auch gesellschaftlich reif, das hieß, sie waren von nun an Sammlerinnen oder Jäger und damit vollwertige Mitglieder einer Sippe.

Heute ist das anders. Einfach gesagt, heute endet die Schul- und Ausbildungszeit erst lange nach der biologischen Reife. Biologisch reife Kinder sind noch nicht gesellschaftlich reif. Wenn also ein junges Mädchen aufgrund seiner körperlichen Reife mit einem erwachsenen Mann flirtet, ist es noch nicht in der Lage, die Tragweite eines Geschlechtsverkehrs mit ihm zu ermessen. Also braucht es Gesetze, die das Mädchen schützen."

Nach einer Pause meinte Brunhild: „Ein bisschen oberlehrerhaft, Leander, aber so kann ich das akzeptieren."

„Na, dann sind wir uns ja jetzt einig", meinte Heinz.

Brunhild warf mir einen Blick zu, als zweifelte sie an seinen Worten.

Irene und Heinz Horst verabschiedeten sich bald, wissend, dass wir wussten.

Bruni – sie hatte uns gebeten, sie so zu nennen – und ich sprachen über den Charakter dieser Veranstaltung und wieder über Schule im Allgemeinen. In eine Pause hinein meinte sie plötzlich: „Ich weiß schon, warum du kein zweites Mal mit ins Wasser wolltest."

Das kam so überraschend für mich, dass ich zunächst nichts darauf zu sagen wusste. Sie fuhr fort: „Natürlich habe ich dein Interesse an mir registriert, und unter anderen Umständen – aber ich kann nicht, habe noch etwas zu verarbeiten."

Sie ließ mir Zeit. Ich überlegte, was ich darauf sagen sollte. Bruni hatte so selbstverständlich darüber gesprochen, dass ich ebenso darauf reagieren wollte. Ich gab Ersteres zu und erklärte, das andere zu verstehen. Und, was ganz seltsam war, plötzlich fühlte ich mich freier Bruni gegenüber. Das merkte ich daran, dass ich zu ihr offen über mich und meine Familie sprechen konnte.

Ich tat das nicht in denunziatorischer Form, indem ich Judith schlecht machte. Als ich von ihrer religiösen Bindung sprach, wusste Bruni sofort, was ich meinte. Ihr erster Freund, also nicht der, den sie zurzeit verarbeiten musste, habe derselben Sekte angehört. Ich unterbrach sie, kritisierte den Begriff Sekte, der für mich abwertend klang.

„Weißt du, Bruni, auch wenn ich mit deren Gehabe nichts am Hut habe, bin ich doch für die Religionsfreiheit. Nach den Erfahrungen, die Andersgläubige in unserer Vergangenheit machen mussten, halte ich die für einen demokratischen Fortschritt."

„Schon, aber wenn du wüsstest, was ich mitgemacht habe."

„Verstehe mich nicht falsch. Natürlich müssen diese Gemeinschaften auch die Grundrechte achten."

„Das tun sie, wenn auch scheinheilig. Mein Freund verbat es mir, meine Haare schneiden zu lassen, und begründete das mit meinem Recht auf körperliche Unversehrtheit."

„Und was war sein wirklicher Grund für das Verbot?"

„Lange Haare galten für ihn als ein Symbol der Jungfräulichkeit."

„Und, warst du das damals noch?"

„Aber ja."

Da verstand ich, warum Judith erst nach unserer Hochzeit zum Friseur gegangen war.

„Und dann ihre Sexualfeindlichkeit. Mein Freund, er war siebzehn und gelegentlich Bettnässer. Eine Freundin, die auch aus einer solchen Familie kam, sich aber von ihr befreit hatte, als ihr Vater ihr den Besuch beim Zahnarzt verboten hatte, erzählte, dass ihre Eltern bei ihr eine Teufelsaustreibung versucht hatten, nachdem ihre Mutter sie beim Masturbieren erwischt hatte. Selbstbefriedigung gilt bei Jungen als ein noch größeres Vergehen. Weil sie sich auf das ‚Wort' berufen, beziehen sie sich da auf Onan, glaube ich."

Da sagte mir Bruni gewiss nichts Neues, und ich erinnerte mich. Sie lachte, als ich davon sprach.

„Warum lachst du?"

„Ach, nur so."

„Bitte, Bruni, sag schon."

„Ich musste gerade an heute Nachmittag denken."

Viel zu schnell, empfand ich, vergingen die Tage. Anders als die Grimmschen Märchen spielte unsere Geschichte nicht in einem Wald, sondern in der Stadt. Zu den weiteren Arbeiten fuhren wir deshalb nach Rennerod. Natürlich konnten wir in der Zeit, die uns zur Verfügung stand, keinen Film drehen.

Woher sollten wir zum Beispiel die Akteure nehmen, zwei Kinder, eine alte Frau und einen Hund? Ein Drehbuch inklusive der Beschreibung der Handlungsorte wollten wir verfassen.

Die kleine Stadt im Westerwald erschien uns dazu gut geeignet. Also zogen wir los, passende Handlungsorte zu suchen, fügten deren Beschreibungen in unsere Erzählung ein und dialogisierten – dazu hatten wir schon gute Vorarbeit geleistet – den dazu passenden Text, wozu wir uns jeweils einen geeigneten Arbeitsplatz suchten. Wir kamen gut voran. Bald war es Zeit für eine Pause. Wir fanden ein Café und dort einen noch freien Tisch in einer Ecke. Während wir Kaffee tranken, sprachen wir über die noch vor uns liegende Arbeit.

Irene meinte, man müsste sich beim Drehen nicht unbedingt an einen fertigen Redetext halten, den könnten die Schauspieler, wenn sie die Story verinnerlicht hätten, auch improvisieren. Da gerieten wir in eine Grundsatzdebatte, vergaßen dabei die Umgebung völlig und zogen deshalb das Interesse anderer Gäste auf uns.

Teilweise verständnislose Blicke trafen uns. Es wurde über uns geredet. Dann ergriff plötzlich ein Mann am Nachbartisch die Initiative. Er langte nach seinem Handy, das vor ihm auf dem Tisch lag, und sagte laut, dass ich es mitbekam: „Ich rufe jetzt die Polizei!"

Auch Heinz Horst, Irene und Bruni hatten das mitbekommen, und alle vier blickten wir uns erschrocken im Café um, um den Grund für den Polizeiruf des Mannes zu suchen. Jetzt sahen alle Gäste, die Kellnerin und die Wirtin zu uns herüber und schlagartig wurde uns klar, dass wir die Ursache der Erregung um uns herum waren.

„Was ist passiert?", sprach ich den Mann am Nachbartisch an. Der war schon dabei, eine Nummer in sein Handy einzutippen.

„Tun Sie doch nicht so", empörte sich die schon etwas ältere Begleiterin des Mannes, „vor unser aller Ohren", und dabei blickte sie Beifall heischend in die Runde, „planen Sie hier die Entführung von zwei Kindern, da muss man doch einschreiten?"

„Bitte kommen Sie schnell", hörte ich den Mann ins Telefon sprechen, „wir versuchen, sie aufzuhalten."

Alle Gäste, außer uns, hatten sich von ihren Plätzen erhoben und zwei jüngere Männer stellten sich demonstrativ vor den Ausgang, verschränkten die Arme vor ihrer Brust.

Da erhob sich Bruni und setzte gerade zu einer Erklärung an, als sich zwei Polizisten, ihre Pistolen schussbereit in der Hand, an den beiden Türstehern vorbei in den Gastraum drängten. Weil alle Anwesenden immer noch ihre Augen auf uns gerichtet hielten, machten die Beamten natürlich uns als die Übeltäter aus.

„Die vier da", wies zudem die Kellnerin die Polizisten ein.

Jetzt reichte es mir. Ich zwang mich zur Ruhe und ging ein paar Schritte auf die beiden Beamten zu.

„Bleiben Sie, wo Sie sind!", brüllte der eine mich sofort an und richtete drohend seine Waffe auf mich.

„Lassen Sie mich doch erklären", reagierte ich, immer noch ruhig.

„Na los", meinte der andere Polizist und legte seine Hand besänftigend auf die Schulter seines Kollegen.

Ich klärte alle Anwesenden über den Hintergrund unserer Diskussion auf. Da herrsche betretenes Schweigen im Raum.

„Tschuldigung!", murmelte der Anrufer und setzte sich wieder. Schließlich standen nur noch wir vier, die Wirtin, die Kellnerin und die beiden Ordnungshüter.

„Na dann ist ja alles in Ordnung", meinte der eine und schob seine Pistole zurück ins Halfter. Wie auf Kommando tippten sich die beiden mit zwei Fingern an ihre Mützen, machten auf dem Absatz kehrt und verließen das Café.

Fehlte nur noch, ging es mir durch den Kopf, dass einer von ihnen gesagt hätte: „Weitermachen!"

„Geht auf's Haus", meinte die Wirtin, als wir bezahlen wollten.

Raus, um die nächste Ecke biegen und laut loslachen war eins. Da schauten schon wieder ein paar Passanten interessiert zu uns hin.

„Gehen wir zum Strandlokal und machen wir dort weiter", schlug Bruni vor.

„Also, das mit dem Improvisieren ist so eine Sache", setzte ich unsere Diskussion fort, „mir ist ein Drehbuch lieber. Da wissen alle Beteiligten, woran sie sich zu halten haben."

„Und können, wenn es sich ergibt, getrost davon abweichen", fügte Bruni hinzu.

Da waren wir uns einig und auch darin, bei unserem Vortrag am Abend den Vorfall im Café nicht zu vergessen.

Irene und Heinz Horst versteckten ihre Liebe nicht mehr vor Bruni und mir. So, wie wir beide miteinander umgingen, glaubten die beiden sicher, dass es um uns ähnlich wie um sie stand.

Der letzte Tag und die anschließende halbe Nacht dienten der Dokumentation der Gruppenarbeitsergebnisse. Unser Vortrag gefiel und die Beschreibung des Missgeschicks erregte allgemeine Erheiterung. „Sie sehen zu viele Krimis", meinte ein Kollege. „Es passiert aber auch viel", ein anderer.

„Einfach grotesk", so der Kommentar des Seminarleiters.

Am nächsten Morgen, nach dem Frühstück, fand die Abschlussbesprechung statt.

Die letzten Worte des Seminarleiters: „Nun gehet hin und wendet an!" Das tat ich dann auch, nur anders, als er es gemeint hatte.

Zehn

Wieder zu Hause holte mich der Alltag schnell ein. Doch die Bilder hatten sich in meine Festplatte eingebrannt, waren abrufbar. Wenn ich sie lud, musste ich stets darauf achten, dabei nicht von Judith überrascht zu werden. Und was hatte ich mehr als Erinnerungen an ferne Sorpeseetage und erst kürzlich beendete Märchentage. Judith war unnahbarer als je zuvor. Hatte sie sich seinerzeit noch rührend um mich gekümmert und versucht meine Zuneigung zu gewinnen, strafte sie mich nunmehr mit Verachtung. Und das nicht nur, weil sie mich, ohne es mir zu sagen, verdächtigte, dass ich mir das, was sie mir verweigerte, woanders holte, sondern weil ich auch ihren Christianisierungsversuchen widerstanden hatte. Keine zehn Pferde brachten mich mehr in ihr Gemeindehaus.

Ich wurde unvorsichtig, achtete nicht mehr darauf, ob sie in der Nähe war, wenn mir danach war. So kam es, dass sie mich dabei beobachtete, wie ich mich unter der Dusche stehend selbst befriedigte. Ich hatte ihr Eintreten ins Bad nicht bemerkt.

„Du Schwein", war zunächst alles, was sie sagte, bevor sie die Badezimmertür hinter sich zuknallte. Später, ich war wieder bekleidet in die Küche getreten, bezichtigte sie mich, einer ruchlosen Wollust nachzugeben.

Mir ging ihr Gezeter dermaßen auf den Geist, dass ich wortaggressiv reagierte und die Wohnung verlassen wollte. Nur weg, das war mein Wunsch. Die Haustür schon in der Hand, besann ich mich und fasste einen Entschluss. Ich kehrte um, rannte ins Schlafzimmer, packte ein paar Sachen in meinen Koffer, dazu die nötigsten Unterlagen aus dem Arbeitsraum und ergriff die Flucht.

Wahllos lief ich eine Zeit lang umher, musste mich erst einmal sammeln. Doch wo sollte ich hin? Einen guten Freund, den ich hätte um Asyl bitten können, hatte ich nicht. Ich setzte mich ins Auto, fuhr nach Weidenau, wo ich vor langer Zeit, so kam es mir vor, schon einmal in einem Hotel übernachtet hatte, und hatte Glück, bekam ein Zimmer. Morgen würde ich mir eine Wohnung suchen, nahm ich mir vor. Dann lag ich im Bett und grübelte über die Durchführung meines Vorhabens. So einfach schien es mir plötzlich nicht mehr, zumal es Nacht war und die ja bekanntlich kein guter Ratgeber ist. Doch auch der neue Tag führte mich zu keiner besseren Erkenntnis. In der Schule meldete ich mich krank, Grippe. Die Schulsekretärin wünschte mir gute Besserung.

Zuerst zögerte ich, so gut kannten Bruni und ich uns schließlich nicht, und waren ihre Aussagen nicht eindeutig gewesen? Doch was soll's, fragen konnte ich ja, und vielleicht kannte sie jemanden, bei dem ich möbliert unterkommen konnte.

„Du kannst, bis du etwas Besseres gefunden hast, bei mir wohnen", sagte Bruni am Telefon. Mir fiel ein riesengroßer Stein vom Herzen, damit hatte ich nicht gerechnet. Es hätte nicht viel gefehlt und ich hätte mitten auf dem Bürgersteig einen Luftsprung hingelegt.

Bruni wohnte in Wilnsdorf, einer Gemeinde in der Nähe Siegens. Eine Pkw-Fuhre genügte für meinen Umzug dorthin. Judith öffnete mir die Tür. Sie musste gerade nach Hause gekommen sein, trug noch den langen, graubraunen Mantel mit der glattgebügelten Kapuze. Darunter einen hochgeschlossenen Pullover sowie einen Faltenrock zu dem derben Schuhwerk. Ihre Haare hatte sie zu einem Dutt hochgesteckt.

Während ich meine Sachen zusammenraffte und vor der Tür ablegte, überhäufte sie mich mit Vorwürfen. Neben den mir bereits bekannten, meinen Lebenswandel betreffend, warf sie mir jetzt meine Verantwortungslosigkeit Sandrine gegenüber vor. An der würde sie Verhaltensweisen entdecken, die sie nur von mir geerbt haben konnte. Als ich einwandte, dass menschliches Verhalten allgemein nicht vererbt werde, erwiderte sie: „Dann hast du es ihr auf andere Weise beigebracht, und das natürlich hinter meinem Rücken. Aber damit ist ja jetzt Schluss und für Sandrine noch nicht zu spät, den richtigen Weg zu finden."

„Leider, Judith, habe ich mich viel zu wenig darum bemüht, dass Sandrine einen eigenen Weg finden konnte, habe sie stattdessen deinen religiösen Wahnvorstellungen überlassen."

Zum Glück war ich fertig, verließ grußlos die Wohnung.
Ein paar Tage später hatte ich Gelegenheit, mit Sandrine zu sprechen. Ich traf sie in einem Siegener Einkaufszentrum, in der Nähe des Bahnhofs, lud sie auf einen Kaffee ein.

Sie fragte mich, wie es mir ginge, und ich erklärte ihr aus meiner Sicht, warum ich gegangen war. Dabei vermied ich es, auf die sexuellen Hintergründe einzugehen. Ich war erstaunt, wie Sandrine darauf reagierte. Sie sprach von christlichem Getue und Scheinheiligkeit, womit ihre Mutter versuchen würde, sie zu beeinflussen.

„Und erinnerst du dich daran, wie du reagiert hast, als ich die Jeans angezogen hatte? Damals habe ich dich dafür gehasst. Jetzt hast du deine Konsequenzen gezogen und ich die meinen."

Darüber wollte ich mehr erfahren, aber Sandrine wich meinen diesbezüglichen Fragen aus, erzählte stattdessen von der Schule und dass sie dort gut mitkäme. Das beruhigte mich und ich fragte nicht weiter nach.

Nachdem wir uns voneinander verabschiedeten hatten, schaute ich ihr wehmütig, aber auch ein bisschen stolz hinterher. Eine attraktive, junge Frau, dachte ich. Jetzt erst registrierte ich, dass sie vollkommen in Schwarz gekleidet war.

Sandrine drehte sich noch einmal um und kam zurück. Sie setzte sich, mir abgewandt, noch einmal an den Tisch, holte ein Notizbuch aus ihrer Handtasche und schrieb etwas auf. Dann riss sie eine Seite heraus. „Meine Handynummer", sie legte den zusammengefalteten Zettel auf den Tisch und weg war sie wieder.

Dieses Mal war es Abschiedsschmerz, was ich empfand. Ich faltete den Zettel auseinander und las: „Lieber Papa, ich weiß, dass du damals nur des lieben Friedens wegen der Mutter zugestimmt hast. Ich würde mich freuen, wenn wir uns hin und wieder treffen könnten. Ruf mich an, wenn du das willst. Deine Sandrine"

Ich war ergriffen, konnte meine Tränen nicht zurückhalten. Um mir vor den anderen Gästen nichts anmerken zu lassen, zog ich ein Taschentuch hervor und putzte mir die Nase. Den Zettel steckte ich ein. Abends erzählte ich Bruni davon. Die enthielt sich eines Kommentars.

Brunis Wohnung bestand aus fünf etwa gleich großen Räumen, einer Wohnküche und einem Bad mit Toilette. Sie begnügte sich mit dem Schlafzimmer, hatte mir einen Wohnschlafraum überlassen. Ihr eigentliches Wohnzimmer diente uns beiden als Treffpunkt, für uns beide und Besucher. Hin und wieder besuchte mich ein Kollege, Freunde hatte ich ja keine. Bruni dagegen bekam oft Besuch, hatte viele Freunde und Bekannte, einige davon noch aus der Zeit ihrer Ehe.

Von ihrem Mann erzählte sie wenig und ich fragte nicht nach. Bekam sie Besuch, verließ ich das Wohnzimmer und zog mich in meinen Raum zurück. Manchmal, dann, wenn es mehrere Gäste waren, lud sie mich dazu. Dann stellte sie mich als einen Freund vor, und ich bin mir sicher, dass die Anwesenden in uns ein Paar sahen, zumal wir vor den anderen unsere Zuneigung füreinander nicht verbargen.

Und doch waren wir frei, stellten keine Ansprüche aneinander. Ich zahlte Miete und beide legten wir zu Beginn eines jeden Monats einen Betrag in die Haushaltskasse. Mir ging es in dieser Zeit so gut, dass ich bald deren Ende zu fürchten begann. Sprachen wir über Beziehungen im Allgemeinen, sagte sie, dass sie von einer Ehe die Schnauze so voll habe und an keine neue feste Bindung denke. Ich pflichtete ihr stets bei, obwohl ich mir meiner Aussage nicht ganz sicher war.

Wir hatten drei „eiserne" Grundsätze vereinbart: Keiner stellt an den anderen Ansprüche. Keiner stellt Fragen über die Zeit, die wir nicht zusammen verbringen. Alles, was wir freiwillig und im gegenseitigen Einvernehmen miteinander unternehmen, ist erlaubt. Und noch eine stille, nie ausgesprochene Abmachung existierte: Beide empfangen wir in der gemeinsamen Wohnung keinen möglichen neuen Partner.

Von Judith erfuhr ich nur über Sandrine. Die berichtete, dass sich ihre Mutter nun noch mehr der Gemeindearbeit widme. Sie sei Schriftführerin, für die Gemeindekasse und die Pressearbeit zuständig. Das Positive daran sei, dass sie nicht mehr so viel Zeit hätte, auf sie, Sandrine, einzuwirken.

Wir hatten uns wieder in einem Café getroffen, dem Café Flocke in der Siegener Oberstadt. Auch dieses Mal war sie ganz in Schwarz gekleidet. Ich fragte nach. „Gefällt mir eben", war ihre Antwort und ich gab mich damit zufrieden. Als ich sie nach ihrem Umgang fragte, wich sie mir aus. Gleichgesinnte träfe sie, mehr sagte sie nicht. Dann, wie um von sich abzulenken, erzählte sie von einem Leserbrief, den ihre Mutter an die Regionalzeitung geschrieben hatte und der dort veröffentlicht worden war. Vorausgegangen war ein Artikel zum Thema, „Evolution kontra Schöpfungsgeschichte", der die Mutter so aufgeregt habe, dass sie sich sofort an den Computer setzte. Ich hatte ihn nicht gelesen und Sandrine erklärte sich bereit, mir per E-Mail eine Kopie zu übersenden. Die erreichte mich noch am selben Abend.

Darwin hat das nicht gewollt, war Judiths Text überschrieben. Und weiter:
Man sollte an die Folgen der Evolutionstheorie erinnern. Als Darwins Buch „origin of spezies" bekannt wurde, haben Wissenschaftler vorausgesagt, dass dieses Buch zur Verrohung der Menschen beitragen könnte.
Dass der Darwinismus die Ideologie des Kommunismus und Nationalsozialismus mitbegründet hat, ist erwiesen.
Lenin meinte: „Die größten Feinde des Kommunismus sind der Kapitalismus und die Religion. Nach den Prinzipien des politischen Darwinismus wird sich der Kapitalismus umwandeln in den Kommunismus. Die Religion muss ausgerottet werden. (...)"
In dem Stil ging es weite. Judith setzte Hitler und Stalin auf eine Ebene und führt aus, wohin das geführt habe. Sie schloss mit den Worten: *Ohne „Ehre sei Gott in der Höhe" wird es keinen Frieden geben.*

Für mich war das ein Ausdruck dafür, wohin evangelikaler Fundamentalismus führte, wenn er sich mit Politischem verband. Judith hatte mit ihrem Mädchennamen unterschrieben, Judith Neumann.

„Du solltest nachfragen", zog Bruni mich auf, als ich ihr am Abend von meinem Treffen mit Sandrine erzählte. Über den Leserbrief könne sie nur lachen, hätte an ihrer Schule Ähnliches erlebt. Die Elternsprecherin habe dagegen protestiert, dass im Biologieunterricht ein Lehrbuch verwendet werde, in dem die Verwandtschaft des Menschen mit dem Affen beschrieben sei.

„In der Diskussion habe ich dann gesagt, dass die Verwandtschaft zwischen Affen und Menschen größer sei als die zwischen Pferden und Zebras. Da sei die Frau aufgesprungen und hätte den Sitzungsraum verlassen. Aber daran kannst du erkennen, Leander, dass die Ansichten deiner Judith hierzulande sehr weit verbreitet sind."

„Willst du mich ärgern, Bruni?"
„Wieso?"
„Na, von wegen, deiner Judith?"
„Schließlich ist sie ja noch immer deine Frau."
„Höre ich da Kritik heraus?"
„Nein, aber es wäre für Sandrine besser, du schafftest klare Verhältnisse. Wie kamt ihr eigentlich auf ihren Namen?"
„Da habe ich mich mal durchsetzen können. Der Name gefiel mir und ich wusste, dass Sandrine von Sandrina, der Sonnengöttin, abgeleitet werden kann und dann etwa ‚Sonnenschein' oder ‚die Sonnige' heißt. Sonnig, das war sie nicht. Dafür hat Judith gesorgt."

Was die klaren Verhältnisse betraf, gab ich Bruni recht, wollte mich an ihren Rat halten. Bei meinem nächsten Treffen berichtete ich Sandrine von meinem Gespräch mit Bruni. Ihr sei es egal, ob wir uns scheiden ließen oder nicht, allerdings sei das ein konsequenter Schritt. „Da hat deine Gespielin schon recht. Darauf hättest du aber auch selbst kommen können."

„Bruni ist nicht meine Gespielin, wie du sie bezeichnest, sie ist eine gute Freundin und überhaupt, Gespielin, das sagt doch heute keiner mehr."

„Ich bin an unserer Schule in einer Theatergruppe. In einem Text kam das Wort vor und wir haben darüber gelacht." Daraufhin habe der Lehrer erklärt, dass Gespielin auch intime Gefährtin, also gute Freundin, bedeuten kann.

Da hatte ich etwas hinzugelernt.

„Ich wusste nicht, dass du Theater spielst."

„Stimmt, davon habe ich dir noch nichts erzählt. Das macht mir aber sehr viel Spaß und zum Abschluss des Schuljahres werden wir ein Stück aufführen."

„Wie heißt das Bühnenwerk?"

„Einen endgültigen Namen haben wir noch nicht gefunden. Es ist eine moderne Fassung von Romeo und Julia, die wir selbst entwickelt haben."

„Sind deine Freunde auch in dieser Gruppe?", fragte ich, um auf diese Weise mehr über ihren Umgang zu erfahren. Sandrine merkte sofort, worauf ich hinauswollte. Das eine sei die Schule und das andere ihre Privatangelegenheit, meinte sie.

Dann erzählte sie von einem Mädchen, das die Theatergruppe aus religiösen Gründen verlassen hatte. „Interessiert es dich?"

„Ja, natürlich, Sandrine."

Ich war enttäuscht darüber, dass sie mir erneut ausgewichen war, ließ mir das aber nicht anmerken.

„Also, bevor wir am Nachmittag mit dem Spielen beginnen, machen wir ein paar Entspannungsübungen. Dazu legen wir uns rücklings auf den Boden, die Arme liegen seitlich des Körpers, die Augen halten wir geschlossen, aber wir sollen dabei nicht einschlafen. Dann gibt Manfred, so heißt der Lehrer, Anweisungen, die der Konzentration dienen sollen. Zum Beispiel sollen wir uns sagen, ‚Mein linker Arm wird schwer'. Nach etwa zehn Minuten stehen wir auf und beginnen mit dem Spielen. Wir sind jetzt entspannt und können uns auf die Arbeit konzentrieren – was wollte ich erzählen? Ach ja, von Maria, deren Eltern derselben Gemeinde angehören wie Mama. Maria ist sonst eher schüchtern, redet nicht viel. Nach diesen Übungen wirkte sie auf mich wie umgewandelt, total entspannt, lachte und machte so manchen Unsinn mit. Dann kam sie auf einmal nicht mehr zu unseren Theatertreffen. Später traf ich sie in einer Pause auf dem Schulhof und fragte nach.

‚Ich darf nicht mehr zu euch kommen, der Prediger hat es mir verboten.'

‚Aber warum denn das?'

‚Ich habe von den Entspannungsübungen erzählt und was ich danach empfunden habe. Da hat er gesagt, dass, wer so etwas mit mir mache, mich enthemmen wolle und mit dem Teufel im Bunde sei. Er hat auch mit meiner Mutter gesprochen und die hat mir verboten, an euren Treffen teilzunehmen.'

Was sollte ich sagen? Ich konnte nur darauf hoffen, dass der Prediger nicht auch Mama anruft. Ich glaube aber, dass ich auch gegen den Willen von Mama in der Gruppe bleiben würde. Ich freue mich schon auf die Aufführung und außerdem bin ich bald mit der Schule fertig und, Papa, falls du das vergessen haben solltest, volljährig."

„Habe ich nicht, Sandrine, und ich wünsche dir für beides, Theaterspiel und Schulabschluss, viel Erfolg! Und natürlich werde ich mir eure Aufführung ansehen", erwiderte ich. Dazu sollte es aber nicht kommen.

Wenn ich alles zusammenfasste, konnte ich sagen, dass es mir so richtig gut ging, es mir an nichts fehlte. Ich hatte eine Arbeit, die mir sehr viel Freude machte, eine Wohnung, groß genug, in der ich gut leben konnte. Ich hatte eine Beziehung beendet, die allen Beteiligten kein Glück gebracht hatte. Hatte eine Tochter, mit der ich mich seit der Trennung von ihrer Mutter immer besser verstand, und eine Freundin, mit der ich über alles reden konnte, ohne Angst haben zu müssen, dass sie das, was ich von mir preisgab, gegen mich verwenden würde.

Nur einmal hatten wir Sex miteinander, wenn man das so bezeichnen konnte. Ich war im Bad, stellte mich unter die Dusche und bald vergaß ich alles um mich herum. Plötzlich kam Bruni herein, und als sie kapierte, was ich tat, wollte sie wieder gehen. „Bitte bleib", sagte ich und schloss meine Augen. Als ich sie wieder öffnete, war sie verschwunden.

Wie ich jetzt dastand und das warme Wasser über meinen Körper rann, kamen mir Bedenken, die mein Gehirn zuvor regelrecht abgeschaltet hatte. Angezogen ging ich ins Wohnzimmer, wollte mich ihr stellen, doch sie war nicht da. Schon befürchtete ich, Bruni verletzt zu haben, als sie hereinkam. Sie trug die Jeans, die mir besonders an ihr gefiel, weil sie ihren runden Hintern gut zur Geltung brachte. Doch ich fragte mich plötzlich, hatte sie, als sie ins Badezimmer kam, nicht ein Kleid angehabt?

Bruni setzte sich mir gegenüber auf die Couch und lächelte mich mit einem Blick an: „Nun sag schon was." Ich bemühte mich, ironisch zu klingen: „Ich glaube, es ist eine Unterfunktion unseres Fortpflanzungstriebes, dass Männer im Augenblick vor dem Orgasmus nicht aufhören können."

Eine Zeit lang blickte sie mir in die Augen, dachte wohl über das Gesagte nach. „Eine interessante Theorie. Es gäbe sicher viel weniger Menschen auf der Welt, wenn die Männer, kurz bevor es ihnen kommt, über die Folgen ihres Tuns nachdenken könnten."

Sie war auf meine Ironie eingegangen, und ich lehnte mich schon entspannt in meinem Sessel zurück, als sie fortfuhr:

„Passt es dann auch zu deiner Hypothese, dass die Zuschauende, durch das Gesehene dermaßen aufgegeilt, dasselbe tut?"

„Dann sollten es beide vielleicht zusammen tun?"

Jetzt schaute sie ernst: „Ich weiß, Leander Parow, dass das die folgerichtige Konsequenz wäre. Zumindest habe ich daran gedacht, aber so weit bin ich noch nicht."

Ich hatte verstanden und war erleichtert, verkniff mir die blöde Bemerkung: „Gut, dass wir einmal darüber gesprochen haben", und fragte sie stattdessen: „Was ist, Brunhild Schulte, sollten wir heute Abend zusammen kochen oder lieber essen gehen?"

Sie stand auf, lachte ob des Vergleichs, trat hinter mich und nahm meinen Kopf in beide Hände. „Du tust mir gut, mein Freund", und nach einer Pause: „Lass uns heute mal zum Italiener gehen."

Elf

„Rate mal, wer mich gerade angerufen hat?"
Ich hatte natürlich keine Ahnung.
„Irene."
„Irene?" Ich wusste nicht sofort, wen sie meinte.
„Mensch, Leander, Irene Neuhaus."
„Ach so, und was wollte sie?"
„Sie wollte mit jemandem reden, der sie vielleicht verstehen würde. Du erinnerst dich doch an die Diskussion über Kindesmissbrauch?"
„Natürlich."
„Und dass Irene nichts dazu gesagt hat?"
„Jetzt, wo du es sagst."
„Irene hat eine Tochter aus erster Ehe, vierzehn Jahre alt, und sie lebt seit der Fortbildung mit Heinz Horst zusammen …"

Ich wusste sofort, was da passiert war.
„Nein! Meine Güte, sie hätte es wissen müssen, so wie Heinz Horst damals reagiert hat."
„Das sagt sich leicht, Leander, sie war verliebt in ihn. Das haben wir doch gesehen."
„Egal, ich frage mich, wie blöd manche Frauen sind. So etwas bemerkt man doch."
„Das sagst gerade du. Hast du vielleicht rechtzeitig bemerkt, was mit deiner Tochter los war?"
Ich musste Bruni recht geben, und doch.

„Ein bisschen anders ist das schon. Irene war in Heinz Horst verliebt und da ist es doch normal, dass man seinen Partner intensiv beobachtet."

„Na ja, wie auch immer, ich habe Irene geraten, die Beziehung zu Heinz Horst sofort abzubrechen und ihn anzuzeigen."

„Und, was hat sie gemeint?"

„Sie würde es sich überlegen."

Eine Zeit lang sagte keiner von uns etwas.

„Sag mal, Bruni, ist man nicht verpflichtet, Anzeige zu erstatten, wenn man von einer Straftat erfährt?"

„Ich denke schon."

„Dann ruf sie an und frage nach."

Das tat sie anderntags. Irene hatte Heinz Horst angezeigt. In der Oberstadt kam ich an einem Zeitungskiosk vorbei, erkannte auf einem Bild Heinz Horst und kaufte mir die Zeitung. Auf der zweiten Seite ein Foto des Opfers, Katrin N., im Teeny-Outfit. Von wegen Teeny, dachte ich.

Doch wie das so ist im Leben, nichts bleibt, wie es ist. Im März richtete mir die Sekretärin meiner Schule aus, dass ich unbedingt meine ehemalige Frau anrufen sollte. Seit unserer Trennung hatte ich noch keinen Anruf von Judith erhalten. Ich war beunruhigt, ahnte, dass etwas passiert sein musste. In der Pause rief ich sie von meinem Handy aus an.

Sie meldete sich sofort und sagte ohne ein Wort der Begrüßung: „Sandrine ist verschwunden."

„Was heißt verschwunden?", fragte ich zurück, auch ohne ein Wort der Begrüßung.

„Na, dass sie weg ist. Ich fand einen Zettel, gestern Abend, als ich aus dem Gemeindehaus zurückkam. Lag auf dem Küchentisch. Sie schrieb, warte, ich lese besser vor: ,Ich haue ab. Such mich nicht. Sag Vater Bescheid.' Und dann, den Zynismus hat sie von dir, ,Deine dich liebende Tochter, Sandrine.'"

„Vielleicht hat sie dich ja wirklich geliebt, nur dass du das nie verstanden hast."

„Sag ich doch, dein Zynismus."

„Es hat keinen Zweck, Judith, jetzt darüber zu streiten, was sollen wir nun tun?"

„Wir tun überhaupt nichts. Ich werde beten und hoffen. Gott wird nicht zulassen, dass Sandrine etwas passiert."

„Und ich werde zur Polizei gehen."

„Mach, was du nicht lassen kannst."

Die Leitung war tot, ohne dass Grußworte gewechselt worden waren. Was man in solchen Schocksituationen so denkt, ging es mir durch den Kopf. Die Leitung ist tot, obwohl da überhaupt kein Draht mehr war.

Halb so schlimm, dachte ich, ich habe ja ihre Telefonnummer. In meinem Portemonnaie steckte immer noch der Zettel von ihr. Ich wählte die Nummer, die sie mir damals aufgeschrieben hatte. „Kein Anschluss unter dieser Nummer!" Immer wieder, auch an den nächsten Tagen, versuchte ich es vergebens.

Ginge ich zur Polizei, würden mich die Beamten sicher auslachen. Eine bald neunzehn Jahre alte Frau war nicht nach Hause gekommen. Kein Grund zur Beunruhigung, würde der Polizist sagen.

Drei Tage später, ich hatte Judith angerufen und Sandrine war nicht zurückgekehrt, ging ich aufs Revier.

„Wie alt ist Ihre Tochter?"

„Bald neunzehn."

„Kein Grund zur Beunruhigung."

Auf mein Drängen hin wurde ein Protokoll erstellt.

„Wir benachrichtigen Sie, wenn wir etwas erfahren haben."

Draußen war ich wieder. Tags darauf erhielt ich einen Brief von meiner Schule. Was soll das, dachte ich, während ich ihn öffnete, ich bin doch Morgen wieder dort.

„Kündigung Ihres Zeitvertrages zum 30. April ... wegen Schülermangel."

Ich musste nicht lange nach dem wahren Grund suchen, der neue Schulleiter gehörte derselben christlichen Gemeinde an wie Judith, verriet mir eine Kollegin, als ich meine Sachen abholte.

Das war es dann, ein Jahr Stütze und dann „Hartz IV". Am Abend sprach ich mit Bruni darüber, erzählte auch von der Theatergruppe, der Sandrine angehörte.

„Ich kenne den Kollegen, der die Arbeitsgemeinschaft leitet. Soll ich mich mal umhören?"

„Ja natürlich, Bruni. Da würdest du mir einen großen Gefallen tun. Vielleicht ergibt das einen Ansatzpunkt für meine Suche."

In dem Augenblick wurde mir klar, dass ich das nicht allein der Polizei überlassen wollte.

„Heißt das, dass du dich jetzt auf die Suche nach deiner Tochter machen willst?"

„Zeit genug hab ich doch jetzt, denn ich gehe nicht davon aus, dass man mir sobald eine neue Stelle anbieten wird."

„Da hab ich nichts dagegen, solange du deinen Anteil am Haushaltsgeld bezahlst."

Ich muss sie wohl ziemlich entgeistert angesehen haben, denn sie lachte plötzlich: „War doch nur ein Scherz."

Zweiter Teil

Eins

„Komm doch einfach mal vorbei, Bruni, da kann ich dir einiges erzählen."

Am liebsten hätte sie gesagt: „Aber nur, wenn du nicht versuchst, mich rumzukriegen." Das ließ sie aber, weil sie Leander Parow versprochen hatte, mit dem Kollegen zu reden. So nahm sie sein Angebot an, fuhr nach Siegen.

Manfred Schmidt wohnte in der Alten Poststraße, oberhalb vom Unteren Schloss. Vielleicht, dachte Bruni, wenn ich schon mal in Siegen bin, ziehe ich nachher noch ein wenig um die Häuser, denn hier oben gab es einige schöne Kneipen, und ein wenig „frische" Luft kann mir nicht schaden. Einen Haken hatte die Sache allerdings. Sie musste das Auto nehmen, denn nach zehn fuhr kein Bus mehr raus nach Wilnsdorf.

Es war erst später Nachmittag und da passte Manfreds Angebot von Kaffee und Kuchen gut. Sie besuchte ihn zum ersten Mal, seit sie sich vor über einem Jahr getrennt hatten. Alte Häuser haben etwas für sich, dachte sie, als Manfred ihr seine Wohnung zeigte: Wohn-Arbeitszimmer, Küche, Schlafzimmer und ein großer Flur. Hohe Räume und vom Wohnzimmer aus ein schöner Ausblick hinunter auf die Alte Poststraße, die einer italienischen Piazza ähnelte. Kneipen, ein Café und alle hatten ein paar Tische mit Stühlen vor dem Eingang stehen. In das Café gegenüber würde sie zuerst einkehren, nahm sie sich vor.

Manfred hatte den Tisch gedeckt und bat Bruni, Platz zu nehmen. Er füllte die Tassen und wies auf den Kuchenteller.

„Erzähle, wie geht es dir?"

„Gut, ich kann nicht klagen. Und dir?"

„Na ja, ich habe unsere Trennung noch nicht verwunden."

„Bitte Manfred, fang nicht wieder davon an. Ich denke, da ist alles gesagt und deswegen bin ich auch nicht hier."

„In Ordnung, reden wir über die Schule. Weißt du, was ich an diesem Beruf regelrecht hasse?" Bruni blickte ihn an und wartete. Manfred wies auf seinen Schreibtisch und sie wusste, was er meinte. „Klassenarbeiten?" „Genau, du siehst ja, zwei Pakete und nur ein Wochenende Zeit. Nicht dass du denkst, ich hätte dich eingeladen, damit du mir dabei hilfst."

„Keine Chance, Manfred, auch auf meinem Schreibtisch liegt ein Päckchen."

„Das ist ein Grund dafür, warum ich die Arbeit in der Theater-Arbeitsgemeinschaft so liebe, keine Aufsätze und eine Notengebung, die sich für alle Teilnehmer am Erfolg der Arbeit messen lässt. Haben wir nach der Uraufführung fünf Vorhänge, haben alle mindestens gut gearbeitet. Was nicht heißt, dass das alles leicht ist für mich und mir locker von der Hand geht. Da gibt es jede Menge Probleme, oft zwischenmenschliche, die gelöst werden müssen, sonst kann man nicht zusammen Theater spielen ... – doch, schon", verbesserte er sich, „aber dann wird nichts Richtiges daraus."

Bruni sagte nichts dazu, hätte aber gern angemerkt, dass er im Lösen zwischenmenschlicher Probleme ein „Spezialist" sei. Doch gerade diese Diskussion wollte sie heute vermeiden, deswegen war sie nicht hier. Trotzdem nahm sie ihm ab, was er sagte, denn oft ist es leichter, die Konflikte anderer zu lösen als die eigenen.

„Entschuldige bitte, hörst du mir eigentlich zu?"

„Aber ja, Manfred, ich habe nachgedacht über das, was du gerade gesagt hast. Ich stimme dir zu, dass man gut miteinander arbeiten kann, wenn Persönliches nicht außen vor bleibt."

„Ich könnte dir da von einem Fall erzählen ..."

„Das interessiert mich schon, aber vielleicht kannst du mir zuerst etwas über Sandrine sagen?"

„Aber natürlich. Ich muss sagen, die Sandrine war das Zugpferd in dieser Gruppe. Sie führte praktisch Regie. Manchmal sah es so aus, als wäre ich ihr Gehilfe.

Während der Abschlussfeier, also, nach der Premiere – wir hatten übrigens sechs Vorhänge – haben Sandrine und ich noch eine Zeit zusammengesessen und über das inzwischen Vergangene geredet, auch über Maria, doch dazu später. Danach hat sie sich zu ihren Freunden gesetzt. Ich weiß, dass sie mit einem, von ihnen, einem Benni Jordan, enger befreundet war, vielleicht war da auch mehr im Spiel. Ich hab seinen Namen, Adresse und Telefonnummer für dich aufgeschrieben. Warte, das geb ich dir grad." Er lief zum Schreibtisch, kramte in den Unterlagen und gab ihr einen Zettel. Bruni blickte nur kurz darauf, bevor sie ihn in ihre Handtasche steckte.

„Und Sandrine, hast du sie danach noch einmal gesehen?"

„Nein, und darüber habe ich mich schon gewundert, denn in der Regel kommen entlassene Schüler, mit denen ich mich gut verstanden habe, noch ein paar Mal in die Schule zurück, bis sie sich dann ganz von uns gelöst haben. Nicht so Sandrine. Deshalb hat es mich auch kaum überrascht, als du am Telefon sagtest, dass sie verschwunden sei. Ich hoffe, ich kann Sandrines Vater, also deinem Freund, weiterhelfen und bete inständig darum, dass dem Mädchen nichts Schlimmes passiert ist."

Bruni ignorierte seine Anspielung „Freund" und fragte sich vielmehr, warum er gleich an etwas Schlimmes dachte, was Sandrine passiert sein könnte.

Manfred war erneut aufgestanden und suchte nach etwas in den Schreibtischschubladen. Bruni musste innerlich lachen, noch immer dieselbe Unordnung. Dann hatte er ihn gefunden, einen Briefumschlag. Er legte ihn vor Bruni auf den Tisch. „Öffne ihn, Bruni, ich glaube, Maria hätte nichts dagegen."

Bruni entnahm dem Couvert einen zusammengefalteten Bogen Papier. Das hatte ein Mädchen geschrieben, wusste sie, bevor sie das erste Wort las. Die Praxis hatte sie gelehrt, dass sie noch auf fünf Meter Entfernung erkennen konnte, ob ein Junge oder ein Mädchen etwas geschrieben hatte. Doch keine Regel ohne Ausnahme. Glich das Verhalten eines Mädchens eher dem von Jungen, wenn es zum Beispiel auf Bäume kletterte oder Fußball spielte, hatte es oft auch eine ähnlich krakelige Handschrift, wie sie für Jungen typisch ist. Vielleicht lasen und schrieben diese Mädchen auch so wenig wie Jungen.

Sie nahm den Brief und las. Er war mit Ort und Datum versehen und mit *Lieber Manfred* überschrieben.

Noch heute bin ich traurig darüber, dass ich damals nicht mehr in deine AG gekommen bin. Du weißt, dass ich dem Prediger erzählt hatte, wie eigenartig ich mich immer gefühlt habe, nachdem du mit uns diese Übungen gemacht hast.

Der Mann wusste sofort, wovon ich sprach, und bezeichnete dein Tun als eine große Sünde. Ich weiß noch genau, was er sagte, weil ich das in mein Tagebuch geschrieben habe: „Wer dem Glauben die Tür versagt, dem steigt der Aberglauben ins Fenster. Wer die Engel Gottes verjagt, den quälen Satans Gespenster. Zu diesen Kobolden gehört auch das autogene Training, die sogenannten Entspannungsübungen und Atemtechniken, die euch dieser Lehrer beibringt. Die Folgen dieser Gräuelsünden, gegen die alle ärztliche Hilfe vergeblich ist, sind Ruhelosigkeit, Angstzustände, Neigung zur Schwermut, bis hin zum Selbstmord, starke Sinnlichkeit, bis hin zur widernatürlichen Unzucht, schreckliche Gedanken und Widerwillen gegen Gottes Wort."

Dann aber machte er mir Mut, weil ich ja den ersten richtigen Schritt getan hätte und die aufrichtige, ehrliche und offene Aussprache mit einem geistesmächtigen Seelsorger, also mit ihm, gesucht hätte. Dann sagte er: „Und jetzt, liebe Maria, entsage dem Aberglauben und verdamme den, der dich im Bunde mit dem Teufel verführen will. Bete zum Herrn Jesus Christus und bekenne dich zu ihm in gründlicher Buße."

Schließlich bot er mir seine Hilfe an, indem er mich zu weiteren Gesprächen einlud. Ich nahm seine Einladung an. Na ja – das gehört jetzt nicht mehr hier hin.
Ich hoffe, lieber Manfred, dass du jetzt besser verstehst, warum ich damals so gehandelt habe. Euer Stück war super. Ich war richtig neidisch auf euren Erfolg.

*Deine ehemalige Schülerin
Maria.*

Noch in Gedanken über das Gelesene faltete Bruni den Bogen wieder zusammen und steckte ihn in den Umschlag.

„Du hast auch Maria nicht wiedergesehen?"

„Nein."

„Seltsam, der Satz im vorletzten Absatz, und woher wusste sie, wie die Aufführung gelaufen war?"

Das sagte sie mehr zu sich selbst als zu Manfred.

Bruni hatte, was sie von Manfred gewollt, bekommen und sah keinen Grund, länger bei ihm zu bleiben. Nun würden sie nicht mehr über die Schule reden, und allen anderen Auseinandersetzungen wollte sie aus dem Weg gehen.

„Ich danke dir, Manfred. Vielleicht hilft das Leander weiter."

„Leander also ..." Bruni stand auf, ging ihm voraus in den Flur und öffnete die Wohnungstür.

„Machs gut, Manfred", sie hielt ihm ihre Hand hin, die er zögernd ergriff. Dann musste sie sie ihm entziehen. Fast fluchtartig stieg sie die Treppe hinunter. In das Café gegenüber ging sie nicht, denn sie wusste, dass er jetzt oben am Fenster stehen würde. Sie lief in Richtung „Krönchen" und fand die Kneipe, wo sie ihren Gang um die Häuser beginnen wollte.

Zwei

Ich war es gewohnt, dass Bruni, blieb sie über Nacht weg, auf dem Küchentisch einen Hinweiszettel hinterließ. Deshalb war ich beunruhigt, als sie gegen Mitternacht noch nicht zu Hause war. Ich ging in mein Bett, konnte aber nicht einschlafen, verfiel hin und wieder in einen Halbschlaf. Natürlich träumte ich einen dieser typischen Halbschlafträume, bei denen man nicht weiß, ob sie Traum oder Realität sind. Bruni kam in mein Zimmer, nackend, blieb vor meinem Bett stehen. „Darauf wartest du doch schon lange, nicht wahr?"

Gerne hätte ich ihr gesagt, dass es stimmte, doch es ging nicht. Dann wollte ich meine Bettdecke zurückschlagen, um ihr wenigstens zu zeigen, dass ich es wollte, doch auch das gelang mir nicht. Da rief sie meinen Namen: „Leander, du musst mir helfen", da wurde ich wach. „Leander, komm doch mal!"

Im Nu war ich aus dem Bett, rannte hinaus auf den Flur. Was ich schon lange befürchtet hatte, hinter ihr, in der Wohnungstür, stand ein Kerl, grinste, als er mich sah.

„Leander", rief sie lachend, „kannste mir det Taxi bezahlen, denn ick hab jar keen Jeld mehr." Warum berlinerte sie plötzlich, fragte ich mich.

„Det Follein hat mir jebeten Ihnen zu fraren, ob se für ihr bezahlen können. Nu hat se det ja selber jetan."

„Isser nich süß der Kleene, ick liebe Berliner."

„Ich auch, besonders an Fasching."

„Nu sein se man nich so, Ihre Olle is doch wirklich nett, wa?

„Nu stell dir nich so an, Leander Parow, jibste mir nu det Jeld oder nich?"

Ich griff in die Tasche meiner Jacke, die neben der Tür an einem Haken hing, angelte mein Portemonnaie und gab dem Mann einen Fünfzigeuroschein. Der gab mir dreißig zurück.

„Nischt für unjut", drehte sich um und stieg die Treppe hinunter.

„Woher kannst du denn so gut berlinern?", etwas Besseres fiel mir im Moment nicht ein.

„Na, ick hatte da mal eenen, geil, sachick dir."

So betrunken hatte ich Bruni noch nicht erlebt.

„Ham wa nischt mehr im Haus, ick hab nämlich noch durscht?" Ich lotste sie in die Küche, setzte sie auf einen Stuhl und ging zum Kühlschrank.

„Doch keen Wasser, ick dachte da an Bier."

Ich goss ihr von dem Wasser in ein Glas und sie griff sofort danach und trank. „Igittegit, du bist jemein."

„Der wollte doch direkt mit mir vöjeln."

„Wer, der Taxifahrer?"

„Der ooch, gloob ick, aber ick meen den an de Theke, und natürlich Manfred, den Arsch."

„Das kannst du mir alles morgen erzählen, jetzt gehen wir erst mal ins Bett."

„Jetzt redste mit mir wie ne Krankenschwester: ‚Wie jehts uns denn heute?'"

Plötzlich drohte Bruni, vom Stuhl zu kippen. Ich sprang auf und konnte das gerade noch verhindern. Ich zerrte sie hoch und sie hing in meinen Armen wie ein nasser Sack. Mehr schleifte ich sie, als dass ich sie trug, in ihr Schlafzimmer und legte sie auf ihr Bett. Sie auszuziehen hatte ich mir allerdings anders vorgestellt.

Als ich die Bettdecke über sie legte, schlug sie noch einmal ihre Augen auf: „Fick mich, Leander!" Doch gleich darauf schloss sie sie wieder und war im Nu eingeschlafen.

Es war Sonntag, ein Glück, da musste sie nicht in die Schule. Hätte sie auch gar nicht gekonnt. Auch ich war erst kurz vor zehn wach geworden, war noch eine Zeit lang im Bett geblieben, doch dann trieb mich die Neugierde in die Küche. Alles war noch so, wie ich es in der Nacht zurückgelassen hatte. Die Tür zu Brunis Schlafzimmer war noch verschlossen. In aller Ruhe wusch ich mich und zog mich an.

Ich bereitete Kaffee, kochte zwei Eier und deckte den Frühstückstisch. Als alles bereit war, zeigte die Uhr nach elf. Ich wollte nicht länger warten und begann mit dem Frühstück.

„Christliche Miliz rüstet gegen den Staat", war ein Artikel in der Regionalzeitung überschrieben. Und weiter las ich: „Im Kampf gegen den Antichristen wollten sie Polizisten töten – doch das FBI griff rechtzeitig ein: Neun Mitglieder einer selbst ernannten christlichen Miliz sind im Bundesstaat Michigan wegen eines staatsfeindlichen Komplotts und des Einsatzes von Massenvernichtungswaffen angeklagt.

Sie sollten unter anderem geplant haben …", weiter kam ich nicht.

„Hallo Leany!" Fast erschrocken blickte ich von meiner Lektüre hoch, denn ich hatte sie nicht kommen gehört. Und Leany hatte sie auch noch nicht zu mir gesagt.

„Hallo Brunhilde", wollte ich sie ärgern. „Wie geht es uns denn heute Mittag?"

„Daran erinnere ich mich, Schwester Leandera."

„Frieden, Bruni! Ich will dich nicht ärgern."

„Angenommen, aber erzähle, wie war ich, und wer hat mich ausgezogen?"

„Das hatte ich mir eigentlich unter anderen Umständen gewünscht", sagte ich wahrheitsgemäß und berichtete, was seit ihrem Eintreffen in der Nacht passiert war.

„Wo hast du überhaupt das Berlinern gelernt?"

„Dort, wo man alle Sprachen am leichtesten lernt, im Bett natürlich." Dann erzählte sie, woran sie sich noch erinnern konnte.

Ich ersparte mir einen Kommentar, denn ich war natürlich an dem interessiert, was sie über meine Tochter herausgefunden hatte. Bruni berichtete, was ihr Manfred über seine AG erzählt hatte. Auch über die gelungene Premiere und dass Sandrine das Zugpferd in der Gruppe gewesen sei, und über Maria Rosbach.

Die Uraufführung, traf es mich, da wollte ich doch hin. Warum wusste ich nichts davon?

„Warte, er hat mir alles aufgeschrieben." Sie lief in ihr Schlafzimmer, wo die Handtasche lag.

„Also, in der Theatergruppe ist einer, der kannte Sandrine näher, war wohl in sie verliebt. Der wäre bereit, mit dir zu reden", meinte sie, wieder zurück.

„Benni Jordan heißt er. Hier ist alles, was du brauchst." Sie gab mir den Zettel, den Manfred ihr gegeben hatte.

Plötzlich schaute sie mich irritiert an. „Was ist los, hörst du mir überhaupt zu?"

„Ja ja – nur die Aufführung wollte ich mir eigentlich ansehen, das hatte ich ihr versprochen – nur wusste ich von nichts, wann und wo sie stattgefunden hat."

„Ist vorbei, Leander, jetzt musst du nach vorne schauen."

Schon am nächsten Tag traf ich Benni Jordan im Café Flocke. Am selben Tisch hatten Sandrine und ich seinerzeit gesessen.

Benni Jordan, ein Junge, wie ihn sich Mütter gerne als Schwiegersohn wünschen, ordentlich gekleidet, gepflegter Haarschnitt. Blond, kein Bart.

„Guten Tag, Herr Parow, ich freue mich, Sie kennenzulernen, sind auch die Umstände eher negativ."

Gut erzogen, dachte ich, und höflich dazu.

„Herr Jordan, ich danke Ihnen, dass Sie sich bereit erklärt haben, mit mir über Sandrine zu sprechen."

„Aber ja, wenn ich Ihnen damit behilflich sein kann, Sandrine zu finden."

Ich sah die beiden vor mir, Sandrine in ihrem neuen Outfit und ihrer schnoddrigen Art, und dieser Gentleman, und lächelte, was Benni sicherlich für einen Ausdruck meiner Freundlichkeit hielt und ihn zurücklächeln ließ.

„Also, Herr Parow, wo soll ich beginnen?"

Ich hatte für uns beide Milchkaffee bestellt, der jetzt vor uns auf den Tisch gestellt wurde.

„Am besten von Anfang an."

Benni Jordan überlegte einen Moment, dann schaute er mich an.

„Ich will ehrlich sein, Herr Parow. Ich habe mich sofort in Sandrine verliebt, kaum dass wir uns das erste Mal in der Theatergruppe begegnet waren. Ich versuchte immer, in ihrer Nähe zu sein. Sie ist eine gute Schauspielerin, wenn ich das einmal so sagen darf. Also bemühte ich mich ebenfalls so gut zu sein, dass ich eine Rolle bekam, die mich an ihre Seite führte. Mehrmals habe ich versucht, mich mit ihr für den Nachmittag oder Abend zu verabreden, doch zunächst vergebens. Ich ließ jedoch nicht locker, bemühte mich immer wieder. Dann, eines Tages, stimmte sie zu, wollte mich am Abend hier in diesem Café treffen. Ich glaubte schon, es endlich geschafft zu haben, war sehr aufgeregt und freute mich auf sie. Wir haben etwas getrunken und sind anschließend ins Kino gegangen. Später gingen wir noch ein Stück spazieren, durch die Unterstadt.

Schon dachte ich, sie wollte sich von mir verabschieden, als sie mich fragte, ob wir nicht noch ein bisschen zu mir gehen könnten. Zu ihr ginge es nicht, da ihre Mutter keinen Jungenbesuch dulde. Damit hatte ich nun wirklich nicht gerechnet. Meine Eltern waren verreist, und das passte ja sehr gut. Am nächsten Morgen brachte ich sie dann nach Hause. Danach war es wie zuvor; Gespräche, Café und Kino. Manchmal erzählte sie von ihren Freunden, dass die ganz andere Interessen hätten, schon erwachsen wären. Ich fragte sie, ob ich da nicht auch mitmachen könnte, ohne zu wissen, was sie taten. ‚Auf keinen Fall, Benni, da passt du nicht hin‘, war ihre ganze Antwort."

Benni Jordan schien am Ende seines Berichtes angelangt zu sein, denn er blickte mich nun abwartend an. Ich musste erst einmal verdauen. Einen solch offenen Bericht hatte ich nicht erwartet. Dieser Junge hatte also mit meiner Tochter geschlafen und die hatte Freunde, die wesentlich älter waren, mit denen sie etwas machte, wie Benni sich ausdrückte.

Wollte ich Sandrine finden, und das hatte ich mir in den Kopf gesetzt, musste ich wissen, wer diese Freunde waren.

Ich bedankte mich bei Benni Jordan für sein mir entgegengebrachtes Vertrauen und fragte ihn offen, wie ich denn zu dieser Ehre gekommen sei?

„Herr Parow, ich liebe Sandrine und Sie sind ihr Vater, da muss ich doch wohl offen sein. Ich mache mir auch große Sorgen um Sandrine und wüsste gerne wo sie jetzt ist."

„Also gut, Benni, Offenheit gegen Offenheit. Ich will Sandrine finden und dazu brauche ich Ihre Hilfe. Ich legte ihm meine gegenwärtige Situation dar, so weit wie nötig.

„Ja, Benni, was tun? Zuerst muss ich wohl etwas über diese Freunde in Erfahrung bringen. Haben Sie schon mal einen von denen gesehen?"

„Nur von Weitem. Einen glaube ich zu kennen, vom Sehen zumindest. Ich könnte versuchen, etwas über ihn herauszubekommen."

„Das wäre gut, Benni. Verbleiben wir so, dass Sie mich anrufen, sobald Sie etwas in Erfahrung gebracht haben."

„Ja, gut. Bis dann!" wir gaben uns die Hand.

Ich ging zum Parkplatz in der Unterstadt, wo ich mein Auto abgestellt hatte, Benni Jordan zu einem in der Oberstadt. Ich fuhr zur Polizei, nach Weidenau, um noch einmal nachzufragen.

„Herr Parow, ich habe Ihnen doch gesagt, dass ich Sie anrufen würde, wenn ich etwas Neues über den Verbleib Ihrer Tochter erfahren habe. Wir glauben noch immer, und das sage ich Ihnen ganz offen, dass sie eine Reise angetreten ist."

„Glauben heißt nicht wissen?"

„Seien Sie versichert, dass wir unser Möglichstes tun."

Damit war ich verabschiedet. Ich fuhr nach Hause, momentan zur Tatenlosigkeit verdammt.

Kurz hinter Eisern, in einer lang gezogenen Kurve, geriet mein Wagen plötzlich ins Schleudern. Zuerst auf die linke Fahrbahnseite, dann nach rechts, dann wieder nach links und schließlich wieder auf die rechte Seite. Mehr unbewusst als überlegt führte ich Lenkbewegungen aus, die mich das Auto wieder beherrschen ließen, und was mich rettete, war, dass mir in diesen Sekunden niemand entgegenkam. Ich bremste, fuhr langsam, suchte und fand eine Parkmöglichkeit, hielt an. Ich nahm meine Hände vom Lenkrad, schloss meine Augen und versuchte mich zu entspannen. Wie schnell, dachte ich, kann es geschehen, dass alles vorbei ist. In diesem Augenblick wurde mir bewusst, wie sehr ich an meinem Leben hing.

Eine starke Erregung ergriff mich, dass ich sie körperlich spürte. Ich dachte an nichts anderes mehr, und kaum dass Bruni mir die Tür geöffnet hatte, drückte ich sie an mich, dass sie meinen Zustand spüren musste.

Später erzählte ich von meinem Beinahe-Unfall.

Sie schaute mich eine Zeit lang an und sagte auf die Art, die ich so sehr an ihr mochte: „Todesangst kann geil machen."

Drei

Ich berichtete Bruni, was ich von Benni Jordan erfahren hatte. Dass der in Sandrine verliebt war, während sie in ihm wohl eher einen Freund gesehen hatte. Dass die beiden, wenn man ihm Glauben schenken dürfte, einmal miteinander geschlafen hatten.

An dieser Stelle unterbrach Bruni meinen Bericht: „Das ist auch nicht einfach für eine Frau, Leander. Ich glaube, dass Männer Freundschaft und Liebe nicht so gut voneinander trennen können. Nein, das ist nicht ganz richtig. Sie können freundschaftliche Zuneigung und sexuelle Begierde vielleicht nicht voneinander unterscheiden."

Dazu wollte sie von mir etwas hören, entnahm ich ihrem Blick. Jetzt war ich in einer Zwickmühle, glaubte zu bemerken, dass Bruni damit auf unsere Beziehung anspielte. Wollte sie jetzt von mir hören, dass ich sie liebte, weil ich sie begehrte? Sah ich in unserer Beziehung mehr als Freundschaft? Wenn ja, dann musste ich mir eingestehen, dass es Liebe war, was mich mit ihr verband. Andererseits, musste man sich lieben, wenn man miteinander vögeln wollte?

„Ich sehe doch, wie es in deinem Kopf arbeitet."

Doch ich war zu feige, ihr meine soeben angestellten Überlegungen zu offenbaren.

„Ich glaube, dass man das so allgemein nicht mit Ja oder Nein beantworten kann. Manchmal ist Mann oder Frau einfach nur geil. Dann fickt man, ohne zu lieben. Ein anderes Mal ist da jemand, den man vielleicht liebt. Dem möchte man nicht vermitteln, dass man nur aus einer sexuellen Regung heraus mit ihm ins Bett geht."

Da hatte ich´s. Jetzt war es an mir, zu interpretieren. Doch dazu hatte ich im Moment keinen Nerv. Deshalb entschloss ich mich, in die Offensive zu gehen.

„Ich merke wohl, Bruni, dass wir gerade dabei sind, über uns zu reden. Das ist schon in Ordnung, aber im Moment bewegt mich anderes. Ich mache mir große Sorgen um Sandrine."

„Das verstehe ich schon, Leander, aber denke bitte auch einmal an mich."

So hatte Bruni noch nie mit mir gesprochen. Von Ironie keine Spur, und ich glaubte zu wissen, dass es jetzt sehr ernst werden würde.

„Ich verstehe nicht ..."

„Leander", unterbrach sie mich, „wenn du mir gerade zugehört hättest ..." Jetzt unterbrach ich sie: „Ein anderes Mal ist da jemand, den man wirklich liebt, sagtest du."

„Genau das sagte ich."

„Und du hast ihn wirklich geliebt?"

Sie sah mich lange an – Minuten, so kam es mir vor. Versteinert ihre Gesichtszüge, und ich glaubte plötzlich zu erkennen, wen sie mit „jemand" gemeint haben könnte. Sollte ich nachfragen? Nein, das ging nicht. Einen Ignoranten würde sie mich zu Recht nennen, einen gefühlskalten Ignoranten, der nicht fähig ist, Freundschaft und Liebe voneinander unterscheiden zu können. Wie einen Freund hatte sie mich aufgenommen. Da hatten wir Verträge gemacht für unser Zusammenleben, hatten Begehren voreinander nicht verheimlicht, Besuchern gegenüber das coole Freundespaar vorgespielt, aber so, dass die glauben konnten, es sei mehr, was uns verband.

Wir saßen uns gegenüber, doch nun wollte ich Bruni näher sein. Deshalb setzte ich mich neben sie auf die Couch, rutschte an sie heran, wollte meinen Arm um sie legen.

„Ich habe ihn immer noch nicht vergessen, Leander. Ich sah, wenn wir beide uns nahe waren, meist ihn in dir. Stolz war es, dass ich ihn letztens abgewiesen habe. Das gestand ich mir selbst erst in der dritten Kneipe ein. Da wäre ich beinahe zurückgelaufen. Später glaubte ich, er, und nicht du hätte mich ausgezogen und zu Bett gebracht."

Eine Zeit lang saßen wir stumm nebeneinander. Was sollte ich ihr darauf sagen? Was konnte ich sagen? Unmöglich, da gab es für mich nichts dazu zu sagen.

„Ach, Leander, so ganz stimmt es doch nicht, vergiss es einfach."

„Das kann ich nicht, Bruni. Nicht jetzt und auch nicht morgen oder übermorgen."

„Geht es dann mit uns so weiter?"

„Ich weiß es nicht."

„Dann sollten sich unsere Wege trennen."

Es war gesagt, und ich war ein wenig erleichtert, dass nicht ich die Entscheidung hatte treffen müssen. Brunis Gesichtszüge wirkten jetzt entspannter als zuvor. Hatte sie eben noch ihre Arme vor der Brust verschränkt, streckte sie mir nun ihre Hände entgegen. Ich ergriff sie und wir zogen uns gegenseitig in die Höhe, umarmten einander.

„Dann will ich mal wieder packen."

„Lass dir Zeit, schließlich hassen wir einander nicht."

Später lag ich im Bett und dachte über unser Gespräch nach. Was war das für ein Unsinn, den ich da von mir gegeben und gedacht hatte. Gesagt war gesagt, und rückgängig ließ sich nun nichts mehr machen.

Und wieder meldete sich Besorgnis an. Wo war Sandrine? Alles andere musste zurücktreten, nur das war wichtig.

Ich hatte es lieb gewonnen, mein Zimmer in ihrer Wohnung. Der alte Küchentisch, der mir als Schreibtisch diente, stand unter einem der beiden Fenster, die mir einen Blick über Felder hin zu einem Waldrand ermöglichten. Durch diesen Wald führte eine Straße bis nach Kalteiche und zur dortigen Autobahnauffahrt auf die Sauerlandlinie.

An diesem Tisch hatte ich meine Unterrichte vorbereitet und Klassenarbeiten korrigiert. Diese Funktion als Arbeitstisch hatte er nun verloren, obwohl einige Utensilien dort noch immer ihren Platz einnahmen: Lehrerkalender, Stifte, Klassenordner, Netbook und Handy. Zuhause habe ich mich hier gefühlt, das gestand ich mir jetzt ein, als ich daran ging, meinen Auszug vorzubereiten. Zunächst nur gedanklich, weil ich ja noch nicht wusste, wohin.

Bruni war noch in der Schule und ich nutzte die Gelegenheit, einen Rundgang durch die Wohnung zu machen. Vor ihrem Bett hielt ich inne und meine Gedanken eilten an den Nachmittag zurück, als ich knapp einem Unfall entgangen war. Optimistisch war ich da gewesen, was unsere Beziehung betraf. Schade, dachte ich, als ich in unser gemeinsames Wohnzimmer ging. Gerade wollte ich mich in einen Sessel fallen lassen, als ich das Klingeln aus meinem Zimmer hörte.

Ohne große Eile lief ich hin, wer sollte mich schon anrufen? Freude und Erleichterung, kaum dass ich ihre Stimme vernahm.

„Sandrine, wie geht es dir und wo bist du?"

„Hallo, Papa, entschuldige, dass ich mich so lange nicht gemeldet habe."

„Nun sag schon, geht es dir gut?"

„Ja, es geht mir gut und ich bin in Gießen."

„Was machst du denn in Gießen?"

„Ich studiere hier an der Uni und wohne zusammen mit Freunden in einer WG."

„Ich bin ja so froh, mein Kind, dass dir nichts passiert ist. Wie gerne hätte ich dir zu deinem achtzehnten Geburtstag gratuliert."

„Danke, Papa, aber ich hatte mein Handy abgeschaltet, wollte bis zur Volljährigkeit keine Anrufe annehmen. Ich war auch enttäuscht, dass ich weder dich noch Mutter unter den Zuschauern entdeckte, hatte ich doch auch an dich eine Einladung an unsere Siegener Adresse geschickt."

„Na ja, die hat mir deine Mutter wohl unterschlagen. Doch egal, Sandrine, du studierst also und wohnst in Gießen und es geht dir gut, das ist doch die Hauptsache."

„Und wie geht es dir, Papa?"

„Na ja, keine Arbeit und bald auch keine Wohnung", und ich berichtete ihr, was sich seit unserem letzten Treffen ereignet hatte.

„Das alles tut mir sehr leid Papa, vor allen Dingen das mit deiner Gespielin." Wir lachten beide.

„Du, Papa, wir müssen uns unbedingt bald sehen und vielleicht kann ich dir zumindest in einer Angelegenheit helfen. Ich melde mich wieder, doch jetzt muss ich zur Uni. Also, bis bald."

„Pass auf dich auf", konnte ich gerade noch sagen.

Grund für ein Bier. Das Handy nahm ich mit ins Wohnzimmer. Ich setzte mich wieder in einen der Sessel und überdachte meine Lage. Dann rief ich bei der Polizei an, verlangte den zuständigen Beamten zu sprechen.

„Guten Tag, Herr Parow, gerade wollte ich Sie informieren. Wir haben Ihre Tochter gefunden. Es ist ihr nichts passiert. Sie hält sich zurzeit in Gießen auf, hat sich dort natürlich nicht angemeldet."

Ich sagte dem Beamten, dass ich gerade mit meiner Tochter gesprochen hätte, bedankte mich für den Einsatz der Polizei und versicherte dem Mann, dass ich in Sachen Meldung meinen Einfluss geltend machen würde.

Als Bruni nach Hause kam, hatte ich ein Stück Supermarktobsttorte aufgetaut und Kaffee gekocht.

„Die Sorge bin ich los", beendete ich meinen Bericht.

Noch einmal versicherte mir Bruni, dass das mit dem Auszug keine Eile habe, zumal sie es sowieso schon bedauere, dass es so weit gekommen war.

Ob es die Freude war, Sandrine wiedergefunden zu haben, wusste ich nicht. Jedenfalls stand mein Entschluss fest, mir eine neue Bleibe zu suchen.

Schon am Abend rief Sandrine an und ließ mich wissen, dass die Mutter einer ihrer Freunde, die in der Nähe von Wetzlar wohne, eine kleine Wohnung zu vermieten hätte.

Vier

Die Mutter eines Freundes von Sandrine, Sonja Baumeister, wohnte in Oberbiel bei Wetzlar in einem ehemaligen Schleusenwärterhaus, unterhalb des Klosters Altenberg an der Lahn. Die zu vermietende Wohnung befände sich in einem Nebengebäude mit einer Wohnfläche von etwa dreißig Quadratmetern und sei vollständig möbliert.

„Sie sie dir an, Papa." Es folgte eine Anfahrtsbeschreibung. Aussagen über Miethöhe und Nebenkosten könne sie nicht machen.

Am Morgen nach unserem gemeinsamen Frühstück, von dem Bruni meinte, es sei unser letztes, verabschiedete sie sich von mir in ungewohnter Weise. Sie umarmte mich, und als wir uns ansahen, entdeckte ich dunkle Schleier in ihren Augen.

Schnell wandte sie sich ab, griff nach der Schultasche und öffnete fast hastig, als wollte sie mir so schnell wie möglich aus den Augen treten, die Wohnung. „Viel Glück", hörte ich sie noch murmeln. Doch dann drehte sie sich noch einmal nach mir um: „Ach, was ich noch sagen wollte: Wenn du wieder einmal dem Tod von der Schippe gesprungen sein solltest, dann komm doch einfach vorbei, bevor du zu einer anderen gehst."

Warum beschlich mich in diesem Augenblick eine dunkle unbestimmte Vorahnung? Die schob ich aber beiseite, denn ich war auf die Wohnung gespannt, im Haus an der Lahnschleuse.

Ich fuhr auf der Straße durch den Wald, den ich von meinem Zimmerfenster aus sehen konnte. Nach etwa einem Kilometer passierte ich einen Weiher, an dem wir, Bruni, ein paar Freunde und ich, noch vor Kurzem ein Lagerfeuer errichtet hatten, an dem wir Brot, Kartoffeln und Würstchen geröstet hatten. Dazu Bier und Wein, und nach einem Bad im Weiher hatten wir noch lange, bis in die Nacht hinein, in Decken gehüllt um das Feuer gesessen und Lieder aus den Sechzigern gesungen.

Ich konnte nicht anders, fuhr von der Straße ab, hinunter auf den Parkplatz, trat an die noch erkennbare Feuerstelle und hing meinen Erinnerungen nach.

Bei Ehringshausen verließ ich die Autobahn und fuhr ab Leun auf der Bundesstraße bis zur Abfahrt Oberbiel. Über einen für Anlieger freien Radweg erreichte ich die Altenberger Schleuse. Vor dem Schleusenkanal parkte ich meinen Wagen und lief über die Schleusenbrücke. Linker Hand das Schleusenwärterhaus und etwa fünfzehn Meter rechts daneben entdeckte ich, versteckt unter Bäumen und hinter Sträuchern, die besagte größere Laube. Allein der Anblick erweckte sofort mein Interesse und ich war schon versucht, das Anwesen näher in Augenschein zu nehmen, als eine Frau um die Hausecke bog und auf mich zusteuerte.

„Sie müssen Leander Parow sein?"
„Und Sie Frau Baumeister?"
Zur Begrüßung gaben wir uns die Hände.
„Wie wär´s mit einer Tasse Kaffee, bevor ich Ihnen das Häuschen von innen zeige?

Fast hätte ich darum gebeten, zuerst einen Blick nach innen werfen zu dürfen, doch ich ahnte, dass die Frau zuerst wissen wollte, mit wem sie es da zu tun hatte. Und tatsächlich glich unsere Unterhaltung, die wir in ihrem Wohnzimmer führten, eher einem Verhör.

„Ich glaube, Herr Parow, meinte sie schließlich, wir werden sicher gut miteinander auskommen."

Und obwohl ich bisher weder die Wohnung gesehen noch etwas über den Mietpreis erfahren hatte, meinte ich, beinahe wie selbstverständlich: „Da stimme ich Ihnen zu, Frau Baumeister."

„Na dann woll'n wir mal." Sie ging mir voraus, nahm einen Schlüsselbund von einem Brett, das rechts neben ihrer Haustür hing. Als wir vor dem Häuschen standen, erklärte sie:

„Übrigens, wir befinden uns hier auf einer Insel, die durch die Lahn und den Schleusenkanal gebildet wird. Von dem Augenblick an nannte ich das Häuschen, das mit einer Giebelseite zum Kanal und mit der anderen zur Lahn zeigte, das Inselhaus. Wir bogen um eine Ecke und befanden uns auf einer Wiese, von wo aus man die Laube über eine Veranda betreten konnte.

„Bitte, Frau Baumeister", sagte ich, nachdem ich den ersten Blick ins Innere des Inselhauses geworfen hatte, „lassen Sie uns zuerst über die Kosten sprechen, bevor ich mich total in diese Hütte verliebe."

„Na gut", meinte sie und setzte sich an einen Tisch, der auf der Veranda stand. „Dann nehmen Sie doch bitte Platz."

Sonja Baumeister war Mitte fünfzig, hatte vor Jahren ihren Mann durch einen Autounfall verloren und lebte seitdem allein in dem Schleusenwärterhaus. Ihre Witwenrente reichte zum Leben aus und mit dem Geld, was ich an Miete zahlen würde, ließ sich ein Teil der Nebenkosten für das Haus aufbringen.

„Sie haben mir ja gesagt, wie sich Ihre berufliche Situation zurzeit gestaltet." Vornehm ausgedrückt, dachte ich. „Deshalb dachte ich an zweihundert Euro inklusive Nebenkosten."

Ich muss sie wohl ungläubig angesehen haben. „Ich weiß, das ist nicht viel, Herr Parow, sagen wir, wir machen einen neuen Vertrag, sobald sich Ihre finanzielle Situation verbessert hat."

Ohne zu überlegen willigte ich ein. Jetzt ließ ich mich gerne durch den Rest der Wohnung führen. Von der Veranda aus gelangten wir in einen Wohnraum mit Sitzgruppe, Sideboard und Ofen. Eine Verbindungstür führte in ein kleines Schlafzimmer mit Liege und Kleiderschrank und es gab eine offene Verbindung in die Küche mit Küchenschrank, Kühlschrank und Elektroherd.

Ich war begeistert und erklärte Frau Baumeister, dass ich noch am selben Tag nach Wilnsdorf fahren wollte, um meine persönlichen Sachen zu holen.

„Dann würde ich Sie gerne zum Abendessen einladen, Herr Parow, und bei der Gelegenheit können wir ja den Mietvertrag unterzeichnen."

Bruni war nicht zuhause. Ich packte zusammen, was mir gehörte, viel war das nicht und alles passte ins Auto.

Jetzt wusste ich, warum wir uns heute Morgen voneinander verabschiedet hatten. Vielleicht hatten wir beide geahnt, dass ich noch heute ausziehen würde. In diesem Sinne schrieb ich ihr einen kurzen Brief.

Es regnete im Siegerland, doch als ich wiederum bei Kalteiche über die Grenze fuhr, schien „im Hessen", wie die Siegerländer sagen, die Sonne.

Mein Umzugsgut hatte ich schnell eingeräumt. Bevor ich zum Abendessen zu Frau Baumeister rüberging, tätigte ich zwei Anrufe. Zuerst Sandrine, der ich berichtete und die mir für morgen ihren Besuch ankündigte, und dann Benni Jordan, den ich ebenfalls informierte und bei dem ich mich für seine Hilfsbereitschaft bedankte. Ich lud ihn schon mal zur Einweihungsfeier meiner neuen Behausung ein. Er dankte mir auch in der Hoffnung, bei dieser Gelegenheit Sandrine wiedersehen zu können.

Eine Ecke des Grundstücks nutzte Frau Baumeister als Gemüsegarten, wo sie unter anderem Tomaten, Gurken und Salate anbaute. Sie zeigte mir ein Frühbeet, indem sie Verschiedenes vorzog.

Dort traf ich sie, nachdem ich vergebens an der Haustür geklingelt hatte. Ihre Wohnung war geschmackvoll, unter anderem mit alten Weichholzmöbeln, eingerichtet. Sie hatte sich wohl extra für unser gemeinsames Abendessen umgezogen. Bisher hatte ich sie in weite Jeans und ebensolche T-Shirts oder Pullover gekleidet erlebt. Jetzt hatte sie eine enge, schwarze Hose, die ihren üppigen Hintern gut zur Geltung brachte, und darüber ein gleichfarbiges Sweatshirt an. Erst später, als sie mir von gegenüber den Kaffee eingoss, registrierte ich die Tiefe des Ausschnitts. Frankfurter grüne Soße hatte sie vorbereitet. Dazu gab es gekochte Kartoffeln und zum Nachtisch einen Obstkompott.

Sonja Baumeister erzählte und ich konnte mich des Eindrucks nicht erwehren, dass sie jemanden brauchte, der ihr zuhörte.

Ich hatte Vertrauen zu der Frau gefasst, und so ergab es sich, dass ich ihr meine Geschichte erzählte, also einiges, was ich nicht schon bei dem Eingangsverhör berichtet hatte. Plötzlich unterbrach sie mich und bot mir, „als die Ältere sozusagen", an, das förmliche Sie wegzulassen. Dazu gehöre ein Glas Wein, meinte sie und verschwand im Keller.

„Keller?", fragte ich sie, als die Zeremonie beendet war, „gibt es denn hier kein Hochwasser?"

„Und ob, manchmal, im Frühjahr und im Herbst, steht sogar ein Teil meiner Insel unter Wasser, doch die Erbauer der Schleuse haben den Kanalaushub dazu benutzt, eine Anhöhe zu schaffen, auf der dann das Haus einschließlich Keller errichtet wurde. Der Kellerboden besteht aus gestampftem Lehm, kann somit Feuchtigkeit ausatmen. Zur Sicherheit habe ich ein etwa ein Meter tiefes Loch graben und eine Pumpe installieren lassen. Sollte dort Wasser eindringen, würde das automatisch herausgepumpt werden."

Später sagte ich, dass ich tags darauf Sandrines Besuch erwartete, da war es schon nach Mitternacht. Ich verabschiedete mich, nahm die beiden leeren Weinflaschen mit und stellte sie in den dafür vorgesehenen Abfallbehälter.

Fünf

Sandrine war völlig in Schwarz gekleidet. Ihre Fingernägel waren weiß gefärbt, ihr Haar schwarz. Ihre Augen dunkel umrandet, ihre Haut bewusst nicht der Sonne ausgesetzt, wie es mir schien. Ich dachte daran, was ich in meiner Jugend getragen und dass ich mir damals eingebildet hatte, aus dem Outfit der Kommilitonen auf ihre Einstellungen schließen zu können. Doch heute wollte ich nicht mit ihr darüber reden, ignorierte ich Äußeres.

„Schön dich zu sehen, mein Kind." Ich konnte mich nicht daran erinnern, dass wir uns jemals so heftig umarmt hatten.

Ich führte sie auf die Veranda und der Art, wie sie sich umschaute, entnahm ich, dass sie den Rest der Wohnung auch gleich sehen wollte. Küche, Schlafzimmer, Wohnzimmer. Dort hatte ich bereits den Tisch gedeckt, Kuchenstückchen und Kaffee in der Thermoskanne. Ich bat sie, Platz zu nehmen.

„Erzähle, Kind, wie ist es dir ergangen?" Ich goss Kaffee ein, zeigte auf die Milch und den Zucker. Sandrine schüttelte den Kopf, hob die Tasse, nahm einen Schluck.

„Was soll ich sagen? Genau einen Tag nach der Abifeier, die Mama war im Gemeindehaus, habe ich meine Sachen gepackt und bin zu Maria Rosbach nach Gießen gefahren. Die hatte, weil sie vor mir achtzehn geworden war, für uns beide eine kleine Wohnung gemietet, so wie deine hier, vollmöbliert …"

„Die Maria, die damals nicht mehr zur Theater-AG gedurft hatte?"

„Ja, aber woher weißt du davon?"

„Von Bruni, du weißt, der Gespielin."

Über ihr Gesicht huschte ein Lächeln. „Ist sie das noch?"

Ich berichtete kurz über die Umstände der Trennung.

„Ja, und dann haben wir uns an der Gießener Uni eingeschrieben, Maria für Kunst und ich für Geschichte."

Geschichte, dachte ich, mein Fach, und ich freute mich darüber.

„Und was möchtest du später machen?"

„Ich weiß es noch nicht genau, vielleicht dasselbe wie du oder etwas in meinem zweiten Fach."

„Und das ist?"

„Politikwissenschaft."

Ob das eine kluge Entscheidung war, wusste ich nicht. So viele Stellen gab es da wohl nicht. Das behielt ich aber für mich.

„Maria und ich sind sehr gute Freundinnen geworden und haben zusammen auch noch andere gefunden. Unter anderen auch Karsten, den Sohn deiner Vermieterin. Versteht ihr euch eigentlich?"

„Du meinst die Sonja und ich?"

„Die Sonja – soso, ja, die meine ich."

„Aber ja, sie ist mir sehr entgegengekommen."

„Interessant, erzähle!"

Ich ignorierte ihre Anspielung und erzählte von meinen Mietbedingungen und vom Abendessen mit Sonja.

„Das freut mich. Ja, Papa, es geht mir gut und du brauchst dir keine Sorgen zu machen. Ach ja, ich brauche eine Bescheinigung über dein Einkommen, Hartz IV, wie du sagtest, für meinen Bafög-Antrag."

Während ich nach den Unterlagen suchte, sah ich durch das Fenster Sonja zur Veranda gehen. Dann hörte ich sie mit Sandrine reden. Ich hatte gefunden, was ich suchte.

„Wie ich sehe, habt ihr euch miteinander bekannt gemacht."

„Ja, und Frau Baumeister hat uns zum Abendessen eingeladen."

Später saßen wir bei einem Glas Wein auf Sonjas Terrasse. Ein schöner Frühsommerabend und nur noch vereinzelte Kanufahrer, die durch die Schleuse fuhren, um noch rechtzeitig den Zeltplatz an der Kanustation Scholek zu erreichen. Sonja versuchte nach der gleichen Verhörmethode, die sie bei mir angewandt hatte, etwas über ihren Sohn Karsten zu erfahren, doch zu ihrem Leidwesen blieb Sandrine bei dem, was sie sagte, an der Oberfläche, sodass ich fürchten musste, sie gäbe Sonja zu verstehen, dass die doch ihren Sohn selbst befragen möge. Doch Sandrine war so geschickt, dass sie sich mit dem Bericht über Belanglosigkeiten der Gefahr, Intimes preisgeben müssen, entzog.

Nach einem Blick auf ihre Uhr erklärte sie, nun zum Zug zu müssen, und ich erbot mich, sie zum Wetzlarer Bahnhof zu bringen. Artig bedankte sie sich bei Sonja für die Einladung und betonte, dass sie erfreut sei, ihren Vater so gut untergebracht zu wissen. Ich dachte, dass ihre Sprache so gar nicht zu ihrer Erscheinung passte. Darauf sprach ich sie im Auto an.

„Das müsstest du eigentlich wissen, nennt man das nicht Sprecherstrategie oder situative Kommunikation?"

Da hatte ich's, das Küken war schlauer als die Henne – eh, der Hahn.

„Wir bleiben in Verbindung", meinte Sandrine, als wir uns auf dem Bahnsteig voneinander verabschiedeten. Ich hatte gewartet, bis der Zug eingefahren war, denn dieser Bahnhof war mir um diese Zeit nicht ganz geheuer. Allerlei dunkle Gestalten trieben sich bei diesen Temperaturen dort herum.

Als ich zurückkam, saß Sonja noch draußen, und so setzte ich mich dazu, nahm ihr Angebot eines weiteren Gläschens an.

„Darf ich dich ein wenig über deine Tochter und ihre Mutter ausfragen? Ich frage lieber gleich so offen, denn vorhin habe ich wohl bemerkt, dass du mein Anliegen durchschautest."

Dabei lachte sie mir offen ins Gesicht, dass ich nicht umhin konnte, ihr erstes Verhör, das mir gegolten hatte, zu erwähnen.

„Stimmt", meinte sie, „ich weiß eben gerne, mit wem ich es zu tun habe."

Ihre Offenheit gefiel mir und ich erzählte von Sandrines Erziehung durch mich und ihre Mutter, verschwieg auch nicht die Fehler, die ich gemacht hatte. Da fiel mir der Leserbrief ein, den Judith der Siegener Zeitung geschrieben hatte, und ich fragte Sonja, ob sie ihn lesen wollte. Sie wollte, und ich war gespannt auf ihre Reaktion, von der ich mir nun meinerseits Aufschluss über ihre Ansichten erhoffte, ohne dass ich verhörartig vorgehen musste.

Sonja las den Text sehr intensiv, was ich daran erkannte, dass sie öfter hochblickte und nachdachte.

„Hm", meinte sie dann und legte das Papier auf den Tisch.

„Meine Güte, hat die Frau ein seltsames Verständnis von der Geschichte."

„Das ist nicht seltsam, Sonja, so lernt man es auch heute noch in der Schule. Sozialismus wird mit Hitlerfaschismus gleichgesetzt."

„Aber das geht doch nicht, die Nazis sahen sich doch als Herrenmenschen und wollten deshalb alle anderen zu Sklaven machen beziehungsweise die, die sie nicht gebrauchen konnten, vernichten."

„Was sie ja auch getan haben."

„Eben, und unter Stalin wurden, wie nach jeder Revolution in der Geschichte, Gegner und leider auch vermeintliche Gegner umgebracht, was auch ein Verbrechen war. Aber gleichsetzen darf man beides nicht."

„Du erstaunst mich, Sonja. Woher hast du diese Einstellung?"

„Mein Verstorbener war Kommunist, das durfte aber niemand wissen, weil er sonst seine Stellung verloren hätte.

Einmal, da wäre das beinahe passiert. Dazu muss ich sagen, dass er früher in der sozialdemokratischen Partei gewesen ist. Er hat daran geglaubt, dass er dazu beitragen könnte, diese Partei auf einen sozialistischen Kurs zu bringen. Alle Linken müssten in ihr eine politische Heimat finden können. Das hoffte er. Und dabei schloss er die Kommunisten nicht aus.

Doch mit der Zeit stellte er fest, dass das eine Illusion war. Zu weit hatte sich seine Partei nach rechts entwickelt. Das Ziel, der demokratische Sozialismus, stand bloß noch auf dem Papier. Dafür machte er die Führungen der Partei nach dem Zweiten Weltkrieg, aber auch die westlichen Besatzungsmächte verantwortlich. Schumacher, Ollenhauer, Brandt und Schmidt nannte er schließlich Verräter an der Sache der Arbeiterklasse. Er resignierte zusehens, trat aber nicht aus der Partei aus. Das zur Vorgeschichte."

Ich hatte ihr interessiert zugehört und war gespannt auf das, was nun folgen würde. Sonja schaute mich fragend an, als ob sie wissen wollte, ob sie mit ihrer Geschichte fortfahren sollte. So bekundete ich mein Interesse.

"Als Mitglied der SPD wurde er von der Stadtverwaltung regelmäßig in den Wahlvorstand beordert. Treu und brav ging er an jedem Wahlsonntag ins Wahllokal. Dort übte er sein Wahlamt aus, überprüfte die Wahlscheine, verteilte die Wahlzettel. Wenn es dann ruhig zuging, wählte er auch selbst. Mit ihm im Wahlvorstand waren Leute aus den anderen Parteien, vom Altnazi bis zum Scheißliberalen, wie er die betitelte.

Dann, ab sechs Uhr, zählten sie die Stimmen aus und meldeten das Ergebnis an die Stadtverwaltung. Jedes Mal rätselten die Leute vom Wahlvorstand, wer denn wohl der Kommunist war, der als Einziger seine Stimme der Deutschen Kommunistischen Partei gegeben hatte.

An einem Wahlabend nannte der Altnazi diesen Wähler ein Kommunistenschwein, das weggesperrt gehörte. Mein Mann war kreidebleich geworden. Am liebsten hätte er dem Mann vorgeworfen, mit dafür verantwortlich gewesen zu sein, dass damals nicht nur Kommunisten bestialisch ermordet wurden. Doch plötzlich sei ihm klar geworden, sagte er später zu mir, dass dann alle gewusst hätten, dass er dieser eine Wähler gewesen war. Da hätte er an seine Stelle bei der Post gedacht, an ein mögliches Berufsverbot und habe seinen Mund gehalten.

Wir haben oft miteinander diskutiert und nicht in allem war ich seiner Meinung. Aber das hier, da waren wir uns einig."

Da wusste ich, woran ich mit Sonja politisch war. Gut zu wissen, dachte ich.

Glutrot war die Sonne vor Stunden im Westen untergegangen, ein Versprechen für den kommenden Tag, wenn der Spruch stimmte. Jetzt war es kühl geworden. Ich half Sonja beim Geschirr-Abräumen und Einräumen in die Spülmaschine. Wir wünschten uns eine gute Nacht.

„Morgen früh muss ich nach Wetzlar, habe dort etwas zu klären", meinte sie, bevor sie ihre Haustür hinter sich schloss.

Sechs
    Sonja hatte mir angeboten, ihre Terrasse, die sich direkt oberhalb der Schleuse, durch einen Metallzaun abgetrennt, befand, zu nutzen, wenn ich vormittags in der Sonne sitzen wollte.
    Die Regel hatte zugetroffen, das Abendrot war ein Schönwetterbote gewesen. Ich saß also an dem Tisch auf Sonjas Terrasse und hatte die Zeitung vor mir bereits aufgeschlagen, da näherte sich durch die Unterführung der Bundesstraße ein PKW und hielt auf der gegenüberliegenden Schleusenseite. Zwei Frauen stiegen aus und spazierten entlang des Schleusenkanals, setzten sich dann an den Schleusenrand und unterhielten sich. Worüber sie sprachen, konnte ich auf die Entfernung nicht verstehen. Ich widmete mich meiner Zeitung, beachtete die beiden nicht weiter, bis sie die Schleusenseite wechselten. Zunächst sprachen sie nicht, blickten aber ständig stromaufwärts. Sie standen jetzt etwa drei Meter von mir entfernt.
    Eine schöne Gegend, dachte ich, als ich nun ebenfalls in diese Richtung blickte. Anders als das Tal der Sieg war das Lahntal hier sehr weitläufig, gestattete mir eine ungewohnte Aussicht. Sonja hatte mir erzählt, dass sich hier im Frühjahr und im Herbst große Wasserflächen bildeten, die das Hochwasser der Lahn auffingen und verhinderten, dass es weiter unterhalb, in den Städten am Fluss, zu Überschwemmungen kam.
    „Jetzt müssten sie aber bald kommen", meinte die Eine.
„Du hast recht, so langsam mache ich mir Sorgen", fügte die Andere hinzu.
    Ich dachte, dass ich vielleicht helfen könnte, bat um Entschuldigung und fragte nach.
    „Wir erwarten unsere Schüler, die haben wir in Wetzlar losgeschickt, und dann sind wir mit unserem Auto hierher gefahren."
    „Na ja", meinte ich, „Ihre Kollegen werden schon dafür sorgen, dass nichts Schlimmes passiert."

„Welche Kollegen?", fragte mich die eine Lehrerin.

Da wurde mir klar, dass diese beiden Frauen ihre Aufsichtspflicht eklatant verletzt hatten. Und weiter dachte ich, dass es genau diese Arschlöcher waren, die immer davon schwafeln, dass man als Lehrer ständig mit einem Bein im Gefängnis stehe.

Ich geriet in Wut, wollte gerade etwas sagen, als die Eine rief: „Da kommen sie ja endlich!"

Ernüchtert, aber immer noch wütend, machte ich mich wieder über meine Zeitung her. Ich konnte mir gut die ersten Worte der beiden Tanten an ihre Schüler vorstellen: „Wo bleibt ihr denn, wir haben schon sonst was gedacht."

Und genau das waren ihre Worte an den Schüler, der als Erster die Schleusentreppe hochkam. Ich beachtete das Geschehen nicht weiter, denn Sonja kam mit ihrem Auto vor ihre Garage gefahren. Ich ging hin, um sie zu begrüßen.

„Bleib noch, lass dich durch mich nicht stören. Ich bringe mal eben meinen Einkauf rein, und dann muss ich dir etwas erzählen."

Ich setzte mich wieder. Inzwischen hatten die Schüler die Schleuse passiert und die beiden Lehrerinnen waren in ihr Auto gestiegen und weggefahren. Unmöglich, dachte ich. Da kam Sonja mit einem Tablett in der Hand zum Tisch. „Du magst doch auch einen Kaffee?" Sie wusste inzwischen, dass ich ihn gerne nur mit Milch mochte, während sie ihn schwarz trank.

Ich berichtete, was sich da gerade zugetragen hatte. Sonja teilte meine Empörung und meinte, dass sie da schon so manches beobachtet hätte. Dann kam sie auf die Neuigkeit zu sprechen.

„Ich habe von einem Bekannten, einem Buchhändler, erfahren, dass der Betreiber eines sogenannten Dienstleistungskombinats in Wetzlar bei einem Unfall ums Leben gekommen ist. Der Laden und das Inventar sind zu haben. Vielleicht wär' das etwas für dich."

„Ein Diensteistungskombinat, Sonja, hier in Wetzlar? Die gab's doch in der DDR."

„Stimmt, dort konnten die Leute alles Mögliche zur Reparatur abgeben. Das war so eine Art Vermittlungsstelle für Instandsetzungsarbeiten."

Ich glaubte nicht, dass sich Sonja wegen einer in Aussicht stehenden höheren Miete um eine Anstellung für mich bemühte ...

„Verstehe mich bitte nicht falsch, Leander, ich denke dabei nicht an eine Verbesserung meiner Mieteinnahmen", sie schien meine Gedanken erraten zu haben, „ich sehe doch, wie dich die Tatenlosigkeit nervt."

Da hatte sie richtig beobachtet, nicht das niedrige Einkommen machte mich mutlos und unentschlossen, sondern die fehlende Aufgabe, die berufliche Perspektivlosigkeit stellte die Belastung dar. Auch Langeweile plagte mich nicht, hatte ich doch auch schon darüber nachgedacht, historischen Erscheinungen in dieser Gegend nachzugehen. Zum Beispiel hatte ich in der Zeitung von einem sensationellen Fund in Waldgirmes gelesen, wo man Teile eines Römerforums ausgegraben hatte. Das wollte ich mir ansehen, mich natürlich, wie das Lehrer so an sich haben, zuvor über Römer und Germanen informieren. Doch Erwerbstätigkeit war etwas anderes, und darum begann mich Sonjas Idee zu interessieren.

„Frag einfach in der Buchhandlung nach und beruf dich auf mich. Ich habe vorhin mit ihm gesprochen", empfahl sie mir und entfernte sich mit der Begründung, sie hätte noch einiges im Haus zu tun.

Der Buchhändler, ein freundlicher Mann, hörte sich mein Anliegen an. Tatsächlich war der Laden zu vermieten. Die Hinterbliebenen des verunglückten Besitzers, Bruno Sailer, waren für eine Ablösesumme bereit, die Geschäftsidee und das Inventar an einen Nachfolger zu übergeben. Sie hatten den Buchhändler ermächtigt, in ihrem Sinne zu verhandeln. Der ließ mich in die Firmenunterlagen Einblick nehmen.

Die Bilanzen machten deutlich, dass der Laden gut gelaufen war. Ich entschied mich für einen Abschluss, in der Hoffnung, den Verhandlungsspielraum, den der Buchhändler hatte, für mich genutzt zu haben.

Bei der Bank gab es keine Schwierigkeiten, weil Sonja bereit war, bis zu einer bestimmten Kreditsumme eine Bürgschaft zu übernehmen. Da hatte es ein langes Gespräch gegeben. Ich war zunächst skeptisch gewesen, denn ich wusste von einem ehemaligen Kollegen, dass man mit der Übernahme einer Bürgschaft ganz schön auf die Nase fallen konnte. Er hatte gebürgt und zahlte jahrelang.

Dann stand ich schließlich in dem Laden, wusste nicht, wo ich beginnen sollte. Fang einfach irgendwo an, dachte ich mir und setzte mich an den Rechner. Inzwischen wusste ich, dass ein Dienstleistungskombinat in der DDR eine Einrichtung gewesen war, die zu jedem Neubaugebiet gehört hatte. Die Emanzipation der Frau hatte dort ihren Ausdruck darin gefunden, dass der Staat den Familien die Möglichkeit geboten hatte, sich mit allen möglichen Arbeiten, wie Waschen, Bügeln, Reparieren und so weiter, nicht selbst belasten zu müssen.

Sonja hatte von einer Bekannten, die die Arbeitssuche in den Westen verschlagen hatte, gehört, dass allein mit der Schaffung solcher Kombinate die Probleme nicht gelöst worden waren. Ihr Mann, von dem sie inzwischen geschieden war, hatte damals darauf bestanden, eine eigene Waschmaschine anzuschaffen. Seine Begründung dafür hatte gelautet:

„Im Dienstleistungskombinat wird die Wäsche zwar kostenlos gewaschen, aber nicht komplett gebügelt. Meine Unterhosen legen sie einfach nur zusammen."

„Und", hatte Sonjas Bekannte gemeint, „wer hat dann die schöne neue Waschmaschine bedient und die gesamte Wäsche gebügelt? Ich natürlich."

Das alles ging mir durch den Kopf, als ich mir einen Überblick über Bruno Sailers Geschäftsvorgänge verschaffte. Meine Aufgabe würde darin bestehen, alle möglichen Dienstleistungsaufträge anzunehmen und sie an entsprechende vertraglich gebundene Kleinunternehmer weiterzuleiten. Von Malerarbeiten bis zum Straßenwinterdienst, von der Schuh- bis zur Waschmaschinenreparatur, alles war über meinen Laden vermittelbar.

Der große Vorteil für die Kunden bestand darin, dass sie nicht lange suchen mussten, einen entsprechenden Handwerker zu finden. Gleichzeitig würde ich ständig Kostenvergleiche durchführen und nur solche Handwerksbetriebe unter Vertrag nehmen, die sich an der unteren Kostengrenze orientierten. Kurzum, der Kunde gab mir einen Auftrag, ich vermittelte den Dienstleister und später rechnete der Kunde mit mir ab. Mein Verdienst bestand in einer mit dem Handwerker ausgehandelten Vermittlungsgebühr. Ich blieb bei dem Namen: „Dienstleistungskombinat Leander Parow".

Eine Woche nach der Übernahme eröffnete ich den Laden mit einer kleinen Feier; Sekt und Schnittchen, dazu nützliche Gespräche. Ich war schon beim Aufräumen, als ein Paar den Laden betrat und mir zur Wiedereröffnung gratulierte. Es stellte sich heraus, dass die beiden an der Gründung von Bruno Sailers Geschäft beteiligt gewesen waren. Die Frau ließ mir ihre Karte da, „Karen Schuster", las ich. Sie wohnte am Eisenmarkt, nicht weit von meinem Laden entfernt.

Ich gab mir sechs Monate Zeit, dann musste die Sache angelaufen sein, wie auch immer.

Sieben

Das Kombinat lief gut. Bisher hatte ich mir keine Gedanken darüber gemacht, was Leute tun, wenn in Haus und Garten etwas nicht funktioniert. Es sprach sich herum, dass man bei mir Hilfe für alles an einem Ort fand. In den Unterlagen Bruno Sailers hatte ich eine Aufstellung entdeckt, wo er akribisch notiert hatte, wann Kunden seinen Laden aufgesucht hatten. Eltern sagen, dass ihre Kinder oft an Wochenenden oder Feiertagen krank werden. So ähnlich musste es sich den Aufzeichnungen Sailers zufolge auch bei Waschmaschinen,

Computern und Rasenmähern verhalten. Dementsprechend richtete ich meine Geschäftszeiten ein, montags und nach Feiertagen von früh bis spät, mittwochs und sonntags frei.

So kam es, dass ich mein Vorhaben, mich mit der Geschichte der Germanen und Römer zu befassen, aus den Augen verlor. Heute Morgen wollte ich mir in Ruhe zuerst Gedanken über eine Einweihungsfeier des Inselhauses machen und später in meinem Germanenbuch lesen.

Dazu sollte es nicht kommen. Kaum saß ich wegen der Vormittagssonne auf Sonjas Terrasse und machte mir Notizen zu den Vorbereitungen der Feier, als sich Sonja zu mir setzte und scheinbar interessiert die Zeitung las. Aus den Augenwinkeln registrierte ich, dass sie hin und wieder zu mir rüberschaute, zauderte, mich zu stören. Ich war gespannt, wie lange sie das wohl aushalten würde, zumal sie meine Gedanken längst unterbrochen hatte. Ich klappte mein Notizbuch zu, blickte zum Schleusenkanal hin, wo gerade wieder eine Gruppe Bootsfahrer auftauchte. Auf diesen Moment schien Sonja gewartet zu haben. „Machen wir einen Spaziergang mit Picknick bei der Leuner Burg, wer weiß, wie oft das Wetter noch so schön ist?" Schön?, fragte ich mich, durchwachsen war es, mal Sonne, mal Wolken. Mein Einverständnis vorausgesetzt, hatte Sonja schon zwei Rucksäcke gepackt. Erst jetzt fiel mir auf, dass sie bereits wandermäßig gekleidet war.

„Ich weiß nicht. Eigentlich wollte ich die Einweihungsfeier planen und dann ein wenig lesen."

„Das mit der Planung können wir doch unterwegs gemeinsam machen und lesen kannst du oben bei der Burg."

Und sie ergänzte, weil sie wohl meinen skeptischen Blick registriert hatte: „Dort störe ich dich nicht – versprochen."

Ich gab mich geschlagen, ging ins Haus und zog mir Wanderklamotten an. Einen Rucksack besaß ich nicht. Das musste sie gewusst haben.

„Ich schlage vor, wir nehmen den etwas längeren Weg, laufen ein Stück auf der hohen Straße."

Ich war einverstanden, überließ mich ihrer Führung.

Beim Junker-Johannes-Platz, an der Hohen Straße, einer alten Handelsstraße, die früher von Köln nach Leipzig führte, machten wir Rast. Appetit verspürten wir beide noch nicht, tranken etwas aus der Wasserflasche.

Und tatsächlich, keine halbe Stunde war vergangen und der Plan für die Einweihungsfeier stand – ich ergänzte meine Notizen.

Weiter bis zur Leuner Burg. Das so bezeichnete ehemalige Grubengelände war durch einen hohen Maschendrahtzaun abgesperrt. Schilder wiesen darauf hin, dass der Zutritt verboten war.

„Müssen wir jetzt über den Zaun steigen?", fragte ich Sonja.

„Geduld, Leander, es findet sich ein Loch."

Und tatsächlich, zwanzig Meter unterhalb fand sich eine Öffnung im Zaun. Entlang von Diabas und Basaltfelsen gelangten wir auf einem schmalen Pfad an das Ufer eines kleinen Bergsees. In diesem Augenblick durchbrachen Sonnenstrahlen die Wolkendecke, wodurch das Wasser im Wechsel mal grün, mal blau schimmerte. Rundherum gab es scheinbar unüberwindbare Felswände. Das Ufergelände war nicht sehr breit, übersät mit Felsbrocken. Zwischen einer solchen Steingruppe fanden wir eine ehemalige Feuerstelle. Hier stellten wir unser Gepäck ab. „So, nun lass dich durch mich nicht stören, ich bleibe zum Lesen hier unten."

Ich suchte nach einem geeigneten Platz und fand ihn, etwa zwanzig Meter oberhalb der Feuerstelle in Form eines kleinen Felsplateaus. Von hier aus hatte ich einen guten Überblick über das gesamte Terrain. Ich fand zwei Basaltbrocken, die wie ein Stuhl angeordnet lagen. Die Sonne hatte den Stein gewärmt und bald hatte ich mich in die Römer- und Germanengeschichte vertieft. Hin und wieder blickte ich hinunter. Sonja hatte eine Decke ausgebreitet, lag dort bäuchlings und las ebenfalls – in Unterwäsche oder Bikini, ich vermochte es nicht genau zu erkennen. Ich vertiefte mich wieder in mein Buch und plötzlich fiel mir die Ruhe auf, die hier herrschte;

kein Verkehrslärm, nicht einmal aus der Ferne waren Motorgeräusche zu vernehmen. Felsen, Wasser, Strauchwerk und vereinzelte Buchen bildeten ein Ambiente wie geschaffen für das, worüber ich gerade las. Als ich wieder einmal zum See hinunterblickte, werkelte Sonja herum, wieder vollständig bekleidet. Da stellte sich bei mir ein leichtes Hungergefühl ein und ich machte mich an den Abstieg.

An der alten Feuerstelle angekommen, hatte Sonja bereits ein weißes Tuch über einen tischartigen Steinbrocken gebreitet und war dabei, Brot, Wurst und Käse sowie das nötige Besteck auf diesem Tisch anzuordnen. Meinem Rucksack entnahm sie zwei Flaschen eines in der Nähe gebrauten Bieres.

Sie machte eine einladende Geste und reichte mir, als ich saß, den Siebzehner Schlüssel, in alter Tradition, der Mann öffnet die Flaschen. Wir sprachen wenig, während wir aßen und tranken, genossen die Ruhe und die Sonnenstrahlen, die immer wieder die Wolken durchbrachen.

„Vom Baden rate ich ab, denn es soll hier gefährliche Strudel geben."

Mir war auch nicht danach, hing vielmehr meinen Gedanken nach, die um das kreisten, was hier im Lahn-Dill-Gebiet vor zweitausend Jahren passiert sein konnte. Allgemeines wusste ich inzwischen sowohl über die Germanen als auch die Römer, doch noch nichts darüber, ob und wenn ja, wie sie hier aufeinandergetroffen waren.

Sonja, die sonst gerne redete, störte mich überhaupt nicht. Ich war es, der seine Gedanken unterbrach, als sie ihr Buch beiseitelegte und sich hinter meinem Rücken entfernte. Nur kurz schaute ich nach ihr.

„Ich musste mal", erklärte sie, wissend lächelnd, dass es dieser Erläuterung nicht bedurft hätte.

Als die Sonne hinter den Bäumen verschwand, wurde es uns kühl und wir brachen auf. Zurück nahmen wir einen anderen Weg, der direkt hinunter nach Leun und von dort nach Oberbiel führte.

„Weißt du, Leander, das hat mir richtig gut getan, ein paar Kilometer in angenehmer Gesellschaft."

Ich gab das Kompliment zurück, zog mich aber sogleich in mein Inselhaus zurück, um ein wenig zu ruhen.

Gedankenlos, nicht mehr als eine Routinehandlung, überflog sie den Posteingang. Schon wollte sie den ganzen Müll wegklicken, als sie den Absender registrierte: Leander Parow. Eine Einladung von ihm zur Einweihungsfeier seines Inselhauses. Sollte sie die annehmen?

Wenn ich hinfahre, bleibe ich auch über Nacht. Will ich das? Unsere Beziehung hat mir doch gut getan. Eigentlich ist es ja nur einmal passiert, nach seinem Beinahe-Unfall. Da habe ich aus momentanen Empfindungen heraus gehandelt, habe einfach seiner und meiner Erregung nachgegeben. Als ich zu ihm sagte: „Wenn du wieder einmal dem Tod von der Schippe springst, dann komm doch einfach vorbei, bevor du zu einer anderen gehst" – war das etwa wieder pure Ironie gewesen, in die ich oft flüchte, wenn ich der Wirklichkeit nicht ins Auge sehen will?

Mehrmals, das erste Mal an der Krombachtalsperre, habe ich meine Zurückhaltung ihm gegenüber mit einer noch nicht verarbeiteten Beziehung zu Manfred Schmid begründet. Das stimmte allerdings nur zur Hälfte. Manfred ist mir inzwischen völlig gleichgültig. Nicht wegen ihm habe ich mich in eine Sauftour durch die Siegener Oberstadt geflüchtet. Mir war einfach danach. Als ich Leander dann, nachdem mich der Taxifahrer zuhause abgeliefert hatte, aufforderte, mich zu ficken, resultierte das aus meinem besoffenen Zustand.

Manfred war ein Mann, auf den ich mich nicht verlassen konnte. Im Bett klappte es gut mit uns. Dann bekam ich heraus, dass er ständig andere neben mir hatte. Das traf mich weniger als die Wahllosigkeit seines Vorgehens. Als wir uns schon getrennt hatten, berichtete mir eine Kollegin, dass Manfred während einer Fortbildungswoche mit drei Frauen geschlafen hätte. Zuerst mit ihr, dann mit einer aus seiner Kleingruppe und schließlich mit der Frau vom Schulamt, die zum Abschlussreferat angereist war. Sie habe Manfred zur Rede gestellt. Der habe nichts abgestritten, sein Verhalten aber auch nicht begründet. Später hätten sie bei ihr zuhause ein Glas Wein getrunken, sozusagen zum Abschied. „Und was soll ich dir sagen, Brunhild, da hat er es doch tatsächlich wieder versucht. Und als ich ihn zurückwies, war er beleidigt und ist gegangen." Ich sagte nichts dazu, denn ihre Erfahrungen entsprachen den meinen. Als ich wegen Sandrine Parow bei ihm war, tat er so, als wäre das alles nicht passiert.

Aber warum denke ich jetzt an Manfred, da Leanders Einladung auf meinem Monitor erscheint? Weil ich bei Leander ein ähnliches Verhalten wie bei ihm befürchtete. Hatte sich Leander nicht auch während eines Lehrgangs in eine Frau verliebt? Und hat er nicht, kaum dass die ihn zurückgewiesen hatte, seine Kollegin Judith geheiratet, vielleicht nur geheiratet, weil sie ihn ohne Trauschein nicht rangelassen hätte?

Vorsicht, Bruni, ermahnte ich mich. Jetzt tust du ihm vielleicht Unrecht? Egal, kaum hatte er sich von seiner Frau getrennt, versuchte er es bei mir.

Nein, etwas Ähnliches wie mit Manfred will ich nicht noch einmal erleben. Und deshalb werde ich nicht hinfahren zu seiner Einweihungsparty. Womöglich treibt er es schon längst mit seiner Vermieterin.

Acht

Zwischen Sonja und mir hatte sich eine Freundschaft entwickelt, wie sie für Mann und Frau untypisch ist. Vielleicht lag es an dem Altersunterschied, Sonja war fast dreizehn Jahre älter als ich, der bewirkte, dass anderes nicht aufkam. Wo es nötig war, halfen wir uns gegenseitig. Ich übernahm Reparaturen in ihrem Haus, und war ich dazu nicht in der Lage, vermittelte ich die Aufgabe an einen „meiner" Handwerker. Da war seit ihres Mannes Tod einiges liegen geblieben. Karsten, ihr Sohn, war eher „ein Mann des Kopfes", wie er sich seiner Mutter gegenüber geäußert hatte.

An manchen Tagen besuchte mich Sonja in meinem Kombinat. Anfangs hatte sie mir nur über die Schulter geblickt, wenn ich Aufträge entgegennahm. Doch dabei war es nicht geblieben. Betrat Kundschaft den Laden, wenn ich zur Toilette gegangen war, übernahm sie die. Kam ich dann dazu, stellte ich schon mal fest, dass ihre Art, Kundengespräche zu führen, der meinen überlegen war. Als ich sie eines Tages dafür lobte, meinte sie so fast nebenbei: „Wenn du mal wegmusst, mache ich das hier, wenn du willst?" Ich muss wohl überrascht dreingeschaut haben, denn sie fügte erklärend hinzu, dass sie dadurch mal rauskäme, andere Leute sähe. Kurzum, ich hatte, ohne danach gesucht zu haben, eine Vertretung gewonnen. Geld wollte sie keines, ich aber bestand auf eine Entlohnung.

„Na gut, Leander, zahlen Sie mir den Mindestlohn."

Mehr zum Spaß fragte ich nach: „Welchen meinen Sie, den, den die Gewerkschaften fordern?" „Nee nee, Leander, den der Linken."

„Und wie hoch ist der?"

„Zehn Euro die Stunde."

„Geht in Ordnung."

Sonja hatte vorgeschlagen, die Einweihungsfeier auf das Datum meines Geburtstags, den ich ja sicher zu feiern gedachte, wie sie sagte, zu legen. Geplant hatte ich eine Gartenparty. Die Wiese vor der Veranda, etwa sechs mal zehn Meter groß, schien dazu gut geeignet. Das wild gewachsene Gras hatte ich ein paar Mal gemäht und damit einen festen Rasen geschaffen. In der hinteren linken Ecke gab es eine Betonplatte, die früher als Fundament für ein Gerätehaus gedient hatte. Die hatte ich mit einem Hochdruckreiniger bearbeitet, sie sollte nun die Tanzfläche abgeben. Alles war vorbereitet, alle Einkäufe getätigt.

Ich saß beim Frühstück, als es klingelte. „Ist offen", rief ich, denn das konnte nur Sonja oder Sandrine sein, die sich angemeldet hatte, um mir bei den letzten Vorbereitungen zu helfen.

Viel war da nicht mehr zu tun. Ich erwartete etwa zehn Gäste: Sandrine, Sonja, Benni, Karsten und ein paar Kunden, mit denen ich über mehr als das Geschäftliche gesprochen hatte. Bruni, auf deren Besuch ich gehofft hatte, hatte wegen einer bereits bestehenden Verabredung abgesagt. Ich fragte mich schon, ob das nicht bloß ein Vorwand war. Doch warum brauchte sie einen solchen? Vielleicht war sie wieder mit diesem Manfred zusammen? Schon damals an der Krombachtalsperre hatte sie angedeutet, dass sie von dem nicht loskam. Dass sie es versuchen wollte, aber noch nicht so weit sei.

Wir hatten doch offen zusammengelebt, getrennt von Bett, aber nicht von Tisch. Unsere Bedürfnisse hatten wir nicht voreinander verheimlicht. Ich erinnerte mich gern an bestimmte Situationen. Beide hatten wir uns an die Abmachung gehalten; niemand brachte einen Intimpartner mit in die gemeinsame Wohnung. Als ich nach meinem Beinahe-Unfall zu Bruni nach Hause gekommen war, schien es mir wie selbstverständlich zu sein, mit ihr ins Bett zu gehen. Hatte sie nicht gesagt: „Fick mich", nachdem sie bei diesem Typen in Siegen war? Sagen denn nicht Betrunkene ohne Hemmungen die Wahrheit? Vielleicht hatte ich zu wenig darauf geachtet, wie sie etwas sagte? Vielleicht war es pure Ironie, als sie sagte:

„Wenn du wieder einmal dem Tod von der Schippe ..." Hoffentlich war sie da nicht eine dieser Seherinnen, von denen ich in der letzten Zeit einiges gelesen hatte, seit ich mich näher mit den Chatten einem germanischen Stamm, von dem eine Anzahl von Sippen an der Lagona, dem Fluss, der heute Lahn heißt gesiedelt haben, beschäftigte.

„Schön, dass du mit dem Frühstück auf mich gewartet hast", riss mich Sandrine aus meinen Gedanken und setzte sich mir gegenüber an den Tisch, den ich auf die Terrasse gestellt hatte.

„Guten Morgen, wie geht's – aber bedien dich ruhig erstmal, ich brühe uns noch den Kaffee auf."

„Gerne", meinte sie, stand auf, umarmte mich und hauchte mir einen Kuss auf die Wange. Während wir aßen und tranken – Sandrine hatte einen guten Appetit –, sprachen wir nicht.

Einmal stand ich auf, ging in die Küche, schnitt Brot nach, legte von dem Wurstaufschnitt, der für den Abend bestimmt war, auf einen Teller und stellte beides auf den Tisch. Sandrine hatte die Zeitung aus dem Briefkasten mitgebracht, blätterte jetzt auf die zweite Seite. Ich betrachtete meine Tochter verstohlen und ein wenig Vaterstolz erfüllte mich. Heute war sie nicht in Schwarz gekleidet. Ein aus bunt bedrucktem Stoff bestehendes Sommerkleid schmiegte sich ihrer schlanken Figur an. Plötzlich, ich fürchtete schon, dass sie meinen Blick bemerkt hatte, schaute sie hoch, Wut in ihren Augen.

„Ich glaube, dass ich mein Studienfach wechseln werde", zischte sie. Sei still, Leander, ermahnte ich mich. Höre dir zuerst ihre Begründung an, denn ich war mir sicher, dass der Grund für ihren Ausbruch in dem Artikel steckte, den sie gerade las. Einer der Erziehungsgrundsätze ihrer Mutter besagte: „Wenn du etwas anfängst, führe es bis zum Abschluss." Offensichtlich gedachte Sandrine, sich in der Frage der Studienfachwahl nicht an diesen Grundsatz zu halten.

„Wenn ich das hier lese und mir vorstelle, später für einen solchen Typen arbeiten zu müssen, nee Papa, das will ich nicht."

Ich las die Überschrift: „Ehemaliger Ministerpräsident geht zum Baukonzern".

„Ob man jedem Politiker unterstellen kann, dass es ihm eigentlich nur um die Kohle geht, weiß ich nicht."

„Dafür gibt es aber eine ganze Reihe von Beispielen."

„Stimmt, und deshalb glaube ich, dass die sich einen Scheißdreck um die Interessen ihrer Wähler scheren."

„Nimm doch diesen Heini, der damals angetreten war, die Atomkraftwerke abschaffen zu wollen. Heute sitzt er im Vorstand eines Atomenergieriesen."

„Glaubst du, dass der schon während seiner Amtszeit für die gearbeitet hat?"

„Ganz sicher, von nichts kommt doch nichts."

„Am Anfang waren die doch anders."

„Stimmt. Da standen sie am Infostand, steckten Flyer in Briefkästen, sprachen mit ihren zukünftigen Wählern, begrüßten auf Versammlungen Parteifreunde mit Händedruck und Schulterklopfen, redeten den Leuten nach dem Mund."

„Nicht zu vergessen die rhetorischen Mittel, die sie sich angeeignet hatten; blickten am Rednerpult stehend mal in diese, mal in jene Richtung."

Wir hatten uns warm geredet, gingen aufeinander ein, ergänzten uns. Und wieder war ich stolz auf meine Tochter.

„Erinnerst du dich noch an den jungen Christlichen, der gefordert hatte, Fünfundsiebzigjährigen kein Gebiss mehr zu verschreiben. Die sollten sich doch in diesem von Gott gegebenen hohen Alter auf flüssige Nahrung umstellen."

„Und ob, der sitzt doch heute im Vorstand dieser Partei."

„Und warte es ab, morgen sitzt er im Aufsichtsrat der Bundeskrankenkassenvereinigung."

„Vielleicht dürfen Politiker der Partei, die heute Steuerermäßigungen für Bordellbesitzer fordert, morgen, wenn sie nur noch bei Nutten einen hochkriegen, umsonst in entsprechende Häuser."

„Sandrine, diese Ausdrucksweise hast du aber nicht von mir?"

„Nein, vermutlich von der Mama."

Wahrscheinlich hätten wir so weitergeblödelt, wenn nicht Sonja gerade um die Hausecke gebogen wäre.

„Es ist Zeit, mit den letzten Vorbereitungen zu beginnen – hallo Sandrine, ich hab dich gar nicht kommen gesehen."

„Wo dir doch sonst kaum etwas entgeht", reagierte meine Tochter, wie mir schien, etwas aggressiv. Weibliches Konkurrenzverhalten, vermutete ich.

„Na dann", meinte ich, „richten wir zunächst den Festplatz ein."

Damit hatte sich die Angelegenheit Studienfachwechsel zunächst erübrigt.

Neun
Drei Tische mit Stühlen drum herum hatten wir aufgestellt. Selbstbedienung war angesagt. Es lief gut an. Bekannte hatten sich zusammengesetzt. Die jungen Leute, Sandrine, Maria, Karsten und Benni, am Tisch neben der Tanzfläche. Ein paar Kunden, die ich kaum kannte, in der Mitte der Terrasse und in der Nähe zur Veranda Sonja und ich.

Frau Schuster und Herr Fabuschewski hatten es sich wohl anders überlegt. Doch dann, es begann schon zu dunkeln, klingelte mein Telefon.

„Entschuldigung, Herr Parow, aber wir haben überraschend Besuch bekommen, eine Freundin aus Berlin."

Das war Frau Schuster. Ich zögerte nicht, sie ebenfalls einzuladen.

„Einen Moment bitte, ich werde sie fragen." Und nach einer kurzen Pause: „Wir sind schon unterwegs."

Was ich im Gegensatz zu Sonja nicht vermutet hatte, trat ein. Gegen elf wagten sich die Ersten vom Tisch der jungen Leute auf die Betonplatte, tanzten zu den Songs der sechziger Jahre. Bald gesellten sich Sonja und Herr Fabuschewski, Frau Schuster und Frau Neuber dazu.

Von der Veranda aus, ich hatte dort das Licht gelöscht, beobachtete ich das Geschehen, nach Tanzen war mir nicht zumute. Herr Fabuschewski und die beiden Frauen, Karen Schuster und Irina Neuber, erregten meine Aufmerksamkeit. Ich wusste, dass er mit Karen Schuster zusammenlebte, für mich ließ die Art, wie er abwechselnd mit der einen oder anderen tanzte, zumindest auf eine intensive Vertrautheit zueinander schließen. Wie schon so oft in letzter Zeit, seitdem ich mich mit den Chatten beschäftigte, verglich ich das Heutige mit dem Damaligen.

Es gab noch ein Trio, das meine Aufmerksamkeit erregte: Sandrine, Benni Jordan und Karsten Baumeister. Doch anders als bei den älteren dreien registrierte ich bei den Jungen ein Konkurrenzverhalten, das sich darin äußerte, dass, wenn Sandrine mit dem Einen tanzte, der Andere den beiden verstohlen missmutige Blicke zuwarf. Da würde ich mich auf gar keinen Fall einmischen. So unterhielt ich mich später mit Maria Rosbach und erfuhr dabei einiges über die Sitten in der Gemeinde ihrer Eltern, dass ich noch im Nachhinein froh war, dass Sandrine solches nicht passiert war. Marias Anlass, das Elternhaus zu verlassen, war das Verbot ihres Vaters gewesen, einen Zahnarzt aufzusuchen. Religion, ging es mir wie schon so oft durch den Kopf, ist tatsächlich ein die Realität verdrängender Mechanismus, der die Menschen daran hindern kann, der Wirklichkeit ins Auge zu schauen. Bei Sandrine und Maria schien das aber zum Glück nicht funktioniert zu haben.

Und doch scheinen Menschen schon seit Urzeiten nach Religion zu verlangen, wenn sie sich bestimmte Lebensbedingungen nicht erklären konnten, wie die Chatten das Gewitter.

Und da war sie schon wieder, die gedankliche Verbindung zu der Zeit, die ich demnächst näher in Augenschein nehmen wollte.

Insgesamt ein harmonischer Abend, besser eine Nacht, denn Donar meinte es gut mit uns, verschonte uns mit Blitz und Donner.

Außer Fabuschewski und seinen beiden Frauen blieben alle über Nacht. Sonja hatte zwei Gästezimmer vorbereitet.

„Ist es schlimm, Papa, wenn ich nicht bei dir übernachte?"

Schön, dass sie mich fragt, erkannte ich an.

„Natürlich nicht, Sandrine."

Alle hatten geholfen, und so blieben lediglich der leere Tisch und die Stühle auf meiner Terrasse stehen.

In dieser Nacht träumte ich Seltsames: Sonja und ich saßen vor einem germanischen Langhaus am Feuer.

„Donar war uns heute freundlich gesinnt, meinst du nicht?"

„Aber ja, Veleda, und morgen sollen die Äcker neu verteilt werden. Da will ich sehen, dass ich dieselben wie im letzten Jahr bekomme, denn die waren sehr ertragreich."

„Lass uns noch einmal nach den Ziegen sehen."

Wir liefen durch ein Waldstück und Sonja meinte: „Ein Drink an der Bar, das wäre jetzt nicht schlecht."

Und wie aus dem Boden gewachsen, saß neben einer Buche Bruni auf einem Barhocker.

„Hier ist noch Platz", rief sie und zeigte neben sich. Doch da war nichts, kein weiterer Barhocker weit und breit.

„Hier, Leander, direkt neben Manfred ist noch einer frei." Bruni, die gerade noch mit einer schwarzen Hose bekleidet gewesen war, trug plötzlich eine Art Unterrock mit Spaghettiträgern und dazu gebundene Ballettschuhe an den Füßen. Das ganze Bild war in ein bräunliches Rot getaucht. Abendrot im Wald, vermutete ich. Und plötzlich, wie aus dem Nichts, tauchte hinter einem Baum ein Pferd mit Reiter auf.

„Hoffentlich stimmt der Spruch vom Abendrot, Sonja."

Ich sah mich suchend um, konnte aber Sonja nirgendwo entdecken. Plötzlich öffneten sich die Schleusentore. Sonja stand mit jeweils einem Fuß auf einem der Tore. Will sie einen Spagat machen, fragte ich mich. Da stürzte sie schon in die Tiefe. Ich wollte ihr zu Hilfe eilen, doch eine unsichtbare Kraft hielt mich, wie an einen Baum gefesselt, fest.

„Sieh zu, wie du allein zurechtkommst, auch wenn du noch einmal dem Tod von der Schippe springen solltest", rief Bruni, die noch immer auf dem Hocker saß.

„Leander!", rief jemand, und dann: „Papa!" Ich öffnete die Augen. Noch immer lähmten der Schreck und die Angst um Sonja meine Glieder.

„Was ist?", rief ich.

„Das Frühstück ist fertig!"

Als ich nach einer Katzenwäsche um die Ecke meines Inselhauses bog, saßen alle, auch Sonja, um den Tisch vor dem Schleusenhaus. Erst jetzt, als ich sie alle so friedlich da sitzen sah, war ich endlich erleichtert.

Zehn
  Im Herbst erlebte ich das erste Mal das Lahnhochwasser. Eine Woche lang blickte ich, wenn ich aus meinem Schlafzimmer- oder Küchenfenster schaute, auf einen großen See. Sonja hatte mir das Szenario zwar schon kurz nach meinem Einzug im Sommer beschrieben, doch eine solche Veränderung der Landschaft hatte ich mir nicht vorgestellt. Was hatten wohl die Chatten, die vor zweitausend Jahren hier im Gaawi-Lagona, dem Land am Wasser der Lahn, lebten, empfunden? Solche Gedanken ließen mich nicht los, seit ich mich in meiner Freizeit mit der Geschichte der Chatten beschäftigte.
  Ausreichend freie Zeit hatte ich ja, seitdem Sonja ihre Liebe für mein Dienstleistungskombinat entdeckt hatte. „Endlich eine Aufgabe, die über Haus und Garten hinausgeht", gestand sie mir eines Tages. Ich hätte gut und gerne drei Monate Urlaub machen können, ohne dass meine Abwesenheit im Geschäft aufgefallen wäre. Zufrieden aber war ich mit meinem Leben nicht. Manchmal überkam mich, ohne dass ich einen Grund dafür erkennen konnte, eine seltsame, unangenehme Ahnung, der ich gedanklich nicht weiter folgte. Ich tat sie mit dem Älter-Werden und dem Glauben an eine damit verbundene Krise ab. Von Zeit zu Zeit telefonierte ich mit Bruni. Gesehen hatten wir uns seit meinem Auszug nicht mehr. Sonjas Beschäftigung in meinem Laden brachte es mit sich, dass sie mich nicht mehr so intensiv wie in der ersten Zeit bemuttern konnte. Das war mir recht, langsam aber fürchtete ich, zu einem Einsiedler zu werden.
  Um Sandrine brauchte ich mir keine Sorgen zu machen. Sie studierte ernsthaft, war bei ihrer Fächerkombination geblieben. Im Stillen hoffte sie für die Zeit nach ihrem Studienabschluss auf eine Anstellung bei einem Abgeordneten der Linken. „Die werden hoffentlich nicht so wie das korrupte Pack der kapitalhörigen Parteien", gestand sie mir einmal.
  Vor einiger Zeit war ich auf's Geratewohl zur Geschäftsstelle des Fördervereins „Römisches Forum" nach Waldgir-

mes gefahren. Ich ließ mir Informationsmaterial geben und erfuhr von einer Führung, die an einem Sonntag stattfinden sollte. Ich fuhr hin, hörte mir alles kommentarlos an, rekapitulierte und ergänzte später:

Friedlich hätten Römer und Germanen im Tal der Lahn zusammengelebt, hätten miteinander Handel getrieben, und das sei durch Funde von Geräten aus römischer und germanischer Produktion belegbar, meinte der Mann vom Förderverein. Da kamen mir die ersten Zweifel. Exponate unterschiedlicher Herkunft sagen noch gar nichts über die Bedingungen aus, unter denen ihr Austausch stattgefunden hat. Handel oder Raub, beides ist möglich. Offen erschien mir weiterhin die Frage, wer das Standbild des Augustus vom Sockel gestoßen und zertrümmert hatte. Ein Archäologe von der Römisch-Germanischen Kommission behauptete, es seien rebellische und enttäusche römische Soldaten gewesen – nach der großen Schlacht. Belegt war nichts.

Der Mann berief sich auf römische Hofgeschichtsschreiber, die, so meinte ich, natürlich im Sinne ihrer Herren die Geschichte deuteten. Einer von denen wurde zitiert: „Die Römer hatten dieses Gebiet", gemeint war das rechtsrheinische, „nicht als geschlossenes Territorium in ihrem Besitz, sondern beherrschten nur Teile, wie diese gerade unterworfen worden waren. Ihre Truppen überwinterten dort und gründeten Städte, und die Barbaren passten sich ihrer Ordnung an, gewöhnten sich an Märkte und trafen sich in friedlichen Versammlungen." Ließ man zunächst einmal Begriffe wie „beherrschen" und „unterworfen" außer Acht, klang das Ganze für mich nach einer heilen Welt, dort, wo sich heute die Stadt Lahnau-Waldgirmes befindet.

Schaute man genauer hin, so hatte dieser römische Geschichtsschreiber, Cassius Dio, auch anderes geschrieben, und zwar über Varus, der von Tiberius den Oberbefehl über die Rheinarmee übernommen hatte. Der hatte, mit seinen Erfahrungen aus Syrien, sich angeschickt, in Germanien ebenso vorzugehen wie dort. Er hatte seine Hauptaufgabe darin gesehen, diejenigen, die durch das Schwert nicht unterworfen werden konnten, durch das Recht gefügig zu machen. Er hatte versuchte, die Germanen rasch umzuformen, „indem er ihre Verhältnisse kraft seiner Amtsgewalt regelte und insbesondere von ihnen wie von Unterworfenen Tribut eintrieb, da hatte ihre Geduld ein Ende".

Fazit: Die Römer hatten ein Gebiet unterworfen und in Besitz genommen, das sie fortan beherrschten. Die Germanen sollten durch römisches Recht gefügig gemacht werden. Von den Unterworfenen wurde Tribut eingetrieben. Über deren Geduldsende würde noch zu reden sein. Der Sache wollte ich nachgehen.

Zurück zur Führung. Ich wartete, bis alle anderen gegangen waren, und bat dann den Mann, noch etwas sagen zu dürfen. Er ging freundlich auf meine Einwände ein und ermunterte mich darin, meine Vorstellungen vom Leben der Chatten in dieser Gegend zu Papier zu bringen.

Eigentlich glaube ich nicht an Zufälle – und doch, was war das anderes als ein solcher? Sonja war in meinem Laden zugange und ich wieder einmal überflüssig. Ich glaube kaum, dass sie es überhaupt vernahm, als ich sagte, dass ich mal kurz ins Café gegenüber gehen wolle. Ich bestellte mir einen Milchkaffee und blickte hinaus auf den Eisenmarkt. Spötter behaupteten, saß man eine Stunde hier, hätte man alle Wetzlarer gesehen. Doch tatsächlich entdeckte ich plötzlich Herrn Fabuschewski, der die Krämerstraße herunterkam. Von meinem Platz am Fenster aus winkte ich ihm zu, und er kam herein, setzte sich zu mir. Auch er bestellte sich einen Milchkaffee. Wir kamen ins Gespräch, und er fragte mich nach dem Fortgang meiner Erkundigungen in Sachen Germanen und Römer im Lahntal. Da erinnerte ich mich, dass ich ihm im Laden einmal davon erzählt hatte. Ich teilte ihm meine Bedenken hinsichtlich des angeblichen friedlichen Zusammenlebens der beiden Völker in dieser Gegend hier mit.

Einen Moment lang blickte er hinaus auf den Eisenmarkt, dann zu mir und lachte plötzlich. Doch ehe ich ihn nach dem

Grund der Belustigung fragen konnte, begann er: „Ich hörte da von dem Bildhauer, der den Auftrag übernommen hatte, anhand der vorliegenden Bronzescherben und deren Größenvorgaben eine Nachbildung des Reiterstandbildes zu fertigen. Dabei sollte er darauf verzichten, den römischen Kaiser Augustus als das darzustellen, was er war, nämlich ein gerüsteter Feldherr. Der Bildhauer ging zunächst darauf ein. Später wurde ihm dann klar, dass er damit dazu beitrüge, die Geschichte zu verdrehen. Die Auftraggeber wollten mit dem Standbild ihre Theorie verdeutlichen, dass hier, im Tal der Lahn, Römer und Germanen friedlich zusammengelebt hätten. Auch wenn es so war, dachte der Bildhauer, dass diese Römerstadt kein Heerlager war, kann man daraus noch lange nicht auf ein friedliches Miteinander der beiden Völker schließen. Denn wie auch immer kamen die Römer als Eroberer und trieben als solche hier ihr Unwesen, plünderten die Chatten aus und machten viele von ihnen zu Sklaven und nahmen sie in ihren Dienst.

Zu dieser Erkenntnis kam der Bildhauer aber erst, als er sein Werk vollendet hatte und das neue Reiterstandbild aufgestellt worden war. Da fuhr er heimlich mit einem Kumpel hin und schweißte nachträglich dem Pferdekopf die kriegerischen Merkmale an."

Ich dankte Herrn Fabuschewski und erklärte, dass diese Geschichte ein Beleg für meine Theorie sei.

Vierzehn Tage darauf übersandte ich dem Mann vom Römerforum meinen Text per E-Mail. Es dauerte nicht lange, und ich wurde zu einem Gespräch nach Waldgirmes eingeladen. Man wollte mit mir über Verwendungsmöglichkeiten meiner Überlegungen sprechen. Ich selbst hatte schon darüber nachgedacht und wollte vorschlagen, mit Schülern einer hiesigen Schule darüber zu arbeiten. Das Thema könnte lauten: „Römer und Chatten im Tal der Lagona". Ich setzte mich vor meinen Rechner und formulierte kurz meine Vorstellungen, um sicherzugehen, bei dem Gespräch nichts zu vergessen.

Dann machte ich es mir vor dem Fernseher gemütlich – High Noon –, wie oft hatte ich diesen Streifen schon gesehen?

Heute Abend sollte die Besprechung in der Geschäftsstelle des Fördervereins stattfinden. Um neunzehn Uhr machte ich mich auf den Weg. Schmuddelwetter mit Temperaturen um den Gefrierpunkt. Bei der Ausfahrt Lahnau verließ ich die Bundesstraße. Ich kannte die Strecke, war sie bisher jedoch nur bei Tageslicht gefahren. Jetzt herrschte Dunkelheit und leichter Schneefall hatte eingesetzt. Plötzlich war sie wieder da, diese seltsame, dunkle Vorahnung. Nein, das war keine Vorahnung, es war Angst. Doch wovor sollte ich Angst haben? Schneefall war mir schließlich nichts Unbekanntes. Ich hatte gelernt, „mit dem Hintern zu fahren", so nannte ich das einmal und alle Anwesenden hatten gelacht. Doch als ich erklärte, dass ich in der Lage zu sein glaubte, Straßenverhältnisse durch Körperkontakt über den Autositz zur Straße beurteilen zu können, lachte man nicht mehr. Keine Gefahr, signalisierte mir jetzt mein Hintern.

Der Schneefall hatte zugenommen, die Flocken waren kleiner geworden. Ich überquerte die Lahn, verließ das offene Gelände, fuhr in ein Waldstück. Die Sicht wurde wieder besser, der Schneefall schien nachzulassen. Beruhigt erhöhte ich die Geschwindigkeit, musste mich jetzt schon beeilen, wollte ich um halb acht in Waldgirmes sein. Vor mir eine scheinbar ungefährliche, weil lang gezogene Kurve. Dann, plötzlich, die Meldung über den Körperkontakt zur Fahrbahn kam Sekundenbruchteile zu spät. Der Wagen reagierte nicht mehr auf meine Lenkbewegungen, schleuderte. Wie in Zeitlupe nahm ich den Flug wahr.

„Wenn du wieder einmal dem Tod von der Schippe ..."

Dritter Teil

Eins

Das Licht der frühen Sonne dringt durch das Geäst der Buchen. Das helle leuchtende Grün stimmt Lanto auf einen schönen Tag ein. Den gestrigen Tag über war er ununterbrochen gelaufen. Das gehört zu dem Urteil, dass er sich zunächst einen Tagesmarsch weit von seiner Sippe zu entfernen habe.

An mehr kann er sich nicht erinnern. Rechtzeitig vor Sonnenuntergang errichtete er sein Lager für die Nacht. Ein Blick zum Himmel genügte, es würde nicht regnen in der Nacht. Aus Gras und dünnen Ästen bestand die Lagerstatt. Ein Feuer errichtete er nicht, das dauerte zu lange. Eine Handvoll Beeren und ein paar weiche Wurzeln bildeten sein Nachtmahl. Schon im Halbschlaf, griff er neben sich, vergewisserte sich, dass der Bogen und der Köcher mit den Pfeilen in Reichweite lagen.

Nun richtet er sich auf, dankt Wodan, dem im Sturmwind dahinbrausenden Jäger, für den geruhsamen Schlaf der letzten Nacht. Jetzt, da er eine Bedingung des Urteils erfüllt hat, geht er daran, seinen Lagerplatz wind- und wasserdicht zu machen. Aus Buschwerk flicht er eine zeltartige kleine Hütte, die ihm in der Nacht Schutz bieten wird.

Weil seine Vorräte an Nahrungsmitteln aufgebraucht sind und er sich bisher ausschließlich von getrockneten Früchten und Pilzen ernährt hat, will er heute sein Jagdglück versuchen. Er hängt sich den Köcher mit den Pfeilen über die rechte Schulter, nimmt den Bogen aus Buchenholz in die linke Hand und macht sich auf die Pirsch.

Seine Augen sind auf den Waldboden gerichtet, suchen nach Wildspuren. Bald hat er eine Fährte entdeckt. Rehe, denkt er. Die Fährte ist frisch, weit können sie nicht sein. Er folgt den Rehen mit schnellen Schritten. Der Wald lichtet sich. Vorsichtig nähert er sich den Büschen am Waldrand, verharrt dort regungslos.

Jenseits der Büsche, auf einer Waldlichtung, grasen die Rehe. Er schätzt die Entfernung auf ungefähr einhundert Schritte. Kurz entschlossen legt er an und der Pfeil schwirrt von der Bogensehne. Er hat Glück, ein Reh bricht zu Tode getroffen zusammen. Die anderen wenden sich zur Flucht. Er richtet seinen Blick zum Himmel, dankt Wodan für den Jagderfolg. Er ist stolz auf seine Leistung. Fast alle haben sie ihn belächelt, als er in der freien Zeit die Handhabung von Pfeil und Bogen geübt hat. Den Bogen und die Pfeile hat er selbst gefertigt. Auch auf deren Qualität ist er jetzt stolz.

Als andere aus seiner Sippe seine Schießergebnisse bewunderten und es ebenfalls probieren wollten, verweigerte er ihnen die Bitte, seinen Bogen benutzen zu dürfen.

An Ort und Stelle nimmt er das Reh aus, lädt es sich auf die Schulter und begibt sich auf den Weg zurück zu seiner kleinen Hütte.

Auf seiner Wanderung hierher orientierte er sich am Lauf des heiligen Flusses der Lagona, hielt sich jedoch immer in einiger Entfernung, weil es zum Urteil gehörte, Gaawi, das Land am heiligen Wasser, nicht betreten zu dürfen. Nach dem Urteil der Sippenältesten und ihrem Sprecher, dem Häuptling, hat er das Recht verwirkt, vom heiligen Wasser zu trinken oder darin zu baden.

Bei der Hütte angelangt, beginnt er mit der Verarbeitung der Beute. Alles würde er verwerten, auch wenn es für ihn in seiner jetzigen Lage keine Möglichkeit gibt, das Fell des Rehs zu gerben. Schutz bietet auch die harte Haut, meint er. Doch das Beste steht ihm für den Abend bevor. Heute hat er genug Zeit, ein Feuer zu entfachen.

Lanto kramt in seinem Lederbeutel, murmelt vor sich hin: „Trockenes Moos – dürres Gras – zerkleinerte trockene Zweige – dann einen Stab aus hartem Holz – zum Schluss ein Brettchen." Bedächtig klemmt er das kleine Brett zwischen die Füße, sodass es nicht verrutschen kann. Es ist aus weichem Holz geschnitten – aus Lindenholz, mit einer Vertiefung obendrauf. Er setzt den Stab aus hartem Holz genau in die Vertiefung und beginnt zu quirlen. Schnell, immer schneller drehen seine Hände den Stab. Er reibt das Holz warm, wärmer, heiß. Ein feiner sengriger Geruch steigt auf. Funken glimmen. Rasch legt er trockenes Moos drauf, pustet vorsichtig, bis ein Flämmchen züngelt. Nun legt er dürres Gras und Zweige drauf und schiebt das Brett aus Lindenholz zur Seite. Schließlich legt er Reisig, Astbruch und dicke Knorren nach. Das Feuer lodert und Lanto sendet ein Dankgebet an Donar, der für das Gelingen zuständig war.

Heute kann er sich so richtig satt essen. Den Rest des Fleisches würde er morgen zum Trocknen aufhängen. Warum soll ich eigentlich weiterwandern, fragt er sich, als er sich in seine kleine Hütte zurückgezogen hat. Jagen und Sammeln kann ich hier im Wald – und Fischen? Doch warum soll ich mich nicht über das Verbot hinwegsetzen, wenn das doch niemand meiner alten Sippe beobachtet? Und überhaupt, was war da überhaupt passiert? Er kann sich nicht erinnern. Welche Verbote waren ihm auferlegt worden und was hat er verbrochen? Angst beschleicht ihn. Schließlich schläft er doch ein.

Zwei

Wo bin ich hier? Voller Unruhe kriecht er ins Freie, aber erst, als er das Fell hängen sieht, erinnert er sich an den vergangenen Tag. Etwas ist verändert. Das Fleisch, das er zum Trocknen aufgehängt hat, ist verschwunden. Selbst die Äste, die er zu Haken gebrochen und an denen er das Fleisch aufgespießt hat, sind verschwunden. Wer war hier, als er schlief?

Wenn er weiter will, braucht er Vorräte. Also muss er etwas sammeln und vielleicht ein paar Fische fangen, in der Lagona. Er entschließt sich, das Urteil in diesem Punkt zu missachten. Von den Sträuchern in der Nähe schneidet er einen langen, gerade gewachsenen Trieb und schält die Rinde ab. Suchend blickt er sich um. Auch die Knochen, die er dem

Reh entfernt hat, sind verschwunden. Wenn er nicht wüsste, dass er von dem Fleisch gegessen hat, könnte er glauben, das Tier nicht erlegt zu haben. Keine Knochen, also behilft er sich, indem er in die Spitze des Speeres Widerhaken einschneidet.

Schließlich ist alles gerichtet. Den Hütteneingang verschließt er sorgfältig mit Astwerk. Den Bogen umgehängt, den Fischspeer in der Hand, macht er sich auf den Weg, die Lagona zu suchen. Hat er sie nicht gestern in einiger Entfernung gesichtet? Nur schwer kann er sich orientieren. Er läuft aufs Geratewohl in die Richtung, aus der er gekommen war.

Suchend gleitet sein Blick über den Boden. Er sammelt Essbares ein, verstaut es in seinem Umhängebeutel. Plötzlich bleibt er stehen, lauscht. Ein Schnattern – Enten. Da kann Wasser nicht weit sein. Witternd hebt er den Kopf. Tatsächlich, ein modriger Geruch steigt ihm in die Nase. Dann gewahrt er ihn, den Fluss, das heilige Wasser.

Bald reicht es ihm bis zu den Hüften. Den Fischspeer in der rechten Hand schaut er nach Beute aus. Lachse, Hechte oder Zander würde er gerne speeren. Da, durchs Wasser gleitet etwas. Zwei, drei, fünf Lachse schießen auf ihn zu. Er beugt sich vor, erhebt den Speer, vermeidet dabei jede Bewegung im Flusswasser. Dann stößt er zu. Und auf Anhieb hat er Glück. Nur noch einmal gelingt es ihm, einen Lachs zu speeren. Als er den Rückweg antritt, orientiert er sich am Stand der Sonne, und da er am Morgen immer geradeaus gelaufen ist, hofft er, auf diese Weise seine Hütte wiederzufinden.

Schon gibt er jede Hoffnung auf, glaubt, sich verlaufen zu haben, da sieht er von einer Waldlichtung aus die markante Eiche, die sich in der Nähe seiner Hütte befindet. Das Feuer war schon am Morgen heruntergebrannt gewesen. Nun macht er sich noch einmal die mühevolle Arbeit. Die ersten dicken Äste brennen, da nimmt er die Fische aus und filetiert sie. Die Scheiben legt er auf eine Steinplatte, die er, wenn das Feuer genügend Glut gebildet hat, hineinlegen wird, um die Fischstücke darauf zu braten.

Unruhe überkommt ihn, nachdem er es sich auf seiner Lagerstatt bequem gemacht hat. Immer wieder quält ihn dieselbe Frage: Warum haben sie ihn des Sippendorfes verwiesen? Was war geschehen, an das er sich nicht mehr erinnern kann? Ich muss es herausfinden, denkt er. Und es gibt nur eine Möglichkeit, sich Klarheit zu verschaffen: Ich muss zurück in mein Dorf. Welch ein Glück, dass ich mich immer in der Nähe des heiligen Wassers gehalten habe, das mir heute wieder Nahrung gespendet hat. Ich danke dir, Wodan.

In diesem Augenblick wird der Lachs zu seinem Totemtier. Zum Glück hat er die Fischreste nicht weit von der Hütte entfernt abgelegt. Er verlässt noch einmal seine Lagerstatt, und weil der Mond ausreichend Licht spendet, findet er, was er sucht, die Rückenflosse eines der beiden Lachse. Er nimmt sie an sich und kriecht wieder auf sein Lager. Morgen wird er die Hautreste entfernen und die Lachsflosse zum Trocknen aufhängen. Einen seiner kostbaren Pfeile wird er der Flussgöttin opfern. Sie hat ihm den Lachs gegeben. Beruhigt durch sein Vorhaben schläft er bald ein.

Ausgeschlafen führt er am Morgen aus, was er sich vorgenommen hat. Voller Inbrunst betet er später am Fluss zur Göttin Gaawja-Lagona, sie möge ihm seine Erinnerung wiedergeben. So steht Lanto eine Zeit lang bis zu den Oberschenkeln im Wasser, hält die Augen geschlossen und wartet.

Und auf einmal sieht er alles wieder vor sich: wie Albruna Sklavin wurde und er, wegen der Liebe zur Frau des Eberhard, aus der Sippengemeinschaft ausgeschlossen wurde.

Es fing damit an, dass sich auf den Gesichtern seiner Sippengenossen unfrohe Mienen ausbreiteten. „Der Sommer naht", spotteten die Bauern grimmig, „da werden die Römer bald eintreffen! Der Statthalter kam uns doch stets um diese Zeit auf den Hals, um sich mit seinen Kriegern den Sommer über von uns füttern zu lassen."

Sie behielten recht. Von der Lagona rückte das Römerheer heran. Im Sonnenschein funkelten und blitzten die Waffen und Rüstungen. Die Luft war erfüllt vom Marschtritt des

Fußvolkes, vom Hufschlag der Pferde und vom Rumpeln der Wagenräder.

Voran schritten Römer, die Rutenbündel und Beile trugen. Die Ruten und Beile bedeuteten, dass der römische Statthalter Herr über Leben und Tod war. Dann folgten auf hohen Stangen die Feldzeichen der Römer. Hinter ihnen kam der Statthalter selbst; er ritt an der Spitze seiner Offiziere. Herrisch saß er zu Pferde. Seine Augen blickten kalt aus dem fetten Gesicht unter dem Helm mit dem wippenden Helmbusch hervor. Abteilung folgte auf Abteilung. Den Zug beschloss der Tross; Fuhrwerke, die mit allerhand Werkzeugen und Geräten beladen waren. Auch viele Sklaven sowie Frauen und Kinder gehörten zum Tross. Hinter ihnen schlossen sich die Tore ihrer Stadt, Mattiacum.

Das alles berichteten die Späher der Chatten ihrem Häuptling. „Da werden sie bald hier auftauchen", meinte der. Und tatsächlich, Steuerbeamte und Soldaten kamen ins Dorf.

„Gib Vieh, Germane! Gib Korn und Felle als Steuer für den Kaiser", herrschten sie die Chatten an. Einer von ihnen wehrte sich, als ihm alles Vieh genommen werden sollte. Dabei erschlug er einen Steuerbeamten. Als ihn die Römer verhaften wollten, floh er in den Wald, wohin ihm die Soldaten wegen ihrer schweren Ausrüstung nicht folgen konnten.

Wahllos griffen daraufhin die Römer Frauen und Kinder des Dorfes, fesselten sie und führten sie als Sklaven ab. Unter ihnen auch Albruna, die Frau Eberhards.

Als wäre die Erinnerung daran wie ein Schlüssel zu seinem Gedächtnis, tauchen jetzt auch Bilder des Thing in seinem Kopf auf, das schließlich das Urteil über ihn sprach.

Er war der Römerkolonne gefolgt, hatte verzweifelt ihren Namen gerufen, Albruna! Die wandte ihren Oberkörper, mehr ließen ihre gefesselten Hände nicht zu.

„Ich werde dich zurückholen, Albruna", rief er, als er plötzlich von hinten gepackt wurde. Er drehte den Kopf und blickte in das wutverzerrte Gesicht Eberhards.

„Du hast sie mir gestohlen, Elender", schrie Eberhard Lanto an. „Jetzt habe ich den Beweis." Später, in der Verhandlung gegen Lanto, berichtete der Betrogene, wie er eines Tages das Dorf verlassen habe, um nach Schweineführten zu suchen. Plötzlich habe er Albrunas Lachen vernommen und sofort gewusst, mit wem sich seine Frau da vergnügte.

Drei

Wald, immer nur Wald, wohin sein Auge schaut. Wie viele Male es nach seiner Verbannung hell und wieder dunkel geworden ist, er weiß es nicht. Ebenso wenig hat er eine Ahnung davon, wohin sie Albruna gebracht haben. Doch er wird sie finden, darin ist er sich sicher. Und während er an sie denkt, drückt seine Hand die mit dem heiligen Wasser der Lagona geweihte Rückenflosse, sein Totem, gegen die Brust.

Buchen, Eichen, Espen, Unterholz und Gestrüpp. Seine Füße treten auf knorrige Wurzeln. Er befindet er sich auf einem Höhenrücken. Noch scheint die Sonne, doch jenseits des Tales entdeckt er dunkle Wolken. Hier oben beherrschen Nadelbäume das Bild des Waldes. Die Aussicht, hier genießbare Früchte zu finden, ist gering, aber sein Hunger ist noch nicht so groß, dass er nicht noch eine Pause einlegen könnte.

Er setzt sich unter eine der hohen Tannen, lehnt sich an ihren dicken Stamm und wendet sein Gesicht der Sonne entgegen. Die Augen hält er geschlossen, genießt das wärmende Licht. Seine Gedanken wandern, seit er wieder in der Lage ist, sich zu erinnern, zurück zum Thing, das ihn mit dem Ausschluss aus seiner Sippe bestrafte und des Dorfes verwies.

Dort, bei seinen Sippengenossen, war er für dreierlei bekannt: dafür, dass er die Arbeit auf dem Feld beherrschte. Auf seine Meinung gab man viel, weil er in der Lage war, aus seinen Beobachtungen Schlüsse zu ziehen, anstehende Feldarbeiten zu verrichten. Oft konnte er Wetterereignisse vorhersagen.

So, wie er gerade erkennt, dass die aufziehenden Wolken Regen mit sich bringen könnten. Auch darüber hat er sich oft mit Albruna unterhalten, die, obwohl noch jung, eine Seherin ist. Weiterhin brachte er es bei der Verarbeitung von Weidenruten zu höchster Perfektion. Er weiß genau, welche Weidentriebe wann geschnitten und wie gelagert werden müssen, damit sie ihre Elastizität nicht verlieren, und wie sie zu vielförmigen Körben verarbeitet werden können. Er weiß genau, wie die Weidenstämme zu pflegen sind, damit sie im kommenden Jahr erneut verwertbare Ruten austreiben. Es gelang ihm, mehr Körbe herzustellen, als in seinem Dorf gebraucht wurden.

Albruna, die Seherin, die ihn oft besuchte, wenn er vor seiner Hütte saß und einen halb fertigen Korb zwischen den Knien hatte, ermunterte ihn dazu, Lagona abwärts bei verwandten Sippen Körbe gegen Waren einzutauschen, an denen es in seinem Dorf mangelte. Zum Transport hatte er eine einfache Methode entwickelt. Trockene Stämme von Nadelholz verband er mittels Weidenruten zu einem Floß, auf dem er die Handelsware zu Nachbarsippen transportierte. Zurück zog er das Floß oft weite Strecken vom Land aus flussaufwärts.

Manchmal, wenn er keine Güter, sondern Münzen eintauschte, nahm man auch gerne das Floß als Tauschobjekt. Dann lief er zu Fuß nach Hause.

Mit Albruna sprach Lanto oft über Vergangenes. Als Seherin sei sie auf das Wissen der Alten angewiesen, meinte sie. Das sei wichtig, für uns heute und für das, was morgen passiert. „Lanto", sagte sie dann und sah sie mit einem ungewöhnlich strengen Blick an, „ich verrate dir damit das Geheimnis meines Könnens. Ich erwarte von dir, dass du das für dich behältst. Selbst Eberhard weiß nichts davon." Zum Zeichen seiner Zustimmung legte er seine rechte Hand dorthin, wo es unter der Haut pochte. Damit gab sie ihm das Stichwort, das ihn verstummen ließ – Eberhard.

Jetzt klettert er weiter, über Bäume, die der Sturm entwurzelt und umgeknickt hat. Bald muss er sich mithilfe seines eisernen Messers einen Pfad durch wucherndes Strauchwerk und durch Dornenbüsche bahnen. Behände springt er über

Erdspalten, watet durch Bäche, passt auf, nicht in ein Moor zu geraten, denn manchmal hört er das Glucksen des Moorwassers unter tückischem Grün. Sorgsam achtet er darauf, dass sein Hemdkittel und die knöchellange Hose aus Leinen nicht beschädigt werden. Anders als auf dem Höhenrücken beherrschen hier Birken und Weiden den Wald.

Aufmerksam betrachtet Lanto den Waldboden. Rehe und Hirsche haben ihre Spuren eingedrückt. Und da – Wolfsspuren! Ein ganzes Rudel muss hier vor Kurzem durch den Wald gestreut sein. Lanto verharrt wie zu Stein erstarrt und lauscht. Plötzlich knackt es im Buschwerk. Zweige brechen und eine Rotte Wildschweine stürmt mit aufgeregtem Grunzen ihm entgegen. Nur ein Sprung über drei übereinander liegende Baumstämme kann ihn retten. Er landet – und versinkt sofort im tückischen Grün.

Lanto weiß, dass es nicht von der Größe eines Moores abhängt, wie tief man in ihm versinken kann. In der Nähe seines Dorfes gab es ein heiliges Moor, in dem geopfert und Urteile vollstreckt wurden. Vielleicht war Albruna einem solchen Urteil entgangen, weil sie von den Römern entführt wurde.

Das geht ihm durch den Kopf, während er verzweifelt versucht, einen Halt zu finden. Und er denkt an seine Schuhe, die er jetzt verlieren könnte. Zum Anfertigen neuer gebundener Chattenschuhe würde er gegerbtes Leder brauchen.

Er drückt das Totem auf seine Brust, doch immer tiefer sinkt er in den mystischen Abgrund. Inzwischen hat das faulige Gemisch seinen Hosenbund erreicht. Und unaufhaltsam …
Lanto zwingt sich zur Ruhe. Hastige Bewegungen, das hat er bei Hinrichtungen beobachtet, beschleunigen das Versinken.

Da entdeckt er die Wurzel der großen Weide über ihm. Sie ist gebogen, wie ein Handgriff an seinen Weidenkörben. Nur eine Unterarmlänge trennt seine Hand von ihr. Vorsichtig macht er Schwimmbewegungen, nur mit Armen und Händen, ohne seine Beine zu bewegen. Fingerdicke um Fingerdicke schiebt er sich so der Weidenwurzel entgegen. Schon spürt er das Moorwasser am Hals. Sein Ende vor Augen, ruft, nein schreit er nach ihr und hofft, dass sie ihn hört, die Seherin: „Albruna!"

Verzweifelt streckt er seinen rechten Arm, verlängert ihn so um die Länge seines kleinen Fingers – und erfasst den Wurzelgriff. Sein erster Gedanke, und später muss er darüber lachen, gilt seinen Schuhen. Er bewegt seine Zehen und fühlt sie an seinen Füßen.

Noch einmal entfacht er vor seiner kleinen Hütte ein Feuer, an dem er Kleidung und Schuhe trocknet. Nahe den Flammen verbringt er die ganze Nacht. Einmal glaubt er Wildschweine zu hören – Eberhard, denkt er, das Schwein. Am Morgen bricht er auf, und obwohl er kaum geschlafen hat, fühlt er sich wie neu geboren.

Vier

Der wilde, unwegsame Wald, durch den er nun schon mehrere Sonnenaufgänge wandert, lichtet sich. Nach ein paar Hundert Schritten erreicht er eine Haselnusshecke, und eine breite, flache Mulde öffnet sich seinem Auge. Aus dem Wald kommt ein Bach, plätschert weiter durch das Grasland. Er biegt um eine Waldspitze, da sieht er das Dorf. Doch anders als sein Heimatdorf besteht dieses aus fünf langen Häusern und einer einzelnen, mit einem Graben umgebenen Hütte, die um einen größeren Platz so angeordnet sind, dass ihre Giebel zur Platzmitte hin zeigen. Das Ganze ist mit einem Holzbohlenzaun umschlossen. Eine Öffnung befindet sich auf der Seite, die er sieht.

Noch unentschlossen geht er weiter durch die Öffnung, bis zur Platzmitte. Niemand zeigt sich ihm. Vielleicht ist das Dorf von seinen Bewohnern verlassen worden, denkt er. Möglicherweise haben auch hier die Römer ihr Unwesen getrieben, haben alle Vorräte geraubt und anders als damals in seinem Dorf nicht nur einige gefesselt hinter sich hergezogen, sondern alle Dorfbewohner entführt.

Senkrecht über ihm die Sonne am Himmel, steht Lanto unschlüssig auf dem Platz. Er könnte in einem der Häuser übernachten und nach Sonnenaufgang weiterwandern. Da hört er hinter sich ein Rufen, versteht aber die Wörter nicht. Erschrocken dreht er sich um und erkennt in der Öffnung der runden Hütte eine Frau, die ihm jetzt zuwinkt. Er deutet ihre Handbewegung als Einladung und geht langsam, abwartend auf die Frau zu. Wie er bewegt sich nun auch die Frau auf ihn zu, sodass sie sich auf halbem Wege treffen. Sie stehen sich auf zwei Armlängen entfernt gegenüber, als er in ihr eine schon ältere Frau erkennt. Sie spricht ihn an, doch er versteht sie nicht gleich. Sie deutet auf die Eiche am Rande des Platzes. Am Fuße des Baumes liegen zu einem Kreis angeordnet einige Baumstämme. Die Frau deutet darauf, und als er sich gesetzt hat, nimmt sie ihm gegenüber Platz. Sie trägt ein langes Gewand aus grob gewebtem Flachs und Schuhe, die aus einem um ihr Fußgelenk gebundenen Stück Leder bestehen.

Jetzt schon weniger misstrauisch blickt sie ihn fragend an. Lanto spricht sehr langsam, damit sie ihn versteht, und erklärt, dass er schon lange unterwegs sei. Sie sei, sagt sie, die Sippenälteste der Elsternsippe, und dabei zeigt sie auf einen Pfahl, in den verschiedenen Zeichen eingeschnitzt sind. An oberster Stelle ein Vogel, eine Elster, nimmt er an.
Nun ist Lanto an der Reihe, sich zu erklären. Er berichtet, woher er kommt und wie er hierher gekommen ist. Auch den Grund für seine Wanderung verschweigt er nicht. Als er von Albruna und Eberhard spricht, unterbricht sie ihn und fragt nach, worin denn da eigentlich sein Vergehen bestanden habe.

Seine Erklärung scheint sie nicht zu verstehen, doch sie fragt nicht weiter nach. Ihr anfänglich deutlich erkennbares Misstrauen ist aus ihren Augen gewichen. Eine Zeit lang reden sie schon miteinander, und der Schatten, den die Eiche auf den Platz wirft, ist länger geworden. Die Alte erhebt sich, macht eine Handbewegung in Richtung der drei Häuser. Vor deren Öffnungen haben sich einige Personen versammelt, die in seine Richtung blicken.

Auf ein Zeichen der Frau hin kommen alle langsam auf Lanto zu, fünf Hände voll, schätzt er. Angekommen bilden sie vor ihm und der alten Frau einen Halbkreis. Keiner spricht ein Wort. Die Sippenälteste gibt wieder, was Lanto gesagt hat. Als sie von dem Urteil berichtet, das über Lanto gefällt wurde, reagieren die umstehenden mit Erstaunen und verlegenem Lachen.

Jetzt deutet die Frau, die sich ihm nun offiziell als Swana, die Seherin, vorstellt, auf die Lachsflosse, die an einem Flachsseil um den Hals auf seiner Brust liegt, und fragt nach ihrer Bedeutung. An alle gewandt erzählt er, wie er zu seinem Totem gekommen ist.

„Und sollte ich einmal eine eigene Sippe gründen, wird die Lachsflosse ihr Zeichen sein."

Plötzlich klatschen alle in die Hände, kommen hintereinander zu ihm hin, umarmen ihn. Da weiß er, dass sie ihn aufgenommen haben. Swana fragt ihn nach seinen Plänen. Wahrheitsgemäß antwortet er, dass er auf der Suche nach Albruna sei, der Seherin seiner alten Sippe, die von Römern entführt wurde. Von einer Römersippe, und gar einer, die Menschen entführt, habe sie noch nie etwas gehört, meint Swana kopfschüttelnd. Wenn er aber einige Sonnen ausruhen möchte, würde man ihn gerne beherbergen. Und wieder klatschen alle Umstehenden in ihre Hände. Er erkennt, dass bei den Elstern das Händeklatschen Anerkennung und Zustimmung bedeutet.

Lanto muss nicht lange überlegen. Wie lange schon hat er nicht mehr angstfrei schlafen können? Ständig war er auf der Hut gewesen, entweder das Feuer nicht herunterbrennen zu lassen oder auf die Anwesenheit wilder Tiere achten zu müssen. Dankbar blickt er deshalb die Seherin an und nimmt ihr Angebot an.

Da winkt die Sippenälteste eine junge Frau zu sich heran, wechselt ein paar Worte mit ihr, deren Sinn er nicht versteht. Lächelnd kommt die junge Frau zu ihm. „Ich bin Nanne und werde für die Zeit, die du unter uns weilst, deine Begleiterin sein. Zuerst zeige ich dir deinen Schlafplatz."

Nanne, Nanne ... irgendwie kommt ihm ihr Name bekannt vor, doch er weiß nicht, woher.

Lanto folgt ihr in eins der langen Häuser. Als sich seine Augen an die Dunkelheit, die im Inneren des Hauses herrscht, gewöhnt haben, erkennt er dessen Aufteilung. Mehr riecht er es, als dass er sie sieht, denn die eine Haushälfte beherbergt Tiere – Schweine, weiß er sofort. An einer Wand sieht er eine Feuerstelle und Kochgeräte, die dort an Haken hängen. Die Mitte des Hauses beherrscht eine große Lagerstatt, die bedeckt ist mit einer dicken Schicht Gerstenstroh. An den Wänden darüber hängen an hölzernen Haken Bekleidungsstücke, lederne Beutel und Werkzeuge.

Nanne führt ihn in eine Ecke vor der Stallwand. „Das ist deine Schlafstelle und hier", sie deutet auf die Wand, „kannst du deine Sachen aufhängen."

Inzwischen haben sich seine Augen so an die Dunkelheit gewöhnt, dass er ihr Gesicht erkennen kann. Sorgenfalten überziehen ihre Stirn. „Ich glaube, jetzt kannst du ein wenig Ruhe vertragen. Wenn du etwas brauchst, findest du mich draußen bei den anderen." Sie dreht sich um und entschwindet durch die Öffnung in der Giebelwand.

„Lanto", flüstert Nanne leise, und sofort ist er hellwach, springt von seinem Lager hoch, „was ist los?"

Erschrocken weicht Nanne zurück. „Es ist nichts, beruhige dich. Ich will dich nur fragen, ob du am Essen teilnehmen möchtest."

Da weiß er wieder, wo er sich befindet.

„Wie lange habe ich geschlafen?"

„Schau, gerade verlässt uns die Sonne."

„Was muss ich tun?" Immer noch ist ihm ein wenig benommen.

„Gar nichts, du bist unser Gast. Folge mir einfach."

Hinter einem der Häuser, im Windschatten, brennt ein Feuer, nicht lodernd, aber mit viel Glut. Auf einem Gestell über der Glut eine Schweinehälfte. Allein der Geruch bereitet ihm Appetit.

Ein Mann dreht den Spieß, schnell genug, dass das Fleisch nicht verbrennt. Die Sippe sitzt im weiten Kreis um das Feuer. Nanne zieht ihn zu einem freien Platz und bedeutet ihm, sich mit ihr zu setzen.

Die Gespräche verstummen, als die Seherin aufsteht. Sie wendet sich an Lanto: „Man hat mich beauftragt, dich zu bitten, uns von dir zu erzählen. Und wenn du nichts dagegen hast, würden wir uns gerne einmal dein Messer ansehen."

Wieder hat sie langsam genug gesprochen, dass er alles verstehen konnte. Bereitwillig löst Lanto sein Messer vom Gürtel und reicht es seinem Sitznachbarn. Der betrachtet es eingehend, fährt mit einer Fingerspitze über die Schneide, nickt anerkennend mit dem Kopf und gibt es weiter in die Runde.

Lanto kommt Swanas Aufforderung nach, erhebt sich, und augenblicklich herrscht Ruhe im Rund.

„Mein Dorf ist etwas größer als das eure", beginnt er und blickt hinüber zum Feuer, wo immer noch in aller Ruhe der Spieß gedreht wird. Swana hätte ihn sicher nicht aufgefordert zu berichten, wäre das Fleisch schon gar. Also fährt er fort:

„Bei uns sind die Arbeiten verteilt. Männer machen andere als Frauen. Jeder macht das, was er am besten kann." Er glaubt das näher erklären zu müssen und gibt ein paar Beispiele: „Frauen und Mädchen spinnen Wolle oder Leingarn. Sie weben Leinwand oder Wolltuch. Sie schneidern Knöchelhosen und Kittelhemden für die Männer." Er läuft herum und zeigt auf seine Kleidung. Einige greifen nach dem Leinen, fühlen wohl den Unterschied zu ihrem Flachsgewebten. Wieder an seinem Platz angelangt, wartet er, bis das aufgeregte Murmeln verebbt, bevor er weiterspricht: „Die Männer stellen Werkzeuge her, wie zum Beispiel solche Messer."

Obwohl sie es alle schon in ihren Händen hatten, hält er es noch einmal hoch und registriert die Bewunderung in den Augen der Männer.

„Andere reparieren Werkzeuge, schleifen die Messerschneiden oder schnitzen neue Hackenstiele. Für die Feldarbeit benutzen wir einen Pflug, der eine Schar aus demselben Material hat, aus dem mein Messer gemacht ist. Wenn dann die Feldarbeit beginnt, müssen diese Arbeiten abgeschlossen sein, denn dann sind alle Männer auf dem Feld beschäftigt. Sie bauen Gerste, Weizen, Dinkel, Hirse, Linsen, Erbsen, Lein und Flachs an …"

Lanto hört einige miteinander tuscheln und schaut in die Runde. Offensichtlich gibt es Fragen.

„Möchte jemand eine Frage stellen?", wendet er sich an die Runde. Ein Mann hebt die Hand. Lanto bedeutet ihm, zu sprechen.

„Ich bin Iwar und arbeite bei uns auf dem Feld. Das meiste von dem, was ihr anbaut, kennen wir auch hier. Nur was ist Lein?"

„Mein Hemd hier ist aus Leinen. Aus der Pflanze gewinnen wir ein Garn, das feiner ist als Flachs und ein wohlschmeckendes Öl."

Da ist der Bann gebrochen, und wäre nicht das Fleisch fertig gebraten, hätte es bestimmt noch mehr Fragen gegeben.

Doch jetzt steht die Sippenälteste auf und hebt gebieterisch ihren rechten Arm. Sofort tritt Ruhe ein. Sie weist darauf hin, dass es nun an der Zeit ist zu essen, und an Lanto gewandt: „Wir danken dir für deinen Bericht. Sicher gibt es noch Gelegenheit zum Erfahrungsaustausch. Wenn du möchtest, kannst du morgen an der Wahl der neuen Sippenältesten teilnehmen, denn für mich ist es bald an der Zeit, Frija aufzusuchen."

Lanto weiß, dass Frija die Göttermutter und Göttin der Fruchtbarkeit ist, und stellt deshalb keine Frage. Gerne nimmt er die Einladung der alten Seherin an. Nach dem Essen will er mit Nanne darüber reden.

Fünf

Zum gegrillten Schweinefleisch gibt es Weizenfladen, die auf flachen Steinen am Rand des Feuers gebacken wurden. Nanne hat er aus den Augen verloren, denn jetzt ist er von Männern umringt, die ihn mit Fragen überhäufen. Fragen danach, wie in seiner Sippe gearbeitet wird. Meint dann einer, es demnächst ähnlich versuchen zu wollen, weist ihn ein anderer darauf hin, dass man zuerst die Sippenälteste befragen müsse. Lanto gewinnt den Eindruck, dass in dieser Sippe die Frauen das Sagen haben.

Er fragt nach. „Aber ja", meint einer, „das war schon so, als noch alle Männer zur Jagd gingen und wir nicht ständig an einem Lagerplatz blieben. Die Alten sprechen davon, wenn wir zusammen am Feuer sitzen."

Inzwischen ist das Feuer heruntergebrannt. Man verabredet sich für den Sonnenaufgang und alle ziehen sich in die langen Häuser zurück. Nur mit Mühe findet Lanto seinen Schlafplatz. Er nimmt den langen Umhang vom Haken an der Wand, legt sich auf das Strohlager und zieht den Umhang über sich. Auf einmal hört er es rascheln neben sich und spürt Bewegung. „Wer ist da?", flüstert er.

„Ich bin es, Nanne, und mir ist kalt."

Ohne auf seine Reaktion zu warten, rückt sie ganz dicht an ihn heran. Ganz so kalt scheint es ihr doch nicht zu sein, spürt er. Da breitet er den Umhang über sie beide.

Nanne murmelt etwas, was er nicht versteht.

„Was sagtest du?"

„Nichts Besonderes. Ich spreche zu Frija."

Als er wach wird, tastet er neben sich, doch Nanne ist verschwunden, und auch sonst befindet sich niemand in diesem Teil des Langhauses. Von nebenan hört er das Grunzen der Schweine. Durch die Öffnung an der Giebelseite dringt Sonnenlicht herein.

„Einen Gast wecken wir nicht, wenn wir mit der Arbeit beginnen", meint Nanne, die plötzlich vor ihm steht.

„Ich habe uns ein paar Reste vom Essen eingepackt, denn ich will dir unsere Felder, die Wiesen und den Wald zeigen, alles, was unserer Sippe gehört."

Lanto nimmt ihr den Beutel ab, hängt ihn sich über die Schulter.

„Gibt es Wasser in der Nähe?"

„Aber ja, du wirst sehen."

„Ich muss noch einmal ins Haus."

Wieder zurück, hält er den Speer in der Hand. Fragend schaut sie ihn an.

„Wo Wasser ist, da sind auch Fische."

Da geht sie ihm voraus.

Die Anordnung ähnelt der, die er kennt. Hinter den Häusern Gärten, in denen Frauen arbeiten. Angelegte Weidenhecken, wie er sie zuhause anlegt, indem er das Flechtwerk anwachsen lässt, entdeckt er nicht. „Wie schützt ihr die Pflanzen in den Gärten vor Tieren, die sich dort gerne bedienen?", fragt er Nanne. Das sei ein Problem, denn manchmal sei, kaum dass etwas gepflanzt worden sei, alles weggefressen. Da berichtet er von seiner Zaunmethode. Eine Frau, die sich zu ihnen gesellt hat, hört ihm interessiert zu, fragt nach. Lanto schneidet von einem nahestehenden Strauch ein paar Äste und demonstriert der Frau seine Zaunmethode. Die will versuchen, die anderen vom Nutzen nachwachsender Zäune zu überzeugen. Sie gehen weiter. Direkt hinter der Dorfumzäunung beginnen die Felder, auf denen er nur Männer bei der Arbeit sieht. Später wird Nanne ihm den Ochsen zeigen, der zur Anbauzeit den hölzernen Pflug zieht, und Lanto wird bei dieser Gelegenheit die Vorteile der eisernen Pflugschar beschreiben. Haltbarer sei die und wühle den Boden tiefer auf, der dadurch fruchtbarer wird.

Jetzt führt ihn Nanne über die Felder hinaus zu den Weiden, auf denen Ochsen und Kühe grasen. Schließlich erreichen sie den Wald, in dem Eichen, Buchen, Birken und Eschen stehen. Da erinnert sich Lanto an sein Moorabenteuer, von dem er Nanne erzählt. Sie setzen sich auf einen umgestürzten Baumstamm und Nanne packt aus, was sie zum Essen mitgenommen hat. Auch hier gäbe es Moore, meint sie, und einer sei ein heiliger Ort für ihre Sippe.

„Werden dort auch Ehebrecherinnen hingerichtet?", fragt er.

„Ich verstehe nicht", sagt Nanne und blickt ihn fragend an.

„Nun, die Frauen gehören doch einem Mann, von dem sie Kinder kriegen."

„Warum ist das bei euch so?"

„Na, der Mann muss doch wissen, wer seine Nachkommen sind."

„Warum muss er das denn wissen?"

„Damit er sichergehen kann, dass sein Land nach seinem Tod an seine eigenen Kinder weitergegeben werden kann."

„Warum denn weitergeben?"

Lanto glaubt, Nanne wolle ihn ärgern mit ihrer Nachfragerei. Das sagt er ihr.

„Lanto", meint sie erbost, „ich will dich nicht ärgern, nur bei uns gibt es das nicht. Hier gehört das Land allen Sippenangehörigen, wie auch die Ernte allen zugutekommt. Wir verteilen jeweils vor der Anbauzeit das Ackerland neu."

Lanto überdenkt das Gehörte und er erkennt den Unterschied zu den Gesetzen in seinem Dorf.

„Wenn dem Mann kein Land gehört, muss ihm auch keine Frau gehören."

„So ist das bei uns, Lanto."

„Dann gehörst auch du keinem Mann?"

„Nein, natürlich nicht."

„Und mit wem wirst du Kinder haben?"

„Das weiß ich noch nicht. Doch bei uns gehören die Kinder der ganzen Sippe. Sind die Mütter unterwegs, werden sie von den Alten versorgt."

„Da hab ich noch eine Frage."

„Ja?"

„Wie lange wirst du dann mit dem Mann zusammenleben, mit dem du Kinder hast?"

Nanne überlegt, glaubt zu verstehen, warum er sie das fragt. Sie lächelt ihn vielsagend an, als sie sagt: „So lange, wie wir das beide wollen."

Schweigend laufen sie weiter. Bald öffnet sich der Wald und sie gehen über Wiesen, die stellenweise sumpfig sind. Überall liegen Steinbrocken herum, runde, aber auch seltsam geformte graue Säulen mit mehreren Kanten.

Bald erreichen sie eine Fläche, die mit hohem Schilf bewachsen ist. Mühelos, weil Nanne den Weg kennt, findet sie eine Öffnung in der Wand aus Schilf, einen angelegten Weg. Dünne Baumstämme liegen dicht an dicht auf dem nassen Gras, etwa eine Armspanne breit. Nanne sagt, dass Männer ihrer Sippe diesen Weg angelegt haben. Auch am Ufer des Sees dieselben Steinbrocken. Sie setzen sich auf die von der Sonne gewärmten Steine, schauen hinaus auf den See und hängen ihren Gedanken nach. Jetzt versteht Lanto Nannes Verhalten besser, als die sich in der Nacht neben ihn gelegt hat. Nanne ihrerseits deutet seine Zurückhaltung nun anders.

Lanto geht ein paar Schritte ins Wasser. Sein Blick ist starr auf das Wasser gerichtet, bis er sie erkennt – Zander. Er geht und holt seinen Speer.

Nanne, die ihn beobachtet hat, weiß, dass er sich nun voll auf den Fisch konzentrieren wird. Sie hängt sich den ledernen Beutel um und entschwindet über den Bohlenweg in die Schilfschneise. Später, die Sonne hat ihren höchsten Stand überschritten, treffen sie sich am Ufer wieder, begutachten die Ausbeute ihrer Arbeit.

„Wir sollten die Gelegenheit nutzen und ein Bad nehmen", schlägt Nanne vor.

Sie ziehen sich aus und laufen beide zugleich ins Wasser, schwimmen in gegensätzlicher Richtung und dann aufeinander zu und nebeneinander zurück. Wieder an Land setzen sie sich auf den warmen Waldboden, lassen sich von der Sonne trocknen. Die ganze Zeit über beobachtet er Nanne und spürt plötzlich die Erregung. Schnell legt er sich bäuchlings auf den

Boden. Doch auch in der liegenden Position hat er Nanne vor Augen.

„Ich gehe noch einmal ins Wasser, gehst du mit?"

Unmöglich kann er jetzt aufstehen. „Hab keine Lust."

„Na dann", meint sie, erhebt sich, rennt zum Ufer und springt von dort aus kopfüber ins Wasser.

Eigentlich könnte er sich jetzt schnell anziehen, doch er bleibt liegen, bis sich seine Erregung gelegt hat. Nanne steigt aus dem Wasser, stellte sich auf dem Uferrand zum Trocknen der Sonne entgegen. Als er sie so stehen sieht, hat er das Gefühl, alles genau so schon einmal erlebt zu haben.

Auf dem Rückweg, Lanto trägt die drei schweren Zander an einem Seil auf dem Rücken, während der mit Früchten gefüllte Beutel an Nannes Seite hängt, möchte er etwas über das heilige Moor erfahren, von dem sie kurz gesprochen hat.

„Das hat mir Swana erzählt. Vor langer Zeit, als wir noch von einem Lagerplatz zum nächsten gezogen sind, ist etwas ganz Schlimmes passiert. Vor Sonnenaufgang sind die Männer zur Jagd aufgebrochen. Die Frauen begannen sofort nach Sonnenaufgang damit, auf der Waldlichtung, die sie bei Sonnenuntergang erreicht hatten, einen neuen Lagerplatz zu errichten. So kannten die Jäger den Lagerplatz, wussten, wohin sie zurückkehren mussten.

In der Mitte der Lichtung errichteten zwei Frauen eine Feuerstelle. Die anderen machten sich daran, Laubhütten zu bauen. Die Alten zeigten den Mädchen und Jungen, wie man die gesammelten Früchte zum Trocknen aufhängt. Alles war wie sonst, und nachdem das Lager hergerichtet war, warteten alle auf die Rückkehr der Männer. Doch vergebens. Nicht wie sonst üblich vor Sonnenuntergang, nicht nach Sonnenaufgang und auch nicht vor dem nächsten Sonnenuntergang kehrten die Männer zurück.

So machten sich nach dem folgenden Sonnenaufgang drei ältere Frauen auf die Suche nach den Jägern. Voller Sorge warteten die Zurückgebliebenen. Eine von ihnen richtete ihren

Blick ständig auf die Stelle am Waldrand, wo die Jäger und später die Frauen im Wald verschwunden waren.

Dann endlich der Schrei: „Sie sind wieder da!" Drei Frauen traten aus dem Wald heraus und jede von ihnen stützte einen Mann, half ihm zu gehen. Die Freude der Frauen schlug sofort in Angst um. Wo waren die anderen Jäger? Die drei zurückgekehrten Männer sahen schrecklich aus, waren kaum zu erkennen unter einer dicken, schwarzen Schlammschicht. Sie wurden an die Feuerstelle geführt, wo sie sich sofort fallen ließen.

Natürlich wollten alle wissen, was passiert war. Zuerst berichteten die drei Frauen. Lange hätten sie vergeblich gesucht, da waren sie an den Rand eines Moores gekommen. Vorsichtig hatten sie sich einen Weg um das Moor herum gebahnt. Plötzlich seien sie auf die drei Männer gestoßen, die am Rand des Moores wie tot gelegen hätten. Sie hätten die Männer aufgerichtet und geschüttelt, bis die wach geworden seien.

Da unterbrach einer der Männer die Frau: ‚Wir waren lange erfolglos gewesen, als wir endlich ein paar Schweine entdeckten, denen wir folgten. Wir hetzten durch den Wald, achteten nicht auf den Weg. Plötzlich, keiner hatte die Gefahr erkannt, versanken die Ersten im Moor. Wir hinterher, wollten sie wieder herausziehen, und gerieten dabei selbst in die gurgelnde dicke Brühe. Nur wir drei konnten uns auf den Rand des Moores retten, nicht fähig uns noch zu bewegen.'

‚So haben wir sie gefunden', beendete eine Frau den Bericht.

Natürlich war da an ein Weiterziehen der Sippe nicht zu denken. Sie blieben auf diesem Lagerplatz, bauten ihn aus.

Eines Sonnenaufgangs kreisten wild schreiend ein paar Elstern über dem Lagerplatz. Man lief zusammen, um zu sehen, was da sein könnte, und entdeckte mitten auf dem Platz drei kleine Ziegen, die dort friedlich grasten. Mühelos ließen die sich einfangen.

Die Männer, inzwischen wieder bei Kräften, wollten sie sofort schlachten, denn Fleischnahrung war selten geworden. Doch die Sippenälteste entschied, die Ziegen nicht zu töten, sie stattdessen anzubinden und abzuwarten. Bei Sonnenuntergang forderte sie alle auf, ihr zu folgen.

Bald kamen sie zu dem Moor, wo das Schreckliche passiert war. Die alte Frau setzte sich auf den großen weißen Stein, der vor dem Moor aus dem Boden ragte, richtete ihren Blick zum Himmel und begann ein Gespräch mit den Göttern, von dem niemand etwas verstand. Der noch vorhandene Rest der Sippe saß um den Stein herum, verhielt sich abwartend still.

Schließlich wandte sich die Sippenälteste an die anderen. Sie berichtete von der Antwort Frijas auf ihre Fragen.

Die Göttin der Fruchtbarkeit hätte ihr Folgendes geraten: Die Ziegen sollten so angeleint werden, dass sie zusammenkommen könnten. Die Frauen sollten dünne Baumstämme kreisförmig dicht nebeneinander in den Boden schlagen, während die Männer versuchen sollten, drei junge Schweine zu fangen. Die sollten dann in das Rondell gesperrt und mit Nahrungsresten gefüttert werden. Sie, Frija, würde dafür sorgen, dass sich Ziegen und Schweine vermehrten. Erst dann dürften einige von den Tieren geschlachtet werden.

So geschah es dann. Seitdem ist dieses Moor für uns ein heiliger Ort, wo wir mit den Göttern sprechen können. Von da an wanderte die Sippe nicht mehr weiter und die Elster, als Künderin der Rettung, wurde zum Totemtier ernannt."

Nanne und Lanto sind dem Dorf näher gekommen, doch schon von Weitem erkennt Nanne, dass da etwas nicht stimmt.

„Schneller, Lanto, da ist etwas passiert", ruft sie ihm zu und beschleunigt ihre Schritte, läuft schließlich. Am Dorfrand stehen zwei Frauen, die aufgeregt rufen: „Die Römer!" Mitten auf dem Dorfplatz hat sich die Sippe um Swana versammelt.

Als Nanne und Lanto näherkommen, wendet sich Swana an ihn: „Es war genau so, wie du es beschrieben hast. Sie kamen auf ihren Pferden, man konnte ihre Gesichter kaum erkennen. Dann haben sie unsere Vorräte verlangt, eine Kuh und drei Schweine. Tian, einer der Männer, die gerade hier waren, hat sich ihnen in den Weg gestellt und die Herausgabe der Tiere verweigert. Den hat einer von ihnen vom Pferd aus erschlagen. Da wagte keiner mehr, sich ihnen zu widersetzen. Die Räuber haben dann alles auf einen Wagen verladen, unsere Vorräte und die Schweine, und die Kuh am Wagenende festgebunden. Schließlich haben sie drei Frauen und drei Männern von uns die Hände zusammengebunden und alle an einem langen Seil festgemacht. Der letzte Reiter befestigte das Seil an seinem Pferd. Es war schrecklich, die Gefangenen blickten mich die ganze Zeit über an und ich konnte nichts anderes tun, als unsere Götter um ihre Freilassung zu bitten."

Wie Swana das sagt, erkennt er die ohnmächtige Wut, die hinter ihren Worten steckt. Da erinnert er sich, wie er in derselben Verzweiflung hinter den seinigen hergerannt war und Albrunas Namen geschrien hatte.

Unersättlich und gierig erscheinen ihm zum zweiten Mal diese Römer. Räuber sind sie und Mörder – Hass wächst in ihm. Er sitzt alleine unter der Eiche, hat seine Hände über den Kopf gelegt, die Augen geschlossen. Plötzlich ergreift ihn ein neues, bisher unbekanntes Gefühl – Rache. Ja, schwört er sich in diesem Moment, er wird die getöteten und geraubten Angehörigen der chattischen Sippen rächen. Wie er das anstellen wird, kann er sich noch nicht vorstellen. Das wird sich ergeben, denkt er.

Seine Hände bedecken auch seine Ohren. Deshalb hört er sie nicht kommen. Sie legt ihre Hand auf seine Schulter, da fährt er erschrocken zusammen.

„Was ist, Lanto, warum erschrecke ich dich?"

„Du bist es nicht, die mich erschreckt, ganz anderes bewegt mich."

„Willst du darüber sprechen?"

Lanto berichtet, ohne auch nur das Geringste auszulassen. Nanne hat sich neben ihn gesetzt, ist ganz dicht an ihn herangerückt. Sie schweigt zunächst, nachdem er geendet hat. Schließlich ergreift sie seine Hand, beugt sich vor und blickt ihm unverwandt in die Augen.

„Weißt du, wo sie ihre Häuser haben, diese Römer?"

„Nein, Nanne, das weiß ich nicht."

Sie nickt bedächtig mit dem Kopf, schaut ihn immer noch an. „Dann hör dir meinen Vorschlag an."

Lanto entzieht sich ihrem Blick, schaut über die Felder, die Weiden, den Wald bis zu einer Linie, wo sich Himmel und Erde miteinander vereinen.

„So könnte es gehen, Nanne, lass es uns gemeinsam versuchen. Lernen wir diese Römer kennen. Nur dann kann es gelingen." Nanne ergreift seine Hand, zieht ihn hoch und hinter sich her bis zu seiner Schlafstelle in dem langen Haus.

Sechs

Zum letzten Mal als Sippenälteste zelebriert Swana an einem Wodanstag das Loswerfen. Dazu begibt sich die Sippe zum heiligen Moor, von dem Nanne Lanto berichtet hat.

Vor dem Moor erkennt er die große steinerne Platte, die dort liegt, als wäre sie aus der Erde gewachsen. Von der Farbe her nicht – wie die Steine hier sonst – grau, sondern hell, fast weiß. Alle zusammen bilden sie einen Kreis um die Platte, verharren so eine Weile, ohne ein Wort zu sagen.

Swana löst sich aus dem Kreis und begibt sich zu einem großen Haselnussstrauch, von dem sie einen frischen Zweig bricht. Erhobenen Hauptes schreitet sie bis an den Rand der Steinplatte. Alle beobachten gebannt das Tun der Sippenältesten. Die zerteilt den Zweig in kleine Stäbchen, die sie auf die Steinplatte legt. Jetzt nimmt sie jedes einzeln in die Hand und ritzt mit einem Messer bestimmte Zeichen in seine Rinde. Dazu murmelt sie etwas, das Lanto nicht versteht. Nun ergreift sie alle Stäbchen und wirft sie auf die Steinplatte. Dabei hält sie ihr Haupt über die Platte geneigt, um es sogleich zum Himmel zu erheben. Ohne hinzusehen, hebt sie drei der Stäbchen von der Platte auf, spricht ohne sie anzusehen ein weiteres Gebet, von dem Lanto lediglich die Worte Frija und Wodan versteht. Erst dann richtet sie ihren Blick auf die in die Stäbchen eingeritzten Zeichen.

Voller Erwartung starren alle in Swanas Gesicht. Die erwidert kurz jeden einzelnen Blick, senkt ihren Kopf zur Steinplatte hinab und verkündet der Götter Nachricht:

„Sie werden wiederkommen, die räuberischen Römer. Doch niemals sollen wir Chatten uns ihnen beugen."

Kurz nur blickt Lanto zu Nanne hin: „Wir haben uns richtig entschieden", sagen ihrer beider Augen.

Ihren Blick zum Himmel gerichtet steht Swana eine Zeit lang stumm. Lanto kommt es so vor, als horche sie auf weitere Hinweise aus der Götter Mund. Die Augen der Sippengenossen hängen an Swanas Lippen. Lanto erinnert sich an ähnliche Sitzungen bei sich zuhause. Anders als dort ist es hier eine Frau, die mit den Göttern spricht. Warum ist das so, fragt er sich. Die Jagd kann eine Ursache dafür sein, die hier ausschließlich Männersache ist. Oft sind die Männer lange unterwegs. Da können sich die Männer ja gar nicht um die Belange des Dorfes kümmern. Die Frauen gehen nicht zur Jagd, weil sie zusammen mit den Alten die Kinder versorgen müssen. Muttermilch ist eben Muttermilch.

Nanne, in seiner Sippe wäre sie jetzt seine Frau, dürfte nur von ihm Kinder bekommen. Da kommt ihm Albruna in den Sinn. Wo mag sie jetzt wohl sein?

Swana unterbricht seine Gedanken. Sie hat ihre Arme erhoben, die Handflächen zum Himmel hin geöffnet, als könnte sie so Frijas Worte besser empfangen. Sie lässt sie wieder sinken, blickt erneut in die Runde, verweilt bei jedem Einzelnen, bevor sie mitteilt, dass es zu opfern gilt. Sie nennt das die einzige Möglichkeit, den Römern zu entgehen.

Später wird er oft mit Nanne darüber streiten, ob die Opferung oder der von ihnen beschlossene Weg das Bessere sei, bis sie sich schließlich darauf einigen werden, dass beide Wege richtig sind.

Swana verkündet, dass die Opferung hier bei Sonnenuntergang stattfinden soll.

„Wir haben aber beschlossen, eine neue Sippenälteste zu wählen", wendet eine der alten Frauen ein.

Da meldet sich Nanne zu Wort, indem sie ihren rechten Arm erhebt.

„Nanne?"

„Du hast gerade mit Frija gesprochen. Die hat dir den Auftrag gegeben. So sollst auch du die Opferung leiten. Dann wählen wir eben vor dem nächsten Sonnenuntergang."

„Danke für deinen Vorschlag, Nanne."

Swana wendet sich an die anderen: „Was meint ihr dazu?"

Alle klatschen in die Hände. „Also soll es so sein."

Swana geht voran und alle folgen ihr auf dem schmalen Weg zum Dorf.

Die Vorbereitung des Opferfestes zu Ehren der Fruchtbarkeitsgöttin ist Sache der ganzen Sippe. Ein Schwein soll im heiligen Moor versenkt werden.

Nanne und Lanto sollen den Fruchtbarkeitstanz vorführen.

„Zerst werden wir die Götterbilder zum Moor bringen", weist sie ihn ein. „Mit der Glut aus dem ständigen Feuer entzünden wir dann ein neues Feuer auf der Steinplatte. Schließlich üben wir beide den heiligen Tanz ein. Kennst solche Tänze?"

Lanto verneint, ist gespannt darauf, mehr darüber zu erfahren. Doch hätte er gewusst ...

Sie füllen Glut aus dem ständigen Feuer in eine Tonschale und tragen es herunter zur großen Steinplatte. Lanto bleibt dort, um das Feuer zu vergrößern, während Nanne die Götterfiguren herbeischafft, die sonst ihren Platz im runden Haus der Sippenältesten haben. Er schaut ihr zu, wie sie die Figuren auf der Steinplatte aufbaut. Dazu steckt sie den beiden, die eine Frau und einen Mann darstellen, drei Holzstangen in den unteren Teil. Dann rückt sie die beiden Götterfiguren, Frija und Wodan, so dicht aneinander, dass Wodans Geschlecht beinahe Frijas Bauch berührt, da sie etwas kleiner ist als Wodan. Nanne beobachtet Lanto und bemerkt seinen scheuen Blick auf die Götterfiguren.

„Wir werden uns nach dem Rhythmus der Trommeln so bewegen, dass wir so weit wie die beiden zusammenkommen, uns aber nicht berühren."

„Du meinst wir beide, ohne Kleider?"

„Genau so, Lanto."

„Und wenn es nicht geht?" Er deutet auf Wodans Geschlecht.

„Es wird gehen. Vorher gibt es Met."

Lanto kennt wohl die Wirkung des Honigtrunks.

„Dann werden wir das jetzt einmal ausprobieren."

Nachdem sie ausgezogen sind, ahmt Nanne den Trommelrhythmus nach und zeigt ihm die dazugehörigen Tanzschritte.

„Es geht doch", meint sie spöttisch. Lanto versucht sie anzufassen, doch sie stößt ihn von sich. „Nicht im Angesicht der Götter, Lanto."

Nachdem sie wieder angezogen sind, lässt sie ihn allein, sie hätte noch im Dorf zu tun, meint sie. Sie ermahnt ihn, das Feuer gut zu hüten, weil sie dessen Wärme noch brauchen würden, und außerdem dürften auch die Götter nicht frieren.

Das Fest beginnt mit der Opferung. Ein Schwein soll die Götter positiv stimmen.

„Du kennst die Römer, Lanto, besser als wir und besitzt ein scharfes Messer. Hier ist das Opfertier."

Swana reicht ihm das Seil, an dem sie das Schwein hergeführt hat. Nanne stellt eine große Tonschale auf den Stein.

„Warum soll ich das Tier töten und dann auch noch mit Nanne vortanzen? Gibt es sonst niemanden, der das tun könnte?"

„Ich glaube", antwortet Swana bereitwillig, „Frija und Wodan haben dich zu uns geschickt. Auf deinem Weg hierher haben die Götter dich verschiedenen Prüfungen unterzogen. Erinnere dich, wie du dich aus dem Moor gerettet hast.

Glaubst du, es sei ein Zufall gewesen, dass du dich an einer Weidenwurzel hast aus dem Moor herausziehen können?"

Swana wandte sich zum Moor: „Schau dort, die Weide, ich sehe sie heute zum ersten Mal. Du hast uns gezeigt, wie man aus ihren Zweigen Zäune bauen kann. Die Weide ist nun auch unser heiliger Baum. Wir bitten dich, hilf uns gegen die Räuber, die du Römer nennst."

Da versteht Lanto Swanas Anliegen und ist bereit, ihrem Wunsch nachzukommen. Er wendet sich dem Opfertier zu.

„Da ist noch etwas, Lanto. Du weißt, dass wir gleich nach der Opferung das Fruchtbarkeitsfest feiern. Dieses Mal bitten wir die Götter nicht nur um eine gute Ernte."

„Ich weiß, was du meinst, Nanne hat es mir erklärt."

„Dann ist es gut. Nur wenn wir viele sind, können wir etwas gegen die Räuber tun. Ich weiß auch von eurem Vorhaben. Der Tanz wird Frija positiv stimmen. Ich bin mir sicher, dass sie euch helfen wird."

Kein weiteres Mal wird ihn Swana persönlich ansprechen. Er spricht mit dem Opfertier, doch dabei gehen ihm Swanas Worte durch den Kopf. Durch seine Worte und zärtliche Gesten bereitet er das Schwein auf seine Ankunft bei den Göttern vor. Dann ist es so weit. Alle sind versammelt. Nanne steht vor dem Stein, eine große Schale in der Hand, bereit, das Blut aufzufangen.

Da sticht er zu. Während das Blut in die Schale läuft, richtet Lanto eine persönliche Bitte an Frija: „Bitte warte, bis wir unsere Aufgabe erfüllt haben!"

Zwei Männer heben das Opfertier auf eine dicke Astgabel und halten es über das Moor.

„Ihr wisst, worum wir Frija und die anderen Götter jetzt bitten. Lasst uns nun alle darum beten." Und während ein vielstimmiges Murmeln einsetzt, senken die beiden Männer vorsichtig das Schwein in das Moor. Die Gebete verstummen erst, als die glucksende schwarze Brühe über dem Tier zusammenfließt.

„Bevor wir hier das Fruchtbarkeitsfest feiern, gehen wir hinunter zum heiligen Wasser, um ihm das Blut zu übergeben. Geh voraus, Nanne!"

Die tut, wie ihr geheißen, hebt die Schale mit dem Blut hoch und setzt sie sich auf den Kopf. Erhobenen Hauptes schreitet sie allen voran auf dem schmalen Pfad, den Lanto vor einigen Sonnen von der Lagona her gekommen war.

Bald haben sie das schilfgesäumte Ufer des heiligen Flusses erreicht. Ein kurzes Stück flussabwärts finden sie die Schneise im Schilf. Da entdeckt Lanto den Baum, der sicher vor langer Zeit teilweise entwurzelt über das Wasser gewachsen ist – eine Weide.

Ohne Schwierigkeiten, die Schale auf ihrem Kopf behaltend, tritt Nanne auf den Baumstamm, geht bis zu der Biegung, wo sich die Weide zum Himmel reckt. Dort verharrt sie. Ihre Arme liegen locker am Körper. So wartet sie auf Swanas Anweisungen.

Auf Geheiß der Sippenältesten übergibt Nanne behutsam das Blut des Opfertieres dem Wasser der Lagona. Nanne stellt die Schale am Ufer ab, tritt neben Lanto, bereit die persönlichen Gebete zu sprechen. Sie spricht ihres so laut, dass Lanto es versteht: „Bitte Frija, warte damit, bis wir unsere Aufgabe erfüllt haben!"

Bei völliger Dunkelheit, im Schein des Feuers, beginnt das Fruchtbarkeitsfest und Nanne und Lanto erfüllen die ihnen gestellte Aufgabe.

Später dann, im langen Haus, auf ihrem Lagerplatz, geschieht das, was sie mit ihren Gebeten verhindern wollten.

Sieben

Mehrere Sonnen nach dem Fest beschließt der Sippenrat, vorerst keine neue Sippenälteste zu wählen. Für die anstehenden Aufgaben will man nicht auf Swanas Wissen und ihre Erfahrungen verzichten. Bei der Sippe ist Ruhe eingekehrt, doch ohne die von den Römern entführten Sippengenossen gehen die Arbeiten nur leidlich voran.

Lanto hat die Aufgabe übernommen, interessierte Sippenmitglieder in die Kunst des Korbflechtens einzuweisen. An drei jungen Weidenbäumen, die auf einer feuchten Wiese in der Nähe des Dorfes stehen, zeigt er, wie die zu beschneiden sind, damit später junge, biegsame Weidenruten geerntet werden können. Vorerst behelfen sie sich mit Ästen von alten Bäumen. Nanne arbeitet überwiegend in der Gruppe der Flachsweberinnen. So hätte alles seine Ordnung gehabt, wenn, ja wenn …

Nach dem Opferfest und Swanas Gesprächen mit den Göttern vertrauen alle darauf, dass die Götter die Römer von ihnen fernhielten. Doch bald tauchen erneut römische Reiter auf, allerdings ohne Helme und Waffen. Einer von ihnen, kein Römer, spricht mit Swana und erklärt, dass man gekommen sei, um zu handeln. Doch anders, als es die Sippe kennt, sollen nicht Waren gegen Waren getauscht werden. Für die chattischen Gebrauchsgegenstände wollen die Römer runde Metallstücke geben.

„Was können wir damit anfangen?", fragt Swana den chattischen Vermittler. Der erklärt den Wert der Münzen, wie er die Metallscheiben nennt, und zeigt auf das dort eingeprägte Bild. Das sei der römische Stammesälteste, den sie Kaiser nennen. Der garantiere dafür, dass man mit dieser Münze auf dem Markt in der römischen Stadt etwas anderes eintauschen könne.

Doch Swana, die von den Römern bisher nichts Gutes erfahren hat, traut ihnen und ihrem Begleiter nicht über den Weg. Sie besteht darauf: Ware gegen Ware. Der Übersetzer, ein ehemaliger Chatte, übermittelt den Römern Swanas Entschluss.

Lanto steht etwas abseits, beobachtet das Geschehen, auf dem Sprung, Swana zu helfen, sollte sie in Bedrängnis geraten. Er erkennt die enttäuschten Gesichter der Römer, aber auch einige böswillige Blicke in Swanas Richtung. Schon schließt er die rechte Hand um den Griff seines Messers, da gibt der Anführer den anderen ein Zeichen. Daraufhin wenden alle ihre Pferde und ziehen in dieselbe Richtung davon, aus der sie gekommen sind.

„Ich habe wohl deine Hand gesehen, die nach dem Messer griff, doch wie du siehst, können wir mit Wodans Hilfe rechnen, der die Römer dazu gebracht hat, zum Tauschen zu kommen und nicht, um zu rauben." Lanto wendet ein, dass sie auf den Tausch Münzen gegen Ware hätte eingehen sollen. Vielleicht nur versuchsweise. Da hätte man sie nach dem Weg zur Römerstadt fragen können. Dabei denkt er an seine und Nannes Aufgabe. Swana überlegt und meint, die Götter würden sie schon hinführen, sollte das notwendig sein. Da weiß sie noch nicht, dass das bald eintreten wird.

Später am Feuer herrscht bei den Elstern ausgelassene Stimmung. Alle freuen sich darüber, dass ihrem Opfer Erfolg beschieden ist. Nur Lanto denkt an die grimmigen Blicke der Reiter.

Seit dem Fruchtbarkeitsfest hat Nanne offiziell ihr Nachtlager neben dem Seinen errichtet. Etwas verunsichert beobachtet Lanto die anderen Bewohner, doch niemand nimmt Anstoß daran. In seiner Sippe wäre das anders gewesen. Dort hätte er für sie beide und die zukünftigen Kinder ein Haus gebaut. Nanne wäre zu seinem Eigentum geworden. Schließlich hat er ja erlebt, was passiert, wenn jemand dieses Recht verletzt.

Es ist Erntezeit, und alle sind damit beschäftigt, Vorräte für die kalte Zeit anzulegen. Da wird jede Hand gebraucht. Zum ersten Mal leisten die Körbe dabei gute Dienste. Bald werden sie ein weiteres Fruchtbarkeitsfest feiern. Dieses Mal, um den Göttern für die Ernte zu danken.

Doch die nächste Zusammenkunft am heiligen Moor wird einen ganz anderen Anlass haben.

Sie haben Glück, die Regenzeit beginnt erst, als alle Vorräte unter Dach und Fach sind.

Dann plötzlich, keiner hat sie kommen sehen oder gehört, stehen sie auf dem Platz zwischen den Langhäusern. Die Römer, dieses Mal in voller militärischer Ausrüstung. Im Nachbardorf sind sie leer ausgegangen. Dort sind die Bauern rechtzeitig mit ihrem Vieh und den Vorräten in den Wald geflüchtet. Vergebens haben die römischen Söldner versucht, sie dort aufzuspüren. In ihrer Wut zündeten sie die Häuser an, brannten das ganze Dorf nieder. Die Steuer, die ihnen in diesem Dorf entgangen ist, wollen sie nun bei den Elstern zusätzlich eintreiben.

„Heraus mit euch", ruft einer in der Sprache der Chatten, „oder sollen wir euch hier herprügeln?"

Zögernd kommen erst einige, dann alle auf den Platz. Abwartend, doch voller Hass starren die Frauen und Männer zu den Römern hin.

„Nun los, ihr verdammten Chatten, heraus mit der Steuer."

Swana tritt vor ihre Sippe. Ihr Gesicht wirkt wie versteinert. Sie starrt den Sprecher der Römer an und ruft laut, dass es alle hören können: „Steuer zahlen, das ist nicht chattischer Brauch."

„Dann wird es Zeit, dass ihr euch daran gewöhnt, also her mit den Münzen!"

„Wir haben aber keine von euren Münzen."

Lanto glaubt, dass Swana jetzt einen Fehler macht, als sie ergänzt: „Und wenn wir welche hätten, wir würden sie euch nicht geben, so wahr uns Wodan helfe."

Jetzt erkennen die Frauen und Männer der Elstern, dass es für Swana gefährlich wird. Alle treten sie vor, nehmen die Sippenälteste in ihre Mitte.

Mühsam klettern da die Römer von ihren Pferden. Das wird sich als Fehler erweisen, den Lanto sofort erkennt. Er flüstert seinen Nebenmännern etwas zu, was die sofort an die anderen weitergeben. Ruckzuck sind die Römer eingekreist, die wegen ihrer schweren Rüstungen den nun folgenden schnellen Angriff der Elstern nicht abwehren können.

Der Anführer der Römer erkennt die Gefahr. Leicht könnten sie von den Chatten entwaffnet werden.

„Auf die Pferde!", schreit er gerade noch rechtzeitig, bevor es zu spät ist und einige seiner Söldner zu Boden gehen könnten.

Verdutzt über ihren schnellen Erfolg, lassen die Elstern die Römer flüchten, wohl auch froh darüber, die Räuber so schnell wieder losgeworden zu sein.

Eine trügerische Hoffnung. Fünf Sonnen darauf brechen sie erneut durch das Tor im Zaun. Wieder brüllen sie ihre Forderungen den Chatten entgegen und wieder tritt Swana vor ihre Sippengenossen. Doch bevor sie überhaupt etwas sagen kann, ist einer der Reiter bei ihr und trennt mit einem brutalen Hieb ihren Kopf vom Rumpf.

Die Elstern erstarren, sind zu keiner Reaktion fähig. Im Nu sind sie von einem Teil der Reiter umstellt, die ihre Schwerter drohend erhoben haben. Dieses Mal sind die Räuber beweglicher. Sie haben auf Metallhemden und Schilder verzichtet, wissend, dass die Chatten keine Schwerter besitzen. Die anderen stürmen nacheinander die Langhäuser und schleppen heraus, was sie finden. Erst jetzt sieht Lanto, der zu den Umstellten gehört, den Wagen, der an einem der Pferde hängt. Darauf verladen sie das Raubgut.

Lanto hofft, dass die Römer, nachdem sie alles Greifbare verladen haben, wieder abziehen, doch die beginnen die Umzingelten mit Seilen zu fesseln, so, wie sie es in seinem Dorf mit Albruna getan haben. Bald stehen sie in einer Reihe hintereinander, Nanne vor ihm, gefesselt und an das lange Seil gebunden. Alle haben Tränen der Trauer um Swana in den Augen, aber auch Hass auf die Mörder steht in die Gesichter geschrieben.

Acht

Während sie marschieren, stellt sich Lanto vor, was jetzt im Dorf der Elstern geschieht. Swana hat in weiser Voraussicht dafür gesorgt, dass geheime Vorratslager angelegt wurden. Davon würden sie in der kalten Zeit leben und die Männer wieder vermehrt zur Jagd gehen müssen.

Sie werden Swana am heiligen Moor bestatten und danach die Wahl einer neuen Stammesältesten vornehmen. Einmal war Lanto bei einer Bestattung dabei gewesen. Auf der Steinplatte war ein großer Holzstoß aufgeschichtet worden …
Da dreht sich Nanne zu ihm um: „Denkst du wie ich an Swana?"
„Ja, ich bin bei ihr. Wahrscheinlich wird sie gerade jetzt bestattet."
„Einen großen Holzstoß haben sie dazu aufgeschichtet."
Wir denken an dasselbe, so gut kennen wir uns schon. Lanto wertet das als ein Zeichen ihrer Zusammengehörigkeit. So hat er sich immer schon eine gute Freundschaft vorgestellt. Er betrachtet das als eine Voraussetzung dafür, dass sie ihr Ziel erreichen können.

Der Weg ist beschwerlich. Wegen der Fesseln können sie ihre Arme nicht gebrauchen und laufen ständig Gefahr, das Gleichgewicht zu verlieren. Da passiert das dem Mann, der hinter Lanto geht. Der stürzt und sofort strafft sich das Seil, das am letzten Pferd der Kolonne befestigt ist. Lanto stößt einen lauten Schrei aus, doch der Römer auf dem Pferd dreht sich nicht einmal um. Lanto und die Frau hinter dem Gestürzten können nicht helfen, ohne Gefahr zu laufen, selbst zu stürzen. Noch einmal schreit Lanto und endlich wendet sich der Römer gemächlich um. Der erkennt ganz sicher, was da passiert ist, reagiert aber nicht. Der Mann am Boden schreit ebenfalls um Hilfe. Er blutet bereits am Kopf, denn es liegen Steinbrocken auf dem Pfad.

Endlich hält der Römer sein Pferd an. Sofort helfen die Chatten ihrem Sippengenossen auf die Beine. Kaum dass er aufrecht steht, treibt der Römer sein Pferd wieder an.

Kurz vor Sonnenuntergang lässt der Anführer halten. Lanto hört das Plätschern eines Baches, was seinen Durst gewaltig verstärkt. Er sieht die Römer von ihren Pferden absitzen und mit Gefäßen in den Händen dorthin gehen, wo der Bach sein muss. Dann stehen sie bei ihren Pferden, trinken, reden und lachen. Nun führen sie ihre Pferde zum Wasser. Als hätten sie alle Zeit der Welt, schnallen sie Decken vom Rücken der Pferde, bereiten offensichtlich ihr Nachtlager vor.

Endlich kommen zwei Söldner nach hinten, lösen das Seilende vom Pferdegeschirr und zerren die Chatten zu einem Baum, an dem sie das Seil festmachen. Sie überprüfen bei allen den Sitz der Fesseln, ziehen nach, wo sich ein Seil gelockert hat. Nach einer Zeit, die Lanto endlos lang erscheint, bringen sie für jeden ein wenig Wasser.

Es ist dunkel geworden. Nanne und Lanto liegen dicht beieinander auf dem Waldboden, wärmen sich so gegenseitig.

„Jetzt ist ihr Körper verbrannt. Dadurch wurde ihre Seele befreit und kann ungehindert zum Himmel aufsteigen", flüstert Nanne ihm zu.

„Legt ihr deshalb eure Toten nicht in die Erde?"
„Tut man das bei euch?"
„Ja."
„Dann gelangen doch die Seelen niemals zu den Göttern."
„Wer weiß."
„Weißt du, was uns erwartet, Lanto?"
„Wir werden für sie arbeiten müssen."
„Vielleicht ist das eine Prüfung, die uns Donar auferlegt?"
„Wie meinst du das?"
„Wir sehen, wie sie leben, welche Waffen sie haben, wie viele es sind und ob wir eine Chance gegen sie haben."
„Erinnerst du dich an das letzte Mal, da sie bei uns waren?"
„Du meinst, als sie mit uns handeln wollten?"
„Ja, da war doch einer dabei, der unsere Sprache sprach."
„Stimmt, ein Chatte, der aussah wie ein Römer."
„Ob der wohl freiwillig bei denen lebt?"
„Vielleicht können wir ihn fragen, wenn wir da sind."
„Ich habe da eine Idee."
„Sprich!"

Immer noch flüsternd berichtet Lanto, was ihm auf dem Weg hierher durch den Kopf gegangen ist. Nanne unterbricht ihn nicht, wartet, bis er geendet hat.

„Du weißt, dass wir dazu die Sprache der Römer erlernen müssen?"

„Das ist mir klar, und nicht nur das."

„Das wird sie sein – Donars Prüfung."

Auch wenn ihre Hände gefesselt sind, Liebende finden zueinander.

Bevor sie einschläft, richtet Nanne erneut eine Bitte an Frija. Doch da hat die ihre Entscheidung schon getroffen.

Endlich erreichen sie das Tor eines großen Dorfes. Der Chatte, der die Sprache der Römer spricht, ruft den Gefangenen mit Stolz geschwellter Brust entgegen: „Das ist Mattiacum, die Stadt der Römer und unser Ziel."

Noch einmal winden sie das lange Seil um einen Baum. Man weist sie an, hier ihre Notdurft zu verrichten, bevor sich die Tore der Stadt öffnen. Nebeneinander, auf etwa zwei Armlängen voneinander entfernt, so weit ließ es das Seil zu, müssen sie sich hinhocken. Weder in seinem noch in Nannes Dorf war man je gezwungen, dies auf so engem Raum zu tun.

„Erst du, dann ich", ordnet Lanto an. So können sie sich ein wenig vor den Blicken der Bewacher schützen. In einiger Entfernung steht der Übersetzer, schaut ihnen zu. In der Hand eine Peitsche, bereit zuzuschlagen, sollte einer versuchen zu entfliehen. Lanto verabscheut diesen Mann, einer von ihnen und doch ein Feind. Als Übersetzer, geht es Lanto durch den Kopf, von dem sie vielleicht die Sprache der Römer erlernen können, wäre er ein nützlicher Idiot und Teil ihres Planes. Nützlicher Idiot, wo hat er diesen Vergleich schon einmal gehört?

Sie stehen bereit zum Weitermarsch. Die Römer haben inzwischen das Tor geöffnet. Der Übersetzer übernimmt die Rolle des Pferdes, zieht sie durch die Öffnung. Der Weg, auf dem sie jetzt gehen, ist durch querliegende Holzbohlen befestigt. Er führt zwischen langen Häusern hindurch, bis hin zu einem weiteren Tor, dem Eingang zum Forum, dem Verwaltungszentrum der Stadt. Mit dem Stiel seiner Peitsche schlägt der Verräter dagegen. Von innen wird es aufgestoßen. „Na los, bewegt euch, viel Zeit haben wir nicht!" Sie kommen auf einen großen Platz, der umgeben ist von vier langen Häusern. Das Haus vor ihnen ist fast doppelt so hoch wie die drei anderen. Vor dem hohen Haus, unübersehbar auf einem großen Stein, Pferd mit Reiter aus gelb glänzendem Metall. Der Reiter stellt offensichtlich einen Römer in seiner Rüstung dar. Sie werden bis vor das Standbild geführt.

Aus dem großen Haus tritt ein Römer, kommt zu ihnen. Er ist mit einem hellen Umhang bekleidet. Neben dem Standbild bleibt er stehen. Der Übersetzer verbeugt sich vor dem Römer und tritt respektvoll einen Schritt zur Seite. Der Römer wendet sich an die Gefangenen. Er spricht laut in der Sprache der Römer und sofort übersetzt der ehemalige Chatte:

„Ab sofort seid ihr keine Chatten mehr. Ihr gehört uns, euren neuen Herren. Wir nennen euch Sprechende Werkzeuge, weil ihr für uns arbeiten werdet. Dafür geben wir euch, was ihr zum Leben braucht."

Neue Herren, denkt Lanto. Wer war denn mein alter?

„Unser aller Herr, Heerführer und oberster Priester ist Augustus, Kaiser der Römer." Dabei zeigt der Römer auf den gerüsteten Mann auf dem Pferd.

Wie gebannt starrt Lanto auf den metallenen Reiter. Er ist sich ganz sicher, den schon einmal gesehen zu haben. Doch der sah anders aus: viel jünger und ohne das Rüstzeug, fast noch ein Kind. Woher weiß er das plötzlich, fragt er sich, und warum muss der chattische Verräter die Worte des Römers nicht übersetzen?

Ein Peitschenknall reißt ihn aus seinen Gedanken.

„Du da, Sklave", der Übersetzer zeigt mit dem Peitschenstiel auf ihn. „Wiederhole, was ich gerade übersetzt habe!"

Ohne überlegen zu müssen, sagt Lanto und zeigt auf den metallenen Reiter: „Das ist unser aller Herr, Heerführer und oberster Priester, Augustus, Kaiser der Römer." Im Stillen denkt er: Dein Gesicht werde ich mir merken – Verräter. Kurz blickt er zu Nanne. In ihrem Gesicht liest er: „Lass dich nicht provozieren, Lanto!"

Neun
   Sie werden getrennt, Männer auf die eine, Frauen auf die andere Seite. Man führt sie zu verschiedenen Häusern. Wieder steht Lanto im Dunkeln, wie damals im Langhaus der Elstern. Kein Stallgeruch und keine Zeit zum Ausruhen. Kaum dass man ihnen einen Schlafplatz zugewiesen hat, müssen sie schon wieder draußen vor dem Haus Aufstellung nehmen. Ein Aufseher führt sie zu einer Baustelle – Erdarbeiten. Fünf Männer stehen mit ihm in der Grube, befördern den schweren Boden nach oben, wo er von anderen wegtransportiert wird.
   Was mag an ihrer Arbeit so interessant sein, wundert sich Lanto, dass ihnen ständig, von oben aus, ein paar Römer zuschauen. Erst tags darauf soll er den Grund dafür erfahren.
   Nach Sonnenuntergang werden sie zu ihrem Haus gebracht. Vor dem Eingang hat man einen Tisch aufgestellt. Darauf steht ein Krug Wasser und daneben liegen Scheiben von Gebackenem. Ein neuer Bewacher führt sie an den Tisch und verteilt an jeden drei Weizenfladen.
   Lange schon hat er nichts mehr gegessen, und doch zwingt er sich, die Scheiben langsam zu vertilgen und nicht viel Wasser auf einmal zu trinken. Dann sinkt er todmüde auf den Schlafplatz. Seine letzten Gedanken, bevor er einschläft, sind bei Nanne. Er hegt die Hoffnung, sie bald wiedersehen zu können.
   Vom Gebrüll des Aufsehers wird er wach, glaubt, gerade erst eingeschlafen zu sein. Wieder gibt es drei Weizenfladen und Wasser. Er glaubt, nun wieder auf die Baustelle zu müssen. Umso erstaunter ist er, dass sie stattdessen auf einen Platz getrieben werden, der von Sitzbänken umsäumt ist. In der Mitte des Platzes müssen sie in einer Linie Aufstellung nehmen. Kurz darauf erscheint die Frauengruppe, geführt von einer Römerin. Vor Freude vollführt Lantos Herz einen

Sprung, als er Nanne erkennt. Sollten sie nun vielleicht wieder zusammenkommen?

Die Frauen werden in gleicher Weise wie die Männer aufgestellt. Auf den Bohlenwegen zwischen den Häusern tauchen in helle Umhänge gekleidete Römerinnen und Römer auf, die auf den Bänken Platz nehmen. Einige von ihnen erkennt Lanto als die wieder, die ihnen bei der Arbeit in der Grube zugeschaut haben. Bald sind alle Sitzplätze besetzt und der Aufseher tritt vor die angetretenen Chatten.

„Herhören! Ihr zieht jetzt eure Kleider aus. Man will sehen, was man gleich kaufen wird."

Lanto und wohl auch die anderen verstehen nicht, was der Römerlakai meint. Unschlüssig stehen alle, blicken fragend auf den Verräter.

„Ausziehen, habe ich gesagt!"

Keiner kommt seinem Befehl nach. Da tritt der Aufseher vor die junge Frau, die neben Nanne steht, und reißt ihr das lange Hemd vom Körper. „So meine ich das", brüllt er und erhebt drohend seine Peitsche. Angesichts dieser Drohung bleibt ihnen nichts anderes übrig, als sich ihrer Kleider zu entledigen. Schließlich stehen alle splitternackt, warten auf weitere Anweisungen.

Interessiert blicken die Römer auf die angetretenen Chatten, zeigen auf die eine oder den anderen, tuscheln miteinander. Von der Seite her nähert sich ein Römer mit beachtlichem Körperumfang, den Lanto auch oberhalb der Baugrube hat stehen sehen. Der wendet sich jetzt an die Sitzenden:

„Heute biete ich erstklassige Ware aus dem Tal der Lagona an", singt mit näselnder Stimme der dicke Römer. Er versetzt einem jungen Chatten mit dem Griff seiner Peitsche einen Schlag auf den Rücken, bedeutet ihm damit, dass er sich vor den Zuschauern zu drehen hat. Einige von denen murmeln anerkennend: „Kein schlechtes Stück. – Ein starker Körper."

„Noch keine zwanzig Sommer alt", näselt der Händler. „Stark wie ein Ochse und gesund. Noch vor Wochen jagte er in den Wäldern. Kauft ihn, es zahlt sich aus. Ich sage euch, dieser Chatte hält seine drei oder vier Jahre durch beim Haus- oder Straßenbau."

„Was verlangst du?", fragt ein Kunde.

„Zweihundert Silberstücke! Gilt der Handel?"

„Er gilt!"

Der Käufer zählt die Münzen vor. Währenddessen erklärt der Übersetzer dem jungen Chatten, dass er nun das Eigentum dieses Römers ist. Er fesselt ihn an den Händen und übergibt das Seilende an den Käufer.

Der Sklavenhändler greift eine junge Chattin am Arm, zieht sie vor die anderen und dreht sie einmal langsam vor den Kunden.

„Ganz frische Ware, etwa dreizehn Sommer alt. Wie ihr seht, ist das Weib wohlgestaltet und von Angesicht nicht übel. Sie kann spinnen, weben und nähen. Ihr würdet nicht bereuen, dass ihr sie gekauft habt."

Einhundert Silberstücke will er für das Mädchen haben. Die bekommt er von einem alten, ziemlich dicken Römer, der die ganze Zeit kein Auge von der jungen Frau gelassen hat.

So geht es weiter. Fast alle Gefangenen der letzten Raubzüge sind verkauft. Nur noch Nanne und Lanto sind übrig. Wie wird der Händler sie anpreisen und woher kennt er die Fähigkeiten der Frauen und Männer, die er da zum Kauf anbietet?

„Aus diesen beiden", ruft er und unterlässt es, sie vor den Kunden zu drehen, „kann man nach entsprechender Unterrichtung Händlergehilfen machen. Sie kennen sich bei den Sippen der Umgebung aus."

Das kann ihm nur Frija eingegeben haben, denken Nanne und Lanto. Und noch ein Gedanke kommt Lanto: „Das Glück ist mit den Liebenden." Und sogleich fragt er sich, woher er diesen Satz kennt.

Ein Mann und eine Frau kommen zum Tisch des Händlers, verhandeln und legen die geforderten vierhundert Silberstücke auf den Tisch. Sie werden zu einem Haus geführt, das einen überdachten Innenhof hat. Dort erklärt ihnen der Übersetzer, dass sie von nun an als Famula und Famulus, die Haussklaven, zur Familie des Pater Julius und seiner Frau Elletra gehören. Die besitzen weitere Sklaven, die am Aufbau der Stadt Mattiacum arbeiten.

Anders als die Bausklaven wohnen die beiden Haussklaven in getrennten Räumen im Haus ihres Sklavenhalters, dessen Hauptgeschäft der Handel mit den chattischen Sippen der Umgebung ist.

Ihr Arbeitstag unterliegt einem festen Plan. Am Vormittag helfen sie im Warenlager und der Nachmittag dient dem Erwerb der römischen Sprache. Ihr Lehrer ist derselbe Chatte, der den Steuereintreibern und Sklavenräubern gelegentlich als Übersetzer dient.

„Ich bin kein Sklave wie ihr, denn ich habe mich freiwillig in den Dienst der glorreichen Römer gestellt, die hier im Tal der Lagona im Namen des Kaisers Augustus die Stadt Mattiacum bauen."

An dieser Stelle unterbricht Lodanus, wie sich der Chatte hier nennt, seinen Vortrag und wiederholt Satz für Satz in der Sprache der Römer. Lanto und Nanne sprechen ihm jeweils nach, dürfen auch Fragen stellen.

Am Ende der Lektion fragt Nanne: „Von welcher Sippe kommst du, Lodan?"

„Von den Raben, die einige Tage flussabwärts siedeln", lautet seine knappe Antwort. Mehr will er nicht sagen, denkt Nanne, und sicher hat er dafür seine Gründe.

„Und du, Lantus, möchtest du auch etwas wissen?"

Lanto wundert sich über die Namensänderung, sagt aber nichts dazu. Stattdessen fragt er: „Was war dein Grund, Lodan, dass du dich freiwillig in den Dienst der Römer gestellt hast?"

„Lodan war mein früherer Name, wie deiner Lanto war. Nenne mich in Zukunft Lodanus, wie ich dich Lantus nenne", und an Nanne gewandt: „Du heißt von nun an Nanneta, verstanden?"

„Aber ja, Lodanus."

Er verlässt den Raum, ohne Lantos Frage beantwortet zu haben.

„Was meinst du, Nanne, warum hat er meine Frage nicht beantwortet?"

„Er wird seine Gründe dafür haben. Vielleicht kommen wir ja dahinter."

Seit ihrer Ankunft bewegt Lanto eine Frage. Lebt Albruna hier in der Stadt? Da er sich in gewissen Teilen der Stadt frei bewegen kann, hält er nach ihr Ausschau, befragt andere Sklaven. Doch keiner, den er anspricht, hat eine Frau, die auf seine Beschreibung passt, gesehen. Von Nanne weiß er, dass sie bisher ebenso erfolglos auf der Suche nach den geraubten Mitgliedern ihrer Sippe ist.

Eines Abends stellt Nanne ihm die Frage: „Suchst du nach der Frau aus deiner Sippe?"

Er sagt ihr die Wahrheit.

Eine Zeit lang sagt sie nichts. Doch dann: „Möchtest du sie wiederhaben?"

Ihm fällt auf, dass Nanne sagt: „wiederhaben".

Er überlegt genau, was er gleich sagen wird, denn er will Nanne nicht enttäuschen, sie gar verlieren.

„Es interessiert mich, was aus Albruna geworden ist, aber ich lebe mit dir zusammen und möchte, dass es so bleibt. Ich habe mich für dich, unser Kind und unseren Plan entschieden."

„Aber da ist noch etwas, Lanto. Was wird aus unserem Plan, wenn unser Kind uns braucht?"

„Dann werden wir den Plan ändern, ohne ihn aufzugeben."

Er sieht sie an und erkennt die Erleichterung, die sich in ihren Augen widerspiegelt.

Es vergehen Monde, Monate, wie die Römer sagen, mit Hausarbeit, Arbeit im Kontor und Unterricht bei Lodan, dem Verräter.

Dann geschieht etwas Schreckliches. Nanne stürzt bei der Arbeit im Warenlager von der Leiter und verliert ihr Kind.

Sie muss ein paar Tage in ihrem Zimmer bleiben. Lanto darf sie besuchen. Bald geht es ihr besser, und sie beschließen, an ihrer ursprünglichen Entscheidung festzuhalten.

Zehn

Eines Tages, wie die Römer eine Sonne nennen, hat Lanto im Haus zu arbeiten. Nanne ist mit Elletra unterwegs. Sie werden erst am Abend zurück sein. Das hat Elletra dem Pater gesagt.

Lanto ist gerade dabei, die Toilettenkübel zu reinigen, als er das Rufen des Paters hört. Sofort eilt er in den großen Saal im Zentrum des Hauses. Dieser Raum ist mit dicken Stoffen ausgelegt. In seiner Mitte befindet sich eine Lagerstatt, bezogen mit chattischem Leinen.

Darauf liegt der fette Julius, wie ihn Lanto insgeheim und Nanne gegenüber nennt, auf der Seite, seinen Kopf in eine Hand gestützt.

„Schaff mir Venona herbei, sie arbeitet vor dem Haus. Aber ein bisschen schnell, Sklave!"

Nichts ahnend führt er den Befehl aus, holt das Mädchen herbei. Venona ist ein hübsches Mädchen von vielleicht zwölf Jahren.

„Hier ist Venona, mein Herr."

„Gut, Sklave, und nun verschwinde!"

Ein ungutes Gefühl lässt Lanto hinter dem Türvorhang verharren.

„Zieh dich aus, Venona, aber langsam." Und kurz darauf: „Tanze für mich!", und bald darauf: „So, und jetzt komm her!"

Er hört Venonas ängstliche Stimme: „Nein, ich will nicht."

„Jetzt komm schon oder soll ich dich holen?" Die Stimme des Paters klingt ungeduldig.

„Ich will aber nicht. Nein, lassen Sie mich!"

Dann ihr Schrei, lang gezogen und voller Angst: „Hilfe!"

Da hält Lanto nichts mehr. Er stürzt in den Raum. Venona liegt neben dem Pater, der sie mit einer Hand an ihrer Schulter festhält. Mit der anderen versucht er, ihre Beine zu spreizen, will seinen fetten Leib auf sie wälzen.

Lanto kann nicht anders, weiß, dass das seinen Tod bedeuten kann. Er reißt den Pater von dem Mädchen, hält ihn fest, damit Venona fliehen kann.

Mit wutverzerrtem Gesicht starrt ihn der Herr sekundenlang an. Dann schreit er nach Lodanus. Der stürzt sofort durch eine andere Tür herein, als hätte er dort bereits gewartet. Er erfasst die Situation und greift nach der Peitsche, die an seinem Gürtel hängt.

„Auspeitschen", schreit der Pater.

Lanto, der weiß, dass er keine Chance hat, der Strafe zu entgehen, erträgt die Hiebe, zwingt sich dazu, nicht zu schreien. Dann wird es dunkel um ihn herum.

Er erwacht aus der Ohnmacht und sieht sich in einem kleinen kahlen Raum auf dem Boden liegend. Er hat fürchterliche Schmerzen an Rücken und Brust, ertastet die Striemen. Er weiß nicht, wie lange er sich schon an diesem Ort befindet. Vorsichtig versucht er sich aufzusetzen. Es gelingt ihm trotz der Schmerzen. Der Raum besitzt ein ganz kleines Fenster und eine Tür aus dicken Holzbohlen. Beides schließt eine Flucht aus. Lanto denkt darüber nach, was ihn wohl erwartet. Große Hoffnungen macht er sich nicht, rechnet vielmehr mit dem Schlimmsten.

Plötzlich hört er Schritte, weiß sofort, zu wem sie gehören. Da öffnet sich die Tür. „Nanne", ruft er erfreut und neue Hoffnung keimt in ihm auf. Vor sich trägt sie ein Brett, auf dem sich Wasser und Brot befinden. Schweigend reicht sie ihm eines nach dem anderen. Erst als er alles aufgegessen hat, fragt sie, was passiert ist.

Und nachdem er berichtet hat: „Ich weiß das längst, Lanto. Sie tun das alle, die römischen Männer."

„Hat er dich auch schon …?"

„Nein, er noch nicht, aber seine Frau."

„Und?"

„Nichts, und ich hab nicht mitgemacht, da hat sie die Lust verloren."

Und nach einer Pause: „Lanto, das wird noch ein Nachspiel haben. Doch wir dürfen hoffen. Ich hörte ihn zu Elletra sagen, dass er dich nicht umsonst hat ausbilden lassen. Ich rate dir, auch im Interesse unseres gemeinsamen Vorhabens, zeige dich reumütig."

Schon hat sie an die Tür geklopft, die sofort nach ihrem Eintreten geschlossen wurde. „Ich bewundere deinen Mut, Lanto."

Nach einer weiteren Nacht im Kerker bringt ihm Nanne am Morgen erneut etwas zur Stärkung. Sie muss aber sofort wieder weg, denn Julius und Elletra bereiten einen Handelszug vor, zu dem sie sie als sachkundige Übersetzerin begleiten soll. Sie habe gehört, meint sie noch, dass Lodan den Auftrag bekommen habe, sich um ihn zu kümmern.

Was das auch immer bedeuten mag, denkt er, wieder alleine in dem Kerker. Entweder würde ihm der Verräter eine neue Arbeit zuweisen und ihn ansonsten in Ruhe lassen oder ihm mit seiner Peitsche eine neue Lektion erteilen. Er ist auf das Zweite gefasst, würde es erneut hinnehmen, um den Plan nicht zu gefährden. Die Rache würde später erfolgen, davon geht er aus. Doch zunächst lässt ihn Lodan in Ruhe. So hat er Zeit zum Nachdenken. Vieles hat er gelernt, und nicht nur Lodan ist sein Lehrer gewesen. Gespräche hat er verfolgt und manchmal so getan, als verstehe er nichts. Einige Male ist er hinter dem Vorhang stehen geblieben, hat gelauscht, wenn man ihn rausgeschickt hatte. Da war es um Rom gegangen, um die Zustände in der Hauptstadt und immer wieder um Kriege, Eroberungskriege. Römische Legionen hätten Hispania und die Länder an den Alpen unterworfen. Neue Provinzen seien entstanden. Und immer wieder sprach man von den Eroberungszügen gegen die Germanen. Germanen nennen die Römer alle Stämme, die sie im Norden kennen, zu denen auch die Chatten, sein Stamm, gehört. Man sprach von dem Rhein, einem großen Fluss, über den die Römer bis zu einem anderen

Strom, der Elbe, vorgestoßen seien. Alle eroberten Gebiete sollten zu einer neuen römischen Provinz zusammengeschlossen werden. Vieles verstand er nicht. Lodan, so brutal der auch sein kann, wenn sein Herr es ihm befiehlt, fühlt sich immer geschmeichelt, wenn Lanto ihn nach dem fragt, was er bei Gesprächen aufgeschnappt hat, aber nicht zu deuten weiß. So erfuhr er mehr über Augustus, dessen Reiterstandbild er am ersten Tag schon bewundern durfte. Dann war da dieser Varus, der oberste Krieger hier, der den Auftrag hatte, seinen Stamm, die Chatten, zu unterwerfen. Doch die wichtigste Nachricht für ihn und Nanne bestand darin, dass dieser Varus nicht vorhatte, hier in Mattiacum Legionen zu stationieren.

Wenn es seine Zeit erlaubt, erkundet er die Stadt, prägt sich alles und jede Veränderung genau ein. Wenn er mit Nanne zusammen ist, tauschen sie aus, was sie wissen. Als er so alles gedanklich an sich vorüberziehen lässt, haften seine Gedanken bei den römischen Göttern, von denen er nichts hält, die ihm fremd geblieben sind. Und auch Wodan, den er oft befragt, warum er dieses Unrecht der Sklaverei zulässt, gibt ihm darauf keine Antwort. Jetzt, da er in seiner Zelle nichts anderes tun kann, als nachzudenken, gerät er plötzlich in einen Zustand, den er später nicht beschreiben können wird.

Er stellt sich vor, dass plötzlich ein Kind vom Himmel kommt, das, als es größer geworden ist, dafür sorgen könnte, dass alle Sklaven befreit werden. Er fragt sich, was die römischen Herren gegen diesen neuen Gott unternehmen würden. Sie würden sicher den Glauben an diesen Gott verbieten. Es sei denn, die Priester dieses neuen Gottes milderten ihre Forderungen ab, vertrösteten ihre Gläubigen auf ein schönes und gerechtes Leben nach dem Tod. Da könnte es sogar sein, dass die Römer selbst an diesen Gott glaubten.

Lanto weiß nicht, wie lange er in diesem Dämmerzustand verbracht hat, da wird die Bohlentür aufgestoßen. Es ist nicht Nanne, sondern Lodan, der in den Raum tritt, die Peitsche in der Hand. Lanto fürchtet, erneut gezüchtigt zu werden, da setzt sich Lodan neben ihn auf den Boden.

„Der Herr hat mich beauftragt, dich zu befragen", beginnt er.

„Nur zu, Lodan."

„Für dich immer noch Lodanus, Sklave."

„Wer weiß, wie lange noch", murmelt Lanto vor sich hin.

„Was meinst du?"

„Ach nichts, ich habe gerade geträumt, bevor du mich geweckt hast."

Damit bringt er Lodan aus seinem Konzept. Der blickt einen Moment etwas verwirrt zu Lanto hin, bevor er fortfährt:

„Kurz und gut, der Herr ist dazu bereit, dir zu vergeben, wenn du vor ihn niederkniest und schwörst, ihn nie wieder anzugreifen."

Lanto verbirgt die aufkommende Freude, will aber nicht sogleich seine Zustimmung geben.

„Sag einmal, Lodan – eh Lodanus, berührt es dich nicht, wenn einem Mädchen deines Stammes Gewalt angetan wird?"

„Diesem Stamm, Lantus, Sklave, gehöre ich nicht mehr an. Hast du mich verstanden? Ich bin ein Römer geworden und stolz darauf, diesem siegreichen Volk anzugehören. Denn bald wird auch dieses Land hier ein Teil unseres Reiches sein. Dann wird man mir ganz andere Aufgaben übertragen."

Zwecklos, denkt Lanto, und doch versucht er noch einmal den Grund für Lodans Übertritt zu den Römern zu erfahren.

„Das geht dich nichts an. Schluss mit dem Gefasel. Wie hast du dich entschieden?"

Für unseren Plan. Doch laut sagt er: „Melde deinem Herrn, dass ich einverstanden bin."

„Dann folge mir jetzt."

Elf
Nur die Hoffnung auf den Erfolg ihres Planes lässt Lanto die Schmach ertragen, vor dem Sklavenhalter niederzuknien. Danach darf er zu seiner alten Lagerstatt zurückkehren.

Sie haben gelernt, womit und wo die Römer Handel treiben. Sicher will ihn der Pater erst testen und setzt ihn nur auf dem Markt in Mattiacum ein. Er hat gelernt, eine Sonne, in verschiedene Zeitabschnitte zu unterteilen: Morgen, Vormittag, Mittag, Nachmittag, Abend und Nacht. Auch die Tage kann er nun näher bezeichnen: vorgestern, gestern, heute, morgen und übermorgen. Längere Zeitabschnitte werden mit der Anzahl der Tage, Wochen, Monate und Jahre bezeichnet.

Heute Vormittag nimmt er am Markt in Mattiacum teil. Zwischen die Häuser einer Straße werden Schutzdächer aus derbem Leinen gespannt. Eines der Häuser in dieser Straße gehört dem Pater Julius. In ihm gibt es einen großen Lagerraum und einen Verkaufsraum zur Straße hin.

Lanto schafft die Ware aus dem Lagerraum auf die Straße, wo er sie auf lange Tische verteilt. Heute werden nur römische Waren ausgelegt, weil man erwartet, dass die Chatten, die zum Handeln kommen, eigene Güter zum Tausch anbieten werden. Lanto hofft, heute die erste Phase ihres Plans einleiten zu können.

Dann ist es so weit. Die Stadttore werden geöffnet und die ersten Chatten, beladen mit großen Umhängetaschen, erscheinen am Straßeneingang. Zwei Männer bleiben vor den Auslagen stehen, die Lanto zu bewachen hat. Handeln darf er noch nicht, soll aber den Pater dabei genau beobachten.

Ein Tisch ist frei geblieben. Auf dem breiten die beiden Chatten einen Teil ihrer Ware aus. Lanto kennt die Güter: Pelze, Rinderhäute und Daunenfedern. Der Pater ruft nach Lodanūs, der heute noch übersetzen soll, erhält aber keine Antwort. Seltsam, denkt Lanto. Gerade war er doch noch hier. Einen Moment lang ist der Römer unschlüssig. Dann ruft er Lanto zu, dass der übersetzen möge.

Es beginnt ein Verkaufsgespräch, nach dessen Ende Lanto die Pelze, Rinderhäute und Daunenfedern in den Lagerraum bringt und die von den Chatten erworbenen Fibeln, Keramikteller und Tuchwaren auf den Verkaufstischen durch neue Ware ersetzt. Plötzlich ist auch Lodan wieder da. Ohne ein Wort zu sagen, übernimmt er seine Aufgabe, sodass Lanto wieder in die Beobachterrolle zurückkehren kann.

Als er Lodan davon erzählt, dass die beiden ersten Kunden noch einmal vorbeikommen würden, um dem Pater ein Rind anzubieten, das sie vor der Stadt angebunden haben, glaubt er in dessen Gesicht ein kurzes Erschrecken zu bemerken. Er wird ihn im Blick behalten, nimmt sich Lanto vor.

Dann, am späten Nachmittag, tauchen die beiden Chatten wieder auf – da ist Lodan wieder verschwunden. Lanto springt für ihn ein und begleitet seinen Herrn vor die Tore der Stadt. Auf dem Weg findet Lanto, der den Wagen mit der Handelsware hinter sich herzieht, Gelegenheit, ein paar Worte mit den beiden zu wechseln. Sie seien von weit her und zum ersten Mal auf dem Markt in Mattiacum. Römische Händler, die in ihrem Dorf waren, hatten ihnen den Weg hierher beschrieben. Sie gehören zu der Sippe der Raben. Da weiß Lanto, warum sich Lodan abgesetzt hat, als er die beiden erkannte. Er wollte nicht mit den Männern seiner ehemaligen Sippe zusammentreffen.

Inzwischen sind sie bei den Männern, die das Rind verkaufen wollen, angekommen. Es wird lange verhandelt. Schließlich wird der Handel per Handschlag besiegelt. Ein Gefäß aus Bronze, eines aus Glas und eine Karaffe Wein gibt der Römer für das Tier. Bei der Verabschiedung sagt einer der Chatten, dass sie hier auf den Sonnenaufgang warten und erst dann die Heimreise antreten würden. Der Römer ist schon vorausgegangen und Lanto nutzt die Gelegenheit: „Ich muss noch einmal mit euch reden, komme wieder und bringe eine Gefährtin mit. Ist das möglich?"

„Aber ja, du findest uns hier."

Der Römer bekommt von dem kurzen Gespräch nichts mit.

Wieder zurück in der Straße der Händler, trifft Lanto Nanne im Lager an. Er berichtet ihr von dem Gespräch mit den Raben. Als er den Namen der Sippe erwähnt, weiß auch sie sofort Bescheid.

„Lass uns zusammen gehen, Lanto."
„Davon bin ich ausgegangen."
Da zeigt sich, in welchem Vorteil sich beide gegenüber den anderen Sklaven befinden. Die werden jeden Tag geschlossen zu den Baustellen gebracht, dort streng bewacht und abends in den Schlafhäusern eingeschlossen. Haussklaven wie sie beide arbeiten zum Teil selbstständig. Da ist eine ständige Bewachung so gut wie nicht möglich.

Aber auch ihnen ist es nicht erlaubt, die Stadt zu verlassen. Die Stadtmauer bewachen die Römer Tag und Nacht. Doch immer, wenn sich die Möglichkeit ergeben hatte, war Lanto an der Mauer entlanggelaufen und hatte sich die Position der Wachhäuser gemerkt, von denen aus die Wachposten ihre Kontrollgänge machten. Auch die Zeiten der Wachwechsel hat er im Kopf.

„Ich denke, wir versuchen es kurz vor Sonnenaufgang, da sind die Posten besonders müde. In der Nähe des Tores, am Ende der Marktstraße, gibt es eine Stelle, da stehen einige Querbalken besonders hervor. Dort können wir es schaffen, die Mauer zu überwinden."

„Am besten treffen wir uns hier im Warenlager. Sollte man uns fragen, können wir sagen, dass wir die Arbeit für morgen vorbereiteten." Sie begeben sich ins Wohnhaus, verhalten sich wie immer. Lodan, der ständig ein waches Auge auf sie hat, stellt nichts Außergewöhnliches fest. In dieser Nacht schläft Lanto schlecht. Die Angst, den vereinbarten Zeitpunkt zu vergessen, trägt dazu bei.

Am Abend ereignet sich zudem Seltsames. Auf einem Flur trifft er auf eine Frau, ohne sie sogleich zu erkennen, da sie ihm den Rücken zugewandt hat. Langes helles Haar fällt auf ihre Schultern. Erst als sie sich zu ihm hindreht, erkennt er sie. Elletra schaut ihn an, mit einem Blick, der ihn verwirrt.

Bei der Drehung, gewollt oder nicht, klafft für einen Moment ihre Tunika auseinander. Völlig nackt ist sie darunter. Ursprünglich hatte sie doch schwarzes Haar, denkt er.

Elletra lacht ihn offen an: „Was schaust du, Lantus, gefallen dir meine neuen Haare nicht?"

Was soll er sagen, er will sie nicht verärgern.

„Aber ja, Herrin, doch wie kommt das?"

„Du meinst die Haare?"

„Ja."

„Während du vor der Stadt warst, habe ich die Perücke bei Leuten deines Stammes gegen eine Bronzeschale getauscht." Zum Beweis zieht sie sich die blonden Haare vom Kopf, schüttelt ihr eigenes Haar, das sofort in Wellen auseinanderfällt.

„Und, Lantus, welches Haar gefällt dir besser?"

„Dein eigenes, Herrin."

Da lacht sie wie eben, bewegt sich so, dass sich erneut die Tunica wegen des Fehlens einer Fibel öffnet. Wie aus dem Nichts erscheint Lodan. Da rafft sie schnell das Kleid zusammen. Der erklärt lapidar: „Der Herr kommt heute nicht nach Hause."

Elletra zuckt ihre Achseln und verlässt den Raum.

Schließlich schläft Lanto doch ein und sicher hätte er den vereinbarten Zeitpunkt verschlafen, weckte ihn nicht eine Hand, die ihn an der Brust berührt. Er schlägt die Augen auf – Elletra, und ihre Hand wandert an seinem Körper hinab.

Was soll er tun? Weist er sie zurück, könnte er später nicht unbemerkt das Haus verlassen. Also lässt er sie gewähren, tut das seinige. Ihr eigenes Haar, registriert er, als sie ihn verlässt. Wenig später horcht er nach draußen. Alles ist ruhig, und so schleicht er sich vorsichtig aus dem Haus.

Er trifft Nanne in der Marktstraße.

„Du kommst spät."

Er will ihr den Grund nicht verschweigen, doch dies ist nicht der geeignete Augenblick dazu. Nanne trägt Männerkleidung, dunkel, so wie er. Bald erreichen sie die geeignete

Stelle, suchen Schutz hinter einem Stapel Bauholz. Von hier aus haben sie einen guten Überblick über einen Teil der Stadtmauer. Sie warten auf die patrouillierenden Legionäre. Noch herrscht völlige Dunkelheit.

Die beiden Römer scheinen keine Zwischenfälle zu befürchten, plaudern miteinander, kommen aber dem Versteck der beiden Chatten immer näher. Ausgerechnet an der Stelle, wo Lanto die Astenden in den Baumstämmen entdeckt hat, bleiben sie stehen, lehnen sich an die Mauer. Sie palavern weiter miteinander, worüber sie reden, können Nanne und Lanto nicht verstehen.

Ungeduldig richten die beiden ihre Blicke immer wieder zum Himmel. Sie fürchten das Nahen des Sonnenaufgangs, der ihr Vorhaben zunichtemachen würde. Dann endlich setzen die Legionäre ihren Postengang fort.

Kaum dass die aus Sicht- und Hörweite sind, schleichen sich Nanne und Lanto zur Stadtmauer. Beide sind ähnlich kräftig gebaut, sodass die Mauer mit den hervorstehenden Querbalken für sie kein Hindernis darstellt. Nacheinander hangeln sie sich hoch und auf der anderen Seite wieder hinab. Das letzte Stück müssen sie springen, weil dort die Wände glatt sind. Laufend überwinden sie die freie Fläche bis zum Waldrand. Dort verharren sie einen Moment, um sich zu vergewissern, dass sie unbeobachtet geblieben sind.

Kurz vor Sonnenaufgang erreichen sie die Stelle, wo die chattischen Händler übernachtet haben. Die sitzen, an einen Baumstamm gelehnt, verzehren ihren Proviant. Nanne und Lanto wissen, dass sie nicht viel Zeit haben, und kommen, sobald sie sich gesetzt haben, auf den Grund des Treffens zu sprechen. Innerlich atmen beide auf, dass sie bei den Händlern nicht auf taube Ohren stoßen. Iwar, der Ältere von den beiden, kennt das räuberische Vorgehen der Römer. Auch seine Sippe ist schon mehrmals Opfer ihrer Steuereintreiber geworden. Nur widerwillig haben seine Sippenältesten dem Handel mit den Leuten aus Mattiacum zugestimmt. Lanto verspricht, sich bei ihnen zu melden, wenn es denn so weit sei.

Nanne spricht die beiden auf Lodan an, und sogleich verfinstert sich Iwars Gesicht.

„Er ist ein Dieb und ein Mörder. Lodan hat von unseren gemeinsamen Vorräten gestohlen und das Diebesgut bei den Römern gegen Silberstücke eingetauscht. Eine unserer Frauen hat ihn beim Stehlen erwischt. Die hat er erschlagen und später vor dem Thing behauptet, sie sei von einem Felsen gestürzt. Doch es gab einen Zeugen für seinen Frevel. Als Lodan davon erfuhr, hat er auch den zu beseitigen versucht. Das gelang ihm aber nicht, und da ist Lodan geflüchtet. Er ist freiwillig zu den Römern übergelaufen. Den Rest kennt ihr. Ich gebe euch den Rat, nehmt euch vor ihm in Acht."

Zum Schluss beschreibt er ihnen den Weg zu seinem Sippendorf, das etwa zwei Sonnen Lagona aufwärts liege. Einig in der Sache, verabschieden sich Nanne und Lanto von den beiden Chatten und wünschen ihnen einen guten Heimweg.

Für den Wiedereintritt durch das Stadttor verabreden sie sich auf eine List, deren Schwachstelle darin besteht, dass sie den Wachposten am Tor bekannt sein könnten. Als chattische Händler wollen sie sich vorstellen, die ihre Handelsware, Ziegen, im Wald zurückgelassen haben.

Vorsichtig nähern sie sich dem Stadttor, nehmen die Wächter unter die Lupe. Keiner von beiden kommt ihnen bekannt vor. Lange könne sie nicht mehr warten, denn sicher würde man sie im Römerhaus vermissen. Und sie haben Glück. Natürlich benutzen sie nicht die Sprache der Römer, als sie den Wachposten ihre Absicht erklären. Die lassen sie ohne Weiteres passieren.

Außer Sichtweite der Torwächter fasst Lanto Nanne am Arm, bittet sie, ihm zuzuhören. Die ist erstaunt über seine Verlegenheit, die er zuerst überwinden muss, bevor er berichtet, was in der Nacht geschehen ist. Eine Zeit lang schaut sie ihn nur an sagt nichts. Schon befürchtet Lanto Schlimmes.

„Du weißt, wie wir in meiner Sippe zusammenleben. Jeder kann eine Verbindung lösen, wenn er oder sie es möchte."

Er erkennt die Frage, die hinter ihrer Aussage steht. Ohne zu zögern, versichert er ihr, nicht einen Augenblick daran gedacht zu haben, sich von ihr trennen zu wollen.

„Du bist Sklave, Lanto, musstest tun, was sie von dir verlangte. Wie du ihr Verhalten beschrieben hast, erscheint es mir verständlich, wie du dich verhalten hast. Bei mir war das anders. Sie musste mein Einverständnis voraussetzen. Doch wenn ich mir das so überlege ...", sie lächelt ihn an wie damals auf der Steinplatte, als sie „Es geht doch" gesagt hatte.

„... und du mir hinterher berichtest", setzt er in dem von ihr gewählten Ton fort.

Niemand bemerkt ihr Zuspätkommen. Als sie auf die Römer treffen, sieht ihn Elletra mit der Bitte in den Augen an, zu schweigen. Lanto nickt kurz, nur für sie erkennbar. Ein kurzes Lächeln huscht über ihr Gesicht.

Zwölf

Als Haussklave hat Lanto auch für die Ordnung im Haus zu sorgen, obwohl die eigentliche Reinigung anderen Sklaven obliegt, die extra dazu herbeibeordert werden. Der Raum, in dem Julius seine Geschäftsunterlagen aufbewahrt, ist für andere Sklaven tabu.

Lanto, der in die Magazinverwaltung eingewiesen wurde, hat damit Einblick in fast alle Papiere. Aber eben nur in fast alle. Er ist sich sicher, dass Julius Unterlagen darüber besitzt, wo sich die einzelnen Chattendörfer befinden. Die muss er finden. Heute ist die Gelegenheit zum Suchen gegeben, da sich alle anderen außer Haus befinden, weil Markttag ist.

In Julius´ Arbeitszimmer gibt es außer den offenen Regalen einen geschlossenen Schrank. Dort vermutet Lanto das Gesuchte. Er steht vor dem Schrank, betrachtet ihn genau, geht um ihn herum, sucht nach einem versteckten Riegel. Die Suche gestaltet sich nicht einfach, weil er nicht weiß, wie ein solcher Riegel aussieht. Da erinnert er sich, dass in dem großen Raum ebenfalls ein verschließbarer Schrank steht, in dem Geschirr aufbewahrt wird und der nicht verriegelt ist. Den untersucht er und entdeckt tatsächlich an der Stirnseite einer Schranktür ein Loch und dem gegenüber, im Schrankrahmen, einen zur Hälfte herausgezogenen Stift. Das ist es, denkt er und begibt sich wieder ins Arbeitszimmer. Sofort erkennt er den im Schrankrahmen versenkten Riegel. Unter Zuhilfenahme seines Messers gelingt es ihm, den Stift herauszudrücken. Die Zeit ist so weit fortgeschritten, dass mit der Rückkehr der anderen zu rechnen ist. Deshalb setzt er die Erkundung nicht weiter fort, schiebt den Stift in seine ursprüngliche Lage zurück. Zu gegebener Zeit wird er die Arbeit fortsetzen. Am Abend berichtet er Nanne über seine Vermutung.

„Das würde uns weiterhelfen. Hoffentlich hast du morgen Glück."

„Sollte ich das Gesuchte finden, brauche ich Zeit, um mir alles einzuprägen."

„Gut, Lanto, wenn wir morgen früher zurückkommen als heute, werde ich einen Weg finden, um dich zu warnen."

Lanto findet den Plan. Ein zusammengelegtes Blatt, auf dem verschiedene Zeichen notiert sind. Zunächst weiß Lanto damit nichts anzufangen. Er konzentriert sich auf einzelne Zeichen und bald ist er in der Lage, sie zu entschlüsseln.

In einer geformten Linie erkennt er den Flussverlauf der Lagona, der sich über das ganze Blatt hinzieht. Demnach muss es sich bei den kleinen Kreisen beiderseits des Flusses um sieben chattische Sippendörfer handeln. Dem Flussverlauf entnimmt er den Standort seines Dorfes und kann aus der Kenntnis seiner Umgebung die anderen Zeichen deuten: Wälder, Wiesen, Berge, Täler und Bäche. Plötzlich bemerkt er die kleinen Zeichen über den Kreisen, eine Elster, einen Raben, ein Reh, ein Eichenblatt, einen Wolf, ein Schwein und einen Hasen, die Namen von sieben Sippen. Lanto konzentriert sich nun auf die gesamte Skizze, prägt sie sich mit allen Einzelheiten ein. Plötzlich hört er ein Klicken. Ein kleiner Stein rollt ihm vor die Füße. Er erkennt Nannes Warnung und stellt eiligst die vorgefundene Ordnung wieder her.

Später testet er sein Gedächtnis, indem er Nanne eine Kopie der Karte mithilfe eines Stockes in den Sand zeichnet.

„Glaubst du, dass du das im Kopf behalten kannst?"

„Ich will es versuchen und es dir jeden Tag einmal aufzeichnen."

Nanne freut sich über seinen Eifer, hat aber eine, wie sie glaubt, bessere Idee. Sobald sich die Gelegenheit ergibt, bittet sie Elletra mit der Begründung, zeichnen zu wollen, um das entsprechende Material. Dann, als sie sich das nächste Mal treffen, fertigt sie nach Lantos Angaben eine Kopie von Julius´ Karte an. Nanne verwahrt sie in ihrem Schlafraum. Dort sei sie sicher aufgehoben, da Lodan dort keinen Zutritt habe. Jetzt, da sie wissen, wo sie Verbündete finden können, sind weitere Planungen möglich. Da ist zunächst die Kontaktaufnahme. Zum einen kann sie auf dem Markt in Mattiacum und zum anderen beim Handel in den Sippendörfern stattfinden. Da bisher meist Nanne außerhalb tätig war, übernimmt sie diese Aufgabe.

Schon als sie das erste Mal Julius begleitete, bekam sie ein Pferd zugeteilt. Sie ist eine gute Reiterin, was Lanto bereits bei den Elstern bewundert hatte. Dort waren sie oft gemeinsam über die Weiden geritten und hatten den Viehbestand kontrolliert. Manchmal waren sie auch zum Spaß ausgeritten. Dann nutzten sie das Alleinsein, fanden ein Wasser zum Baden und vergnügten sich aneinander. Heute danken sie Frija dafür, wenn sie sich dazu heimlich treffen können.

Trotzdem sind sie den anderen Sklaven gegenüber in großem Vorteil. Die werden jeden Abend, getrennt voneinander, in die Schlafräume gesperrt. Kein Sklavenhalter hat ein Interesse daran, dass seine Sklavinnen schwanger werden. Die fallen für die Arbeit aus und gebären nur unnötige Esser. Passiert es doch, hat der Pater familias das Recht, das Neugeborene zu töten. Vielleicht ist es gut, denkt Nanne dann, dass sie ihr Kind verloren hat. So musste sie nicht erleben, dass es nach seiner Geburt getötet oder später als Sklave verkauft wird.

An einem Morgen wird Lanto dazu eingeteilt, den Pater zu begleiten. Noch weiß er nicht, wohin es gehen soll. In Gedanken versunken trabt er auf seinem Pferd hinter dem Römer her. Nach ihm noch Lodan, dessen Pferd den Wagen, der mit Handelsgütern beladen ist, zieht.

Weil er die Skizze im Kopf hat, weiß er plötzlich, wohin es geht. Davor hat er die ganze Zeit Angst gehabt und gehofft, dass Nanne und nicht er diese Tour begleiten muss. Hätte er das vor der Abreise gewusst, eine Krankheit hätte er vorgetäuscht. Doch nun ist es zu spät. Er muss sich vorbereiten – gut vorbereiten.

Entscheidend wird das Zusammentreffen mit dem Häuptling sein. Damals war das Kerin, ein herrschsüchtiger Mann, der sich als Priester ein Vermögen angeeignet hatte. Der hatte das Urteil gegen ihn gesprochen. Sollte er dem begegnen, würde er sofort seine Schuld eingestehen und um Nachsicht bitten. Vielleicht würde Kerin dann ein offenes Ohr für sein Anliegen haben.

Doch es sollte ganz anders kommen. Kaum dass Julius Lanto als seinen Übersetzer vorstellt, verfinstert sich das Gesicht des Häuptlings. Über einen Verstoßenen würde er nicht mit dem Römer verhandeln, sagt Kerin.

„Es steht kein anderer Übersetzer zur Verfügung, Häuptling."

„Dann wird mein Vertreter den Handel vollziehen." Dreht sich um und verschwindet.

Kurz darauf erscheint der und Lanto erkennt in ihm Tian, einen Sippengenossen, der ihm seinerzeit wohlgesonnen war. Mit ihm spricht er und übersetzt das für den Handel Notwendige. Nach dem Abschluss lässt Tian Speisen und Getränke kommen. Niemand sonst aus dem Dorf gesellt sich zu ihnen.

Lanto findet Gelegenheit, mit Tian unter vier Augen zu sprechen. Zuerst fragt er nach Albruna. Die sei, so meint Tian, beim Versuch, aus der Römerstadt zu fliehen, gefasst und später hingerichtet worden. Tian weiß davon, weil er vor ein paar Monden als Händler in der Römerstadt war. Dort sollte er im Auftrag von Eberhard nach ihr forschen.

Lanto ist tief betroffen. Auch wenn er jetzt mit Nanne zusammen ist, hat Albruna einen Platz in seinem Herzen und würde ihn auch in Zukunft behalten. Dass die Römer sie getötet haben, verstärkt den Hass, den er für die Mörder empfindet.

Dann spricht Lanto von seinem Plan, erwähnt aber Nanne nicht. Tian hört geduldig zu, entfernt sich dann unter dem Vorwand, neuen Met holen zu wollen, um Kerin zu befragen. Es dauert nicht lange, bis er zurückkommt. Nachdem er den Gästen neuen Met serviert hat, setzt er sich neben Lanto.

„Er hat dir nicht verziehen, aber das weißt du ja bereits. Er hat für die Sippe der Schweine, so sagt er, zu den Römern gute Handelsbeziehungen aufgebaut. Die möchte er nicht gefährden. Du kannst froh sein, wenn er den Römern nichts von dem sagt, was du möglicherweise vorhast. Du verstehst, dass ich nur Andeutungen gemacht habe, denn ich konnte mir denken, wie Kerin reagieren würde. Zum Schluss sagte er noch, dass du dich hüten sollst, hier noch einmal aufzutauchen. Ich bedaure, dir keine bessere Nachricht überbringen zu können."

„Ich danke dir, Tian, dass du dich für mich eingesetzt hast."

Tian wendet sich wieder den anderen Gästen zu, die sich bei ihm bedanken und verabschieden. Als Lanto zu seinem Pferd geht, kommt Tian noch einmal zu ihm und wünscht ihm für sein Vorhaben Erfolg. Und dann sagt er noch: „Sollte ich davon erfahren, dass der Häuptling vorhat, dich zu verraten, werde ich einen Weg finden, dich zu warnen."

Auf dem Rückweg beordert Julius Lanto zu sich und verlangt nach Aufklärung. Lanto bleibt nichts anderes übrig, als dem Römer die Wahrheit zu sagen, was die Ursachen für das Verhalten des Schweinehäuptlings betrifft. Er bittet darum, bei einem erneuten Besuch dieser Sippe nicht mehr als Übersetzer eingesetzt zu werden. Der Römer denkt an das schlechte Handelsergebnis und stimmt Lanto zu.

Zuhause berichtet Lanto Nanne ausführlich und meint, dass sie wohl auf die Unterstützung der Schweinesippe verzichten müssen.

„Glaubst du, dass uns von Seiten deines Häuptlings Gefahr droht?"

„Ich weiß es nicht. Doch wenn, verlasse ich mich auf Tians Angebot."

Eine Schwachstelle in unserem Plan, denkt er, äußert aber Nanne gegenüber seine Bedenken nicht. Er will mit ihr die nächsten Schritte planen, doch da fragt sie nach.

„Du sprachst von dem Häuptling der Schweinesippe, dass der ein herrschsüchtiger Mann sei, der sich als Priester ein Vermögen angeeignet hat, das verstehe ich nicht."

„Mich hat damals gestört, dass er kaum noch auf die Meinung des Thing hörte, vieles alleine beschloss und, na ja, immer genügend Vorräte besaß, während andere Bauern darbten. Einmal habe ich am Feuer mit einigen Alten geredet. Kerin war nicht dabei. Die erzählten, dass Kerins Vorfahren schon Priester waren. Wenn von den Ernteerträgen den Göttern etwas geopfert wurde, haben die Priester die Opfergaben in einem Anbau ihrer Hütte gesammelt und davon in Notzeiten an die Sippe verteilt. Aber schon bei Kerins Vater sei das anders gewesen. Wenn da eine kleine Familie in Not geriet, half ihr Kerins Vater, verlangte aber dafür einen Teil des Landes dieses Bauern als Pfand. Konnte der Bauer die Gerste oder was auch immer nicht zurückgeben, fiel das Land an den Priester."

„Aber wieso hat der Häuptling Entscheidungen alleine treffen können?"

„Na, weil er damit gedroht hat, in Notzeiten keine Hilfe mehr zu leisten."

„Und warum haben die Bauern sich das gefallen lassen?"

„Da kann ich mich selbst noch erinnern. Wenn jemand Kerin widersprach, hat der damit gedroht, den Göttern das zu sagen. Und die würden dann den Widersacher bestrafen."

„Seltsam, so etwas gibt es in meiner Sippe nicht. Und ich bin überhaupt gespannt darauf, wer bei uns Swanas Nachfolgerin geworden ist."

Dreizehn

Vorerst können sie unbehelligt handeln. Nanne bringt von der Elsternsippe gute Nachrichten mit. Herzlich hat man sie dort aufgenommen und die neue Sippenälteste, Almudis, war sofort damit einverstanden, mitzumachen, wenn es dann so weit sei. Bei dieser Gelegenheit sprechen sie zum ersten Mal über einen möglichen Zeitpunkt des Aufstandes. Lanto möchte möglichst bald zuschlagen, doch Nanna meint, dass man einen geeigneten Zeitpunkt abwarten müsse.

„Zuerst müssen wir sehen, so viele Verbündete wie möglich zu finden, und dann sollten wir abwarten, bis die römischen Legionäre im Lager nicht weit von Mattiacum entfernt anderweitig beschäftigt sind und den Römern in Mattiacum nicht zu Hilfe eilen können."

Diesen Argumenten kann er sich nicht verschließen. Also arbeiten sie weiter an der von Nanne erstgenannten Bedingung, versuchen auf dem Markt von Mattiacum und bei Handelsbesuchen weitere Verbündete zu finden. Schließlich haben sie von zwei Sippenältesten und drei Häuptlingen Zusagen. Von sieben Sippen im Tal der Lagona sind fünf auf ihrer Seite und nur zwei wollen Verbündete der Römer bleiben. Interessant finden es beide, dass auch die zweite Absage von einer Sippe kam, deren Häuptling aus dem Handel mit den Römern einen persönlichen Nutzen zieht, der Sippe der Hasen. Dieser Häuptling verkauft sogar hin und wieder eigene Sippengenossen als Sklaven an die Römer.

Am Abend rückt Nanne mit einer Neuigkeit heraus. Von der Sippenältesten der Rehe hat sie erfahren, dass sich da etwas zusammenbraut, gegen die Römer. Ein Mann vom Stamme der Cherusker mit Namen Arminius zieht durch das Land und wirbt um Verbündete für einen Kampf gegen die Römer. Alrune, so heißt die Frau, die eine Seherin ist, hat vorgeschlagen, sich mit diesem Cherusker zu treffen.

Lanto überlegt kurz. „Wie stellt sie sich das Treffen vor?"

„Wenn wir interessiert sind, kann sie es organisieren."

Lanto zieht in Betracht, dass eine große Schlacht gegen die Römer sicher nicht hier stattfinden würde, wo es bisher nur wenige Legionäre gibt. Das wäre eine Chance für ihr Vorhaben, denn zu einer großen Schlacht würden auch die Truppen aus dem benachbarten Legionslager hinzugezogen. Dann wäre auch die zweite von Nanne genannte Bedingung erfüllt.

„Ich bin einverstanden. Wann kannst du Alrune treffen?"

„Sie kommt in den nächsten Tagen zum Handeln in die Stadt."

Lanto ist gerade dabei, Waren auf dem Verkaufstisch zu ordnen, da schreckt ihn eine Frauenstimme aus den Gedanken auf. „Bist du Lanto?", fragt sie, und als er ihre Frage bejaht, fragt sie weiter: „In welcher Sippe lebtest du, als man dich zum Sklaven gemacht hat?" Lanto fragt sich, warum sie ihm die zweite Frage stellt, sieht aber keinen Grund, sie nicht zu beantworten. „In der Sippe der Elstern. Doch warum stellst du mir diese Frage?"

„Zur Sicherheit, Lanto, in Zeiten, da der Verrat gedeiht. Ich bin Alrune, die Seherin, und komme aus der Sippe der Rehe." Scheu schaut sie sich um, vergewissert sich, dass ihnen niemand zuhört, ehe sie fortfährt: „Hast du von Arminius gehört?"

„Nanne hat mir erzählt, was du über ihn gesagt hast."

„Er diente den Römern, hat von ihnen den Namen bekommen. Er ist der Häuptling der Cherusker, unseres mächtigen Nachbarstammes. Er ist dabei, den Widerstand gegen die Römerherrschaft zu organisieren. Dazu besucht er in zwei Sonnen die Sippe der Rehe. Natürlich werden wir seinem Bündniswunsch entsprechen. Jetzt habe ich von eurem Plan gehört und bin der Ansicht, Nanne und du, ihr solltet mit dem Cherusker sprechen. Ich werde ihn, wenn du damit einverstanden bist, nach dem Gespräch bei uns hierher führen, in die Nähe der Stadt, wo du und Nanne ihn und mich treffen könnt."

Lanto muss nicht lange überlegen. Widerstand gegen die Römer, wenn er von anderer Seite kommt, kann ihnen nur gelegen sein. Das sagt er Alrune.

Die beschreibt ihm den Treffpunkt. Der befindet sich an einer Wegekreuzung im Wald, nicht weit von der Stadt entfernt. Lanto kennt den Ort und versichert Alrune, dass er mit Nanne in zwei Sonnen gegen Mitternacht bei der Kreuzung sein wird.

Zum Glück erspäht er Lodan rechtzeitig, der sich ihnen nähert. Sofort wendet er sich von Alrune ab zum Verkaufstisch, greift nach einer Fibel und hält sie Alrune hin, als hätte sie gerade danach verlangt. Geistesgegenwärtig greift sie danach und betrachtet die Spange interessiert. Seltsamerweise dreht Lodan ab und begibt sich in den Verkaufsraum. Lanto bemisst dem kcine Bedeutung bei.

Am Abend spricht er mit Nanne über die Begegnung mit Alrune, vergisst aber, Lodans Verhalten zu erwähnen. Nanne und er verabreden sich, am Abend des nächsten Tages an der erprobten Stelle die Mauer zu überwinden. Tags darauf würden sie wieder, wie zwei Handelsbeauftragte, in die Stadt zurückkehren.

Genau wie beim ersten Mal verstecken sie sich hinter dem Bauholz, warten dort das Passieren der Streifenposten ab, überwinden ohne Probleme die Mauer und machen sich auf den Weg zu der mit Alrune vereinbarten Wegekreuzung.

Angekommen tauchen sie in den Wald ein und behalten den vom Mond beleuchteten Platz im Auge. Hin und wieder blicken sie in die Richtung, aus der die beiden kommen müssen.

Plötzlich tauchen dort zwei Gestalten auf. „Alrune und der Cherusker", ruft Lanto verhalten, weitere Worte bleiben ihm aber im Hals stecken. Neben Alrune erkennt er einen Römer an dessen Bekleidung.

„Verrat", flüstert er Nanne zu und greift nach seinem Messer, um notfalls damit ihre Flucht zu erzwingen. Stocksteif vor Schreck starrt Nanne zu den beiden hin. Die haben inzwischen die Kreuzung erreicht, bleiben stehen und halten Ausschau.

„Nanne!", ruft da Alrune leise, „ich bin es. Alrune, zeigt euch bitte!"

„Wir müssen es wagen", flüstert Nanne, die sich von dem ersten Schreck erholt hat. Zögernd verlassen sie ihr Versteck und nähern sich der Kreuzung. Lantos Faust umklammert das Messer in der Tasche, bereit, es sofort einzusetzen.

Bei den beiden angekommen, wendet sich Lanto an Alrune: „Wir haben den Cherusker erwartet und keinen Römer."

„Das ist kein Römer", meint Alrune, „sondern Arminius, von dem ich euch berichtet habe."

„Chatten", wendet sich da der Mann neben Alrune an die beiden, „achtet nicht auf die Kleidung, der Schein trügt. Zwar hat mich der Kaiser zum römischen Offizier gemacht, ein Römer bin ich deshalb nicht geworden. In allen Sippendörfern erlebte ich, wie grausam die Römer herrschen, wie sie hohe Steuern und Abgaben verlangen, die alten Sitten und Rechte missachten und Menschen versklaven – hier und allerorten. Deshalb, ihr Chatten, kann ich die Römer nicht lieben. Ich hasse sie."

„Bürgst du für ihn?", fragt Nanne, deren Misstrauen noch nicht überwunden ist. „Ich bürge für ihn, er ist Arminius der Cherusker", sagt Alrune fast feierlich.

„Dann lasst uns ein Stück in den Wald gehen, damit wir hier nicht von Feinden überrascht werden", schlägt Lanto vor.

Sie entdecken zwei nebeneinanderliegende Baumstämme, auf denen sie sich niederlassen. Sogleich ergreift Arminius das Wort, während er abwechselnd Nanne und Lanto anschaut. „Alrune hat mir von eurem Vorhaben berichtet. Bevor ich etwas über meine Absichten sage, bitte ich euch darum, mir euren Plan zu verraten."

Abwechselnd berichten Nanne und Lanto, wie ihr Plan zur Befreiung der Sklaven in Mattiacum entstanden ist, dass sie bei den Sippen im Tal der Lagona Verbündete gefunden und rund um Mattiacum bescheidene Waffenlager angelegt haben. Lediglich der Zeitpunkt für den Aufstand sei noch ungewiss, beendet Lanto ihren Bericht.

Erwartungsvoll blicken die drei Chatten Arminius an, gespannt auf seine Meinung zu ihrem Vorhaben.

„Offenheit gegen Offenheit", beginnt der Cherusker, und staunend vernehmen sie, dass Arminius im Großen einen ähnlichen Plan verfolgt wie sie im Kleinen. Als Arminius geendet hat, hängen sie eine Zeit lang ihren Gedanken nach.

Alrune, die sich bisher nicht geäußert hat, ergreift das Wort: „Der Zeitpunkt für unseren Aufstand sei noch offen, sagst du. Mir steht der aber ganz klar vor Augen", lächelt sie und fährt fort: „Wenn die römischen Legionen in den Kampf mit den Verbündeten unter Arminius' Führung verwickelt sind, werden sie kaum die Kraft dazu haben, dem Aufstand in Mattiacum etwas entgegenzusetzen."

„Da stimme ich der Seherin zu", meint Arminius, fügt aber nach einem Moment des Nachdenkens hinzu: „Ihr habt bei euren chattischen Sippen Verbündete gefunden, habt ihr bei den Sklaven in der Stadt selbst Ähnliches erreicht?"

Betroffen schauen Nanne und Lanto zuerst sich und dann den Cherusker an.

„Da gibt es ein Problem, musst du wissen", erläutert Lanto. „Wir beide genießen zwar die Freiheit, die uns unsere Tätigkeit als Haussklaven lässt, und nutzen sie dazu, um mit Häuptlingen und Sippenältesten zu sprechen, zu unseren Mitsklaven in Mattiacum haben wir aber keinen Kontakt, weil die ununterbrochen unter der Bewachung der Aufseher stehen. Ihnen ist unter Strafandrohung verboten, mit wem auch immer außerhalb ihres Einsatzortes zu sprechen."

„Bedenkt", entgegnet Arminius, „dass euch damit Kräfte verloren gehen, die zum Gelingen eures Planes entscheidend beitragen könnten."

„Da stimme ich dem Cherusker zu", ergänzt Alrune. „Ihr solltet es wenigstens versuchen, denn erst wenn wir kräftig genug sind, wenn wir genügend Waffen besitzen und den richtigen Zeitpunkt, zu dem die Römer nicht mehr in der Lage sind, ihre Herrschaft in gewohnter Weise aufrechtzuerhalten, gewählt haben, werden wir Erfolg haben."

Arminius lässt den beiden Chatten Zeit, das Gesagte, dem er nichts hinzuzufügen hat, zu überdenken. Lanto und Nanne verständigen sich schließlich über einen Blick und nicken sich kurz zu. „Wir werden es versuchen."

Da können beide noch nicht wissen, dass sie bald Gelegenheit haben werden, das Manko auszugleichen.

Vierzehn

Jetzt heißt es abwarten. Arminius hat versprochen, einen Boten zu senden, wenn die Zeit reif ist. Es ist Frühling im Tal der Lagona und der Handel läuft nur schleppend, denn die Chatten sind damit beschäftigt, den Boden zu bereiten, Werkzeuge zu reparieren, neue Vorratsbehälter herzustellen – eben all das zu tun, was in den kalten Wintertagen liegen geblieben ist.

Nanne und Lanto sind jetzt oft zusammen. Obwohl sie jede sich bietende Gelegenheit nutzen, allein zu sein, ist Nanne nicht mehr schwanger geworden. Sie sagt, dass der Sturz damals und die Fehlgeburt in ihrem Körper etwas zerstört haben müssen. Beide sind sie sich darin einig, dass es bei dem, was sie vorhaben, so am besten ist. Einmal meint Nanne, dass Frija damals ihr Gebet, sie möge eine Schwangerschaft verhindern, wohl erhört habe. Nanne lächelt, als sie sagt: „Sicher war es schon zu spät, als wir sie darum baten."
Lanto fragt nach: „Du meinst, der Sturz, so schmerzhaft er auch für dich war und so schrecklich die Folgen sind, sei von Frija ausgelöst worden?" Mit Bestimmtheit kommt Nannes

Antwort: „Meinst du nicht, dass eine Schwangerschaft und ein Kind zum jetzigen Zeitpunkt all unsere Pläne zunichtemachen würden?"

Er gibt ihr Recht und dankt im Stillen Frija für ihr umsichtiges Handeln.

Inzwischen haben Elletra und Julius Vertrauen zu ihnen gefasst. Ihr beider umsichtiges Vorgehen beim Handeln mit den Chatten hatte zu guten Abschlüssen und damit zur Mehrung des Reichtums der beiden Römer geführt. Lodan hingegen war in der Gunst seiner Herren gesunken. Nur noch, wenn der Handel im Dorf von Lantos alter Sippe erfolgt, wird er als Übersetzer eingesetzt. Lodan besitzt nicht die Fähigkeit, eigene Entscheidungen zu treffen. Ständig holt er sich auf seine unterwürfige Art Hilfe bei den Herren, was die zu nerven scheint. Dagegen kommt es vor, dass Julius oder Elletra Nanne und Lanto um Rat fragen, wenn zum Handelsabschluss genaue Kenntnisse chattischer Sippeneigenarten von Nöten sind. Das führt dazu, dass der Pater seinen beiden Haussklaven mehr Freiheiten zubilligt, als das Sklaven gegenüber sonst üblich ist.

Seit Tage beobachtet Lanto an Lodan ein verändertes Verhalten. Er spricht weniger, ist aber ständig in der Nähe, wenn er und Nanne Verkaufsgespräche führen, und fragt, ob er behilflich sein kann. Oder er ordnet Waren auf den Tischen, schleppt neue Waren herbei, obwohl die Alten noch nicht verkauft sind. Plötzlich verhält sich auch Julius ihnen gegenüber reservierter als früher. Beide vermuten sie, dass man ihnen misstraut, können sich aber nicht vorstellen, warum, wagen nicht in Betracht zu ziehen, dass man ihnen auf die Schliche gekommen sein könnte.

Auch wenn sie fast alle Vorbereitungen abgeschlossen haben, ist da immer die Angst davor, verraten zu werden. Noch haben sie Zeit zur freien Verfügung, die sie nutzen.

Nanne ist im Umgang mit Pfeil und Bogen nicht so versiert wie Lanto. Um das zu verändern, treffen sie sich im Wald in der Nähe der Stadt. Gleichzeitig fertigen sie neue

Bogen und Pfeile, die sie dann einschießen. Auch das steigert ihre Treffsicherheit. Die neuen Waffen verstecken sie rund um die Stadt und vermerken die Lagerplätze in einer Skizze. Diese Waffen wollen sie im Einsatzfall an Sippengenossen verteilen, die keine eigenen mitbringen können, oder an Mitsklaven aus der Stadt. In gewissen Abständen kontrollieren sie die Waffenlager.

Mit sich und den Ergebnissen ihrer Vorbereitungen zufrieden, treffen sie nach einem solchen Rundgang am späten Nachmittag am Warenlager ein. In der Eingangstür erscheint Lodan, der ihr Ankommen beobachtet haben muss. In unmissverständlicher Weise hält er die Peitsche in der Hand. Mit einem zynischen Grinsen im Gesicht gebietet er ihnen, ihm zu folgen. Kurz darauf stehen sie im großen Raum vor Julius, der sich, wie um diese Zeit üblich, auf seiner Liege ausgestreckt hat.

„Da hab ich sie, Herr."

Julius dreht sich auf die Seite zu den dreien hin, bleibt in der Liegeposition. Schläfrig und fast unbeteiligt beginnt er: „Man hat mir gemeldet, dass ihr beide meine Großzügigkeit schamlos ausgenutzt habt."

Erstarrt, wie vom Schlag getroffen, stehen sie da und wagen nicht sich anzusehen. Das ist das Ende, denkt Lanto, als er sich von dem ersten Schrecken erholt hat, alle Mühe war umsonst. Er wagt einen Blick zur Seite, sieht Lodan, hämisch grinsend, spielerisch die Peitsche schwenkend, abwechselnd, wie ungeduldig, sein Körpergewicht vom linken auf das rechte Bein verlagernd.

Der Sklavenhalter lässt sich Zeit, scheint die Angst der beiden Sklaven zu genießen, bis er in derselben gelangweilten Weise wie zuvor weiterspricht: „Ich habe euch vertraut. Meine Frau und ich haben euch Aufgaben übertragen, wie zum Beispiel die, in unserem Sinne Geschäftsabschlüsse zu tätigen. Ihr habt unser Vertrauen schamlos missbraucht, indem ihr Geschäfte auf eigene Rechnung gemacht habt."

Zuerst glaubt Lanto, sich verhört zu haben, bis er Lodan sagen hört: „Mir entgeht nichts, müsst ihr wissen."

Der Stein, der beiden gleichzeitig vom Herzen fällt, könnte man ihn sehen, hätte die Größe eines Felsbrockens, wie man ihn manchmal im Tal der Lagona findet. Nanne hebt ihre Hand, will etwas sagen. So schläfrig, wie seine Worte klangen, ist die Geste, mit der der Römer ihr das Wort erteilt.

„Erlaube mir die Frage, Pater, hast du Belege für das, wessen du uns beschuldigst?"

Der Römer blickt zu Lodan hin. „Lodanus, mein engster chattischer Vertrauter, hat euch beide über einen längeren Zeitraum hin beobachtet. Er hat mir gemeldet, dass ihr beide oft mit den einheimischen Händlern zusammengesteckt habt. Um was soll es da sonst gegangen sein als um private Geschäfte?"

Lanto ist immer noch so erregt, dass er Nanne sprechen lässt. Im Stillen bewundert er ihre Beherrschung und Schlagfertigkeit, da sie sofort reagiert. „Du wirst es nicht glauben, Pater, doch bei dem, was du als ‚zusammenstecken' bezeichnest, handelte es sich um Gespräche mit alten Sippengenossen. Du wirst verstehen, dass uns interessiert, was es Neues gibt, wie die Ernte war und so weiter ..."

Mit einer energischen Handbewegung, gar nicht mehr schläfrig, schneidet der Römer Nanne das Wort ab.

„Wie auch immer, Sklavin, ich traue euch nicht mehr über den Weg. Deshalb habe ich beschlossen, euch beide zu versetzen. Du, Nannena, meldest dich umgehend bei den Weberinnen und du, Lantus, bei den Bausklaven. Noch heute verlasst ihr mein Haus. Und du, Lodanus, sorgst dafür, dass meine Befehle ausgeführt werden."

„Jawohl, Herr!"

Demonstrativ wendet sich der Römer auf seine andere Körperseite. Für ihn ist die Angelegenheit damit abgeschlossen.

„Dann darf ich bitten, mir zu folgen", hohntriefend Lodans Aufforderung.

Obwohl die Versetzungen gewaltige Veränderungen in ihrem Tagesablauf bedeuten, sind beide ungeheuer erleichtert darüber, dass ihr wirkliches Handeln dem Spitzel verborgen geblieben ist.

Lodan scheint von seinem Erfolg so benebelt zu sein, dass er sie für kurze Zeit aus den Augen lässt. Sie nutzen die Gelegenheit, Wichtiges zu verabreden. Es muss Frija gewesen sein, die sie beschützt hat und es ihnen nun ermöglicht, ihre Mitsklaven zu Verbündeten zu machen, ist ihrer beider Meinung.

Kolossal der Unterschied. Es gibt keine Gelegenheit mehr, miteinander in Kontakt zu kommen. Lanto, einer der Kräftigsten unter den Bausklaven, wird von dem Aufseher an der Baustelle sofort zu den Steinschleppern beordert. Keiner der anderen Bausklaven beneidet ihn um diese Arbeit. Jeden Abend fällt er todmüde auf sein Lager, und hätte er die Gelegenheit gehabt, nachts das Haus zu verlassen, er wäre dazu nicht in der Lage gewesen. Ständig stehen die Aufseher am Rand der Baugrube, die Peitschen schlagbereit in ihrer Hand. Hält er einmal inne, setzt den schweren Stein ab, um einen Moment auszuruhen, ist sofort einer von ihnen über ihm, die Peitsche drohend erhoben, bereit zum Schlag, sollte er nicht sofort weiterarbeiten. Was aber Lanto als das Schlimmste empfindet, ist, dass es sich bei den Aufsehern auch um Sklaven handelt, die ihre Halter zu Wachhunden gedrillt haben.

In einer Pause spricht er seinen Sitznachbarn darauf an. Er erfährt, dass diese Lakaien der Römer Sklaven sind, die von ihren Häuptlingen an die Römer verkauft wurden. Der Mann meint, sie seien deshalb zu Verrätern geworden, weil sie keinen anderen Weg sahen, dem Übel zu entkommen. „Ich", sagt der Mann, „habe immer noch die Hoffnung, eines Tage fliehen zu können. Diese da", er weist verstohlen auf einen Aufseher, „würde ihr Häuptling umgehend hierher zurückbringen."

Lanto ergreift die Chance und weiht den Mann vorsichtig in seinen Plan ein. Der überlegt nicht lange, sieht die herbeigesehnte Fluchtmöglichkeit und ist bereit mitzumachen. Ja, er verspricht sogar, seine Freunde zu befragen. Lanto warnt ihn, meint, dass man da sehr vorsichtig sein müsse, denn überall lauerten Verräter.

Die Tage vergehen und immer noch keine Nachricht von Arminius. Da will es Frija, so meinen beide später, dass sich Nanne und Lanto begegnen. Bei den Transportsklaven, die die Lasten von den Prahmen, den Lastkähnen auf der Lagona, auf Wagen umladen, die von Pferden in die Stadt gezogen werden, hat es einen Ausfall gegeben. Da wird ein kräftiger Bausklave gesucht. Sofort meldet sich Lanto freiwillig. Er kennt den Weg zwischen der Lagona und Mattiacum. Früher, wenn sie auf dieser Straße geritten waren, hatte er Gelegenheit, die schwere Arbeit der Transportsklaven zu beobachten. Beneidet hatte er sie nicht darum. Er erinnert sich aber auch daran, sie bei einer Pause gesehen zu haben, ohne dass gleich ein Aufseher die Peitsche geschwungen hatte. Als er sich meldet, hofft er natürlich auch, neue Verbündete zu finden. Und es kommt noch besser, denn manchmal bringen Weberinnen das Tuch selbst zum Prahm.

Er führt das Pferd am Zügel, als er plötzlich ihre hochgewachsene Gestalt erkennt. Lanto lässt die Zügel fallen und läuft Nanne entgegen. Beide sind sie auf dem Rückweg. Er, um neue Güter vom Lastkahn zu holen, und sie auf dem Weg zurück in die Stadt. Und wie es Frija will, denkt Nanne, kein Aufseher weit und breit.

Unter dem langen Hemd spürt er ihren kräftigen Körper. Seine Hände beginnen zu wandern. „Und", meint Nanne lachend, „ist alles noch so, wie du es verlassen hast?"

Lanto kann sich ihrer Unbekümmertheit nicht anschließen, blickt besorgt wegauf- und abwärts. Noch immer ist niemand zu sehen. Lanto bindet das Pferd an den nächsten Baum. Er fasst sie bei der Hand. Bereitwillig lässt sich Nanne ins Unterholz ziehen.

Später, als Nanne hört, dass Lanto bei den Transportsklaven arbeitet, nimmt sie sich vor, sich bei nächster Gelegenheit freiwillig zum Leinentransport zu melden. Sie äußern ihre Hoffnung, bald etwas von Arminius zu hören, und wollen gerade wieder den Wald verlassen, da reißt sie Lanto runter auf den Boden. Ein anderes Pferdefuhrwerk nähert sich, begleitet von zwei Aufsehern. „Bleib hier, bis alle weg sind!", flüstert er Nanne zu. Bewusst geräuschvoll erhebt er sich, seine Hose hochziehend. Die anderen sind bei seinem Pferd stehen geblieben, sich unschlüssig umschauend.

„Ich musste mal", wendet Lanto sich an einen der Aufseher, so, dass der in die andere Waldseite blicken muss und Nanne nicht entdecken kann. Der glaubt ihm und fordert ihn auf weiterzumachen, da man ihn in der Stadt schon erwarte.

Drei Tage darauf treffen sie, fast an derselben Stelle, erneut aufeinander. Sie können nur kurz miteinander sprechen, da sie zwar ohne Aufseher, aber mit anderen Sklaven unterwegs sind. Stolz berichten sie einander, dass sie, jeder in seinem Bereich, insgesamt dreißig Mitstreiter angeworben haben.

Fünfzehn

Tag für Tag verrichtet Lanto die schwere Arbeit, ohne dass sich etwas ereignet, was ihren Plan voranbrächte. Schon beginnt er zu glauben, dass Arminius seinen Plan aufgegeben haben könnte. Einmal, als er ohne Lasten auf dem Weg zwischen Mattiacum und der Lagona unterwegs ist, enttäuscht, Nanne nicht begegnet zu sein, kommt ihm der Gedanke, ob sie nicht besser alleine losschlagen sollten. Da fallen ihm die eindringlichen Worte der Seherin ein: „Wenn Arminius losschlägt und damit alle römischen Kräfte bindet, werden wir Erfolg haben." Während er noch über ihre Worte nachdenkt, ist er bei dem Prahm angekommen, der beladen mit frischer Ware am Ufer festgemacht hat.

Er macht das Pferd an einem Baum fest, setzt sich auf einen Stein und wartet auf ein Zeichen der Schiffsbesatzung, dass er mit seiner Arbeit beginnen kann.

Plötzlich hört er hinter sich eine Frauenstimme flüsternd seinen Namen rufen: „Lanto, erschrick nicht, ich bin's, Alrune. Bleib so sitzen und dreh dich nicht um. Ich habe wichtige Nachrichten für euch." Lanto befolgt ihre Anweisung, blickt weiter in Richtung Lastkahn.

„Arminius hat mir mitgeteilt, dass es bald losgeht. Wenn es so weit ist, werde ich unsere Verbündeten alarmieren. Hier in der Nähe im Wald werden wir uns sammeln."

Lanto, ohne dass er seinen Kopf dreht, flüstert wie sie: „Woher weißt du, wer die Verbündeten sind und wo du sie findest?"

„Nanne hat mir eine Kopie der Skizze zukommen lassen, du weißt schon, und hat mich eingewiesen."

„Was denkst du, wann es losgeht?"

„Varus, der römische Statthalter, hat sein Sommerlager an der Weser aufgeschlagen. Arminius wird Varus mit einem Trick dazu bringen, mit seinen Legionen an die Ems vorzustoßen. Dann, in einem dichten Wald, werden die mit Arminius Verbündeten zuschlagen."

„Du sprachst von einem Trick?"

„Varus vertraut Arminius – noch. Arminius wird Boten zu Varus schicken, die ihm von einem Aufstand gegen die Römer an der Ems berichten."

„Der natürlich nicht stattfindet?"

„Nein."

Lanto kommt nicht mehr dazu, Alrune weitere Fragen zu stellen, denn er muss nun dem Zeichen des Schiffers folgen.

„Tagsüber findest du mich auf dem Weg zwischen der Stadt und dem Fluss", flüstert er noch Alrune zu, während er sich erhebt.

„Mit der Götter Hilfe werden wir es schaffen", ruft ihm Alrune leise zu.

Jeden Tag, wenn er auf seinem Pferd sitzt oder es am Zügel haltend neben sich führt, hofft er, dass sich Alrune meldet und er das Zeichen zum Losschlagen erhält.

Transportiert er schwere Güter, ist er ohne Bewachung unterwegs. Da vertraut man ihm, zumal der römische Unternehmer seine vormalige Position kennt. Wenn es aber kostbare Dinge sind, die vom Lastkahn in die Stadt transportiert werden müssen, begleiten ihn mehrere Aufseher. Heute sind es vier, noch dazu schwer bewaffnet mit Helm, Kettenhemd und Schwert. Er erfährt nicht, was da transportiert wird, zu groß erscheint dem Römer die Gefahr des Diebstahls. Wenn es sich gar nur um eine Kiste handelt, die auf seinen Wagen geladen wird, vermutet er Gold, Silber oder Münzen in ihrem Inneren.

Ausgerechnet an einem solchen Tag spricht ihn an der bekannten Stelle Alrune an, noch dazu, wo zwei Legionäre in seiner Nähe Aufstellung genommen haben. Doch zum Glück konzentriert sich deren Aufmerksamkeit auf den Verladevorgang. Deshalb haben sie den Waldrand im Rücken.

Alrune scheint die veränderten Umstände erkannt zu haben, als sie ihn anspricht: „Antworte nicht und sprich nicht, Lanto, höre mir nur zu!" Nach einer kurzen Pause: „Alles ist vorbereitet, die Waffen aus den Verstecken haben wir gesichert und werden sie, wenn wir in der Stadt sind, an euch verteilen.

Vor Aufgang der nächsten Sonne werden wir in der Nähe des Tores sein, dass du heute passierst. Wenn du uns das Tor nicht öffnen kannst, versuchen wir es mit einem Rammbaum von außen. Sei aber mit deinen Leuten in der Nähe und warte auf den dreimaligen Schrei der Eule. Das ist das Zeichen für den Beginn des Aufstandes. Alles weitere dann –Wodan und Donar seien mit uns!"

Endlich, denkt Lanto, der ersehnte Tag der Befreiung. Was tun und womit beginnen? Als er sich diese Fragen stellt, glaubt er, sie schon einmal, allerdings in einem ganz anderen Zusammenhang, gehört zu haben.

Inzwischen ist die Kiste auf den Wagen verladen worden und einer der Legionäre reißt ihn mit dem Befehl zur Abfahrt aus seinen Gedanken.

Die Legionäre müssen beim Verladen wichtige Neuigkeiten erfahren haben, denn kaum, dass sie beiderseits der Kiste auf dem Wagen Platz genommen haben, beginnen sie darüber zu sprechen. Bereits nach den ersten Worten erkennt Lanto die Bedeutung der Neuigkeiten. Im Glauben, er verstünde ihre Sprache nicht, nehmen die Männer kein Blatt vor den Mund. Er erfährt, dass die von Varus geführten Legionen in unübersichtlichem Gelände in einen Hinterhalt geraten sind. Vom Verrat des Arminius ist die Rede. Und dann das für Lanto Wichtigste: Noch heute würde das Gros der in Mattiacum stationierten Soldaten in Marsch gesetzt werden, um Varus zur Hilfe zu eilen.

Arminius´ Rechnung war also aufgegangen. Sofort nach seiner Rückkehr musste Lanto versuchen, mit Nanne zu sprechen. Ihr Plan musste umgehend in Kraft gesetzt werden. Viel zu langsam vergeht ihm die Zeit, die sie bis zum Tor des Forums benötigen. Kaum dass es sich öffnet, übernehmen die Legionäre die Zügel des Pferdes und führen das Gefährt ins Innere der Administrationsgebäude. In der Aufregung scheinen sie Lanto vergessen zu haben, der nun ohne Aufsicht ist. Der nutzt die Gelegenheit, macht sich auf den Weg, Nanne zu suchen. Er kommt an der Baustelle vorbei, wo er als Steinschlepper geschuftet hat – alles leer. Auf dem Weg zu den Sklavenunterkünften begegnet er nicht einem einzigen Wachsoldaten. Am Eingang zur Marktstraße zögert er einen Moment, sieht die Stände verwaist. Schon will er weiterlaufen, als er hinter sich die verhasste Stimme hört: „Haben sie dich freigelassen oder bist du ihnen entkommen?"

Lodan. Langsam dreht sich Lanto um. Da steht der Verräter fast vor ihm, die Peitsche in der Hand. Sollte so alles scheitern?, rasen ihm die Gedanken durch den Kopf. Jetzt muss er schnell handeln oder alles ist verloren.

Drei Schritte und er ist bei ihm. Lodan findet keine Gelegenheit, die Peitsche auch nur zu heben noch sie zu gebrauchen. Lanto ergreift das Folterinstrument bei dem Riemen. Lodan ist so überrascht von dem Angriff, dass er zwar den Peitschengriff immer noch umklammert hält, Lantos Fausthieb aber nicht ausweichen kann. Lodan taumelt, geht zu Boden. Ein Blick in die Runde zeigt Lanto, dass sie immer noch alleine auf der Straße sind. Er reißt Lodans Arme auf dessen Rücken und fesselt seine Handgelenke mit dem Peitschenriemen. „Aufstehen!", befiehlt er dem Verräter und der gehorcht umgehend. Hoffentlich ist niemand im Lager, denkt Lanto. Ohne sich dessen zu vergewissern, öffnet er die Tür und zerrt Lodan in den dunklen Raum.

„Hinlegen", brüllt er, wissend, dass die Zeit drängt. Wieder gehorcht Lodan sofort. Lanto dreht ihn auf die Seite, zieht Lodans Füße zum Rücken hoch und schlingt das Leder um dessen Fußgelenke.

„Rühr dich nicht von der Stelle, Verräter!" Ohne weiter auf Lodan zu achten, rennt Lanto auf die Straße und weiter zu den Unterkünften der Frauen, die Nähe zum Gebäude der Legionäre vermeidend. Später wird Nanne ihm berichten, dass Elletra sie freigelassen hat.

„Hierher", hört er sie rufen. Kurz erscheint ihr Kopf über einem Stapel Bauholz. „Eine zweite Chance werden wir nicht bekommen, Lanto, jetzt gilt es!" Kurz nur ihre Umarmung, und sogleich beginnen sie, ihren Plan den neuen Gegebenheiten anzupassen. Sie vergessen sogar, die Götter anzurufen, bevor sie sich trennen, jeder seinen Teil übernehmend.

Lanto begibt sich auf dem kürzesten Weg zur Sklavenunterkunft der Männer. Mehrmals muss er innehalten und Schutz suchen, denn hier sind jetzt Römer auf den Straßen, die sich gezielt in Richtung Forum bewegen.

Vor dem Hauseingang, wo sich sonst ständig mindestens zwei Aufseher aufhalten, steht heute nur einer, und der scheint mit seinen Gedanken ganz woanders zu sein.

Lanto schleicht sich von hinten an den Mann heran, nimmt Anlauf und springt den Römer an, reißt ihn mit sich zu Boden. Mit der Faust schlägt er ihm auf den Kopf, sodass der Soldat benommen liegen bleibt. Lanto springt auf, reißt den Sperrbalken aus den Haken, öffnet die Tür und zerrt den Legionär ins Innere des Raumes. Erschrocken starren ihn seine Mitsklaven an.

Ohne lange Vorrede gibt er seine Befehle. Da sieht er den Aufseher nach dem Schwert greifen. Sofort ist er bei ihm, entreißt ihm die Waffe. „Mit seiner Peitsche fesseln!", befiehlt er dem nächsten in der Nähe stehenden Chatten.

Nun heißt es warten und Ruhe bewahren, hoffend, dass ihre bisherigen Aktionen unbeobachtet geblieben sind. Ginge jemand an dem Haus vorbei, würde sich der nur wundern, dass heute keine Bewachung zu sehen ist. Das dünne Seil, mit dem man den Sperrbalken jetzt von innen hochziehen kann, ist nur bei genauem Hinsehen erkennbar.

Von einem kleinen Fenster aus blickt Lanto immer wieder in die Richtung, aus der sich die Sonne ankündigen wird. Dann ist es endlich so weit. Vorsichtig, jedes Geräusch vermeidend, nach allen Seiten hin sichernd, schleichen sich die Chatten zu dem mit den Frauen vereinbarten Treffpunkt, einem Baugelände in unmittelbarer Nähe des Tores und des Wachturms. Dort gleiten sie auf einer Materialrutsche in die Baugrube.

Nach einer kurzen Lagebesprechung übernehmen die gewählten Truppführerinnen und Truppführer ihre Krieger und verschwinden in der Dunkelheit. Unendlich lang erscheint Lanto die Zeit, bis die Melder zurück sind und übereinstimmend berichten, dass die Trupps bei den Wachtürmen auf keinen nennenswerten Widerstand gestoßen sind. Sofort herrscht wieder absolute Stille in der Baugrube, denn noch immer besteht die Gefahr, dass sie von patrouillierenden Legionären aufgespürt werden könnten. Gespannt lauschen sie in die zu Ende gehende Nacht auf das vereinbarte Zeichen, den dreimaligen Schrei der Eule.

Was Lanto größte Sorge bereitet, ist, dass er nicht weiß, wie viele Soldaten sich noch in der Stadt aufhalten und wie sie bewaffnet sind. Die Frauen und Männer, die mit ihm in der Grube hocken, sind lediglich mit kräftigen Holzknüppeln ausgerüstet. Erst nach dem Zusammentreffen mit den Angreifern von außen werden sie die Waffen aus den Lagern im Wald erhalten. Auch dann sind ihre Chancen, Legionäre zur Strecke zu bringen, eher gering, es sei denn, die wären im allgemeinen Chaos, das jetzt in der Stadt herrschte, nicht mehr in der Lage, ihre Kettenhemden überzustreifen.

Eins – zwei – drei Mal ertönt da der Schrei der Eule, reißt Lanto aus seinen sorgenvollen Gedanken. Auf seinen Befehl hin klettern die Aufständischen über den Rand der Baugrube und stürzen mit ohrenbetäubendem Geschrei, das die römischen Soldaten am Stadttor erstarren lässt, auf das Tor zu.

Kurz nur dauert der Kampf, bis die fünf Posten niedergerungen sind. Die wütenden Sklaven und Sklavinnen nehmen keine Rücksicht. Zum Fesseln bleibt da keine Zeit. Nanne und Lanto heben den Sperrbalken aus der Halterung und öffnen das Tor. Und obwohl sie eigentlich keine Zeit verschwenden dürften, umarmen sich die Verbündeten, begrüßen sich lang vermisste Sippengenossen. Unter Alrunes Führung, die Ortskenntnisse der „Einheimischen" nutzend, machen sich die Chatten nach einem von der Seherin gesprochenen Gebet ans Werk.

„Wenn wir gesiegt haben, treffen wir uns im Forum", ruft Alrune Lanto zu, als sie, den anderen Kämpfern ein paar Schritte voraus, an ihm vorüberläuft.

Julius

Lanto zögert. Schon so viel Blut ist geflossen, denkt er. Doch diesen Triumph will er auskosten. Dabei stellt er sich vor, wie er vor ihn hintritt, sein Schwert, das er Lodan abgenommen hat, zum Schlag erhoben. Julius, gar nicht so gelassen wie sonst, bleich im Gesicht. Da wird Lanto, fast gelangweilt, sagen: „So, du elendes Sklavenhalterschwein, jetzt ist

Schluss!" Julius, zitternd vor Angst, wird vergebens nach Lodanus rufen.

Dann wird er sein Schwert sinken lassen und mit Blick auf die verladefertigen Truhen sagen: „Hau einfach ab, aber das da bleibt hier."

Schon steht er im Atrium, das Schwert mit festem Griff umklammert, bereit, sich den Weg in den großen Raum, wo er den Römer vermutet, freizuschlagen. Da öffnet sich die Tür und in ihr erscheint Venona, ein Schwert locker in den Händen, voller Blut. Sie starrt Lanto mit leeren Augen an, droht in sich zusammenzusinken. Lanto kann sie gerade noch auffangen.

Er trägt sie zu einer steinernen Bank am Rande des Innenhofes, legt sie darauf und nimmt ihr das Schwert aus der Hand. Kein Laut dringt aus dem Haus, also hat sie ihn getötet, vermutet er. Venona setzt sich auf, starrt vor sich hin.

„Warum, Venona?"

Langsam kehrt Leben in ihr Gesicht zurück. Ihre Lippen formen Worte – noch stumm.

„Warte", sagt er, nimmt sein Schwert und verschwindet in dem Raum, wo er den Wein weiß. Kurz darauf kehrt er mit einem Krug in der Hand zurück.

„Hier, Venona, nimm einen Schluck."

Sie setzt den Krug an ihre Lippen. Ihre großen dunklen Augen sind auf ihn gerichtet, während sie zuerst langsam, dann in vollen Zügen von dem Wein trinkt. Dann reicht sie ihm den Krug. Er hebt ihn kurz in ihre Richtung, bevor auch er ein paar Schlucke nimmt. Er reicht ihn ihr noch einmal.

„Nein, noch nicht", sagt sie und stellt das Gefäß neben sich auf die Bank.

„Einmal hast du mich beschützt, Lanto, und dafür bin ich dir sehr dankbar. Doch du konntest nicht immer da sein, wenn Elletra unterwegs war. – Das Schwein hatte stets Freude daran, mich vorher auszupeitschen …" Sie greift nach dem Krug, trinkt und sammelt sich. Lanto wartet, doch ständig hält er ein Auge auf die Umgebung gerichtet, das Schwert griffbereit neben sich.

„Manchmal fiel ich in Ohnmacht, spürte erst, als ich wach wurde, dass er es getan hatte. Dann lag er von mir abgewandt auf der Liege, meinte gleichgültig: ‚Wasch dich, wenn ich dich das nächste Mal holen lasse!' Das sagte er jedes Mal. Dann durfte ich gehen. – Und jetzt habe ich ihm seinen Schädel gespalten."

Lanto bedauerte, dass er nicht mehr vor den lebenden Römer hintreten durfte.

Elletra
Plötzlich steht sie vor ihm, einen Dolch in der Hand. Sekundenlang starren sie sich an. Lanto lässt sein Messer, das er kampfbereit am ausgestreckten Arm vor sich hält, sinken. Elletra folgt seinem Beispiel und ein Lächeln huscht über ihr Gesicht. Da weicht die Wut aus seinem Gesicht.

„Ich danke dir, Lanto, doch wenn du es nicht tust, die Rache der Sklaven scheint keine Grenzen zu kennen."

Nun, da er sich einmal entschlossen hat, Elletra zu retten, findet er einen Weg.

„Komm mit", befiehlt er, und als sie zögert, ergreift er ihren Arm und zieht sie hinter sich her, bis sie ihren Widerstand aufgibt und neben ihm herläuft. Auf dem Weg zu Nannes Unterkunft begegnet ihnen niemand. Bei ihrer Lagerstatt angekommen, greift er nach dem Beutel, der an der Wand hängt, und schüttet ihn über dem Strohlager aus.

„Zieh das an", und wieder klingt es wie ein Befehl.

Dann stehen sie wieder auf der Straße. „Versteck dich im Wald, Elletra, und geh erst wieder in die Stadt, wenn hier alles vorbei ist."

Sie folgt seiner Anordnung. Plötzlich dreht sie sich noch einmal um, läuft zurück in das Haus. Verdutzt schaut Lanto ihr nach. Als sie wieder herauskommt, hat sie die blonde Perücke aufgesetzt. „Die hätte ich beinahe vergessen", sagt sie, bevor sie ihn auf den Mund küsst.

Lodan
Lanto hat das erbeutete Schwert hinter seinen Gürtel geschoben. Seinen Bogen trägt er am langen Arm, den Köcher mit den Pfeilen über der Schulter.

Julius hatte klug entschieden, als er Lodan die kleine Wohnung neben dem Warenlager zuwies. So wusste er den Chatten an dem Ort, wo zum einen die Gefahr des Diebstahls groß war und zum anderen von wo aus der Lakai immer alles im Blick haben konnte. Kaum dass er ihn auf dem Sklavenmarkt gekauft hatte, hatte Julius in dem Mann Eigenschaften erkannt, die ihn zu einem willigen Werkzeug befähigten. Groß und stark waren sie sowieso, diese Barbaren, also gut geeignet dazu, schwere Lasten zu bewegen. Er hatte Lodan als einen Mann kennengelernt, dem man nur einmal einen Befehl zu geben brauchte, und seine Ausführung war gesichert. Das Zweite, was er an diesem Sklaven zu schätzen wusste, war dessen Fähigkeit, die Sprache der Römer zu erlernen. Und das dritte und entscheidendste Wesensmerkmal an Lodan war seine Durchtriebenheit, die ihn seine Mitsklaven drangsalieren und Kunden übers Ohr hauen ließ.

Also weiß Lanto, wo er Lodan zu suchen hat. Die Tür zum Kontor findet er offen, doch kaum, dass er den Laden betritt, steht Lodan vor ihm, die Peitsche in der Hand, mit der Lanto ihn vor Kurzem noch gefesselt hat. Hat er ihn jemals ohne dieses Symbol der Macht gesehen?, fragt sich Lanto und ist versucht, es ihm sofort mit seinem Schwert aus der Hand zu schlagen, lässt die Waffe aber vorerst hinter seinem Gürtel stecken.

„Was willst du noch hier, Sklave? Ist dein Platz nicht bei den Transportsklaven?" Lodan grinst ihn an, und wieder ist Lanto nahe daran, die Geduld zu verlieren, beherrscht sich aber nochmals.

„Wie du vielleicht weißt, hat dein Herr und Gebieter durch die Hand von Venona den Tod gefunden", sagt Lanto eher lakonisch als wütend und trifft Lodan damit eher, weil der ihn offensichtlich zu provozieren sucht.

Lodan zuckt nur kurz zusammen, will sich seine beginnende Unsicherheit nicht anmerken lassen. Vielleicht glaubt er mir auch nicht, denkt Lanto.

„Diese Hure, ich werde sie mir nach dir vornehmen."

„Hast du immer noch nicht begriffen, du Schinder, dass deine Zeit abgelaufen ist?" Lanto wird es langsam leid, sich mit dem Mann zu beschäftigen. Wichtigeres liegt an.

„Und nicht nur deine Zeit ist abgelaufen, sondern auch die deiner Herren, die der elenden Sklavenhalter. Und was das Vornehmen betrifft, Lodan, so werde ich dir heute wohl den Garaus machen müssen, denn ich kann mir kaum vorstellen, dass man dich in der neuen Ordnung, die wir hier errichten werden, in irgendeiner Weise gebrauchen kann. Und wo willst du sonst hin, vielleicht zurück zu deiner Sippe? Dass ich nicht lache."

Wie es Lanto erwartet hat, verliert Lodan jetzt seine Beherrschung. Er hebt die Peitsche, gewohnt, dass sein Opfer keinen Widerstand leistet. Mit einem Sprung ist er bei ihm, schlägt ihm seine Faust in die Magengrube. Lodan krümmt sich und Lanto ist es ein Leichtes, ihm die Peitsche zu entwinden. Doch seltsam, er kann sie nicht gegen den Mann erheben. Etwas in ihm wehrt sich gegen den Gebrauch dieses Foltergeräts. Er wirft die Peitsche in weitem Bogen von sich, sodass Lodan sie im Moment nicht greifen kann.

Der richtet sich langsam auf, schaut Lanto an, mit einem Blick, als schaue er Julius an – unterwürfig. Beide wissen sie, dass sie nicht auseinandergehen können, als sei nichts gewesen. Und noch während Lanto überlegt, was zu tun sei, spricht Lodan: „Ich schlage dir einen fairen Zweikampf vor."

Lanto ist erstaunt über die Dreistigkeit des Verräters, wo es doch jetzt ein Leichtes wäre, ihn erneut aus dem Gefecht zu ziehen. Und doch lässt er sich auf das Angebot ein, fragt nach der Waffe und hofft darauf, dass Lodan nicht das Schwert wählt. Der schlägt den Bogen vor und Lanto ist einverstanden.

Als Lodan aus seiner Wohnung kommt, trägt er den Köcher bereits über die Schulter gehängt und den Bogen in der linken Hand.

Ohne ein Wort zu sagen, treten sie hinaus auf die menschenleere Marktstraße. Auf der Straßenmitte bleiben sie stehen, verabreden die Prozedur. Sie stellen sich Rücken an Rücken auf, werden jeder fünfzig Schritte voneinander weggehen, sich umwenden, den Pfeile in die Bogen legen, die Sehnen spannen, zielen und ihre Pfeile abschießen. Ist einer von beiden lediglich verletzt, entscheidet der andere über das Leben des Verletzten. Bleiben beide unverletzt, finden weitere Durchgänge statt.

Irgendwoher kennt er diese Szene, geht es Lanto durch den Kopf, während er seine Schritte zählt, da hat die Sonne ihren höchsten Stand erreicht.

Siebenundzwanzig, achtundzwanzig, neunundzwanzig, dreißig … „Achtung, Lanto!" Er wirft sich herum, sieht Lodan den Pfeil einlegen. Während er zur Seite springt, zieht er den Pfeil aus dem Köcher, legt ihn in das Dreieck, das sein Daumen zum Holz des Bogens bildet, steht still, spannt den Bogen, zielt.

Er schließt seine Augen und das Zurückschnellen der Sehne dröhnt in seinen Ohren. „High Noon", schießt es ihm durch den Kopf.

Als er seine Augen wieder öffnet, steht Lodan aufrecht, den Bogen immer noch im Anschlag. Seltsam langsam greift er sich an seine Brust. Da erkennt Lanto den Pfeil, den Lodan versucht herauszuziehen – bis er zu Boden stürzt.

Jetzt erst dreht er sich nach ihr um. Da ist sie schon fast bei ihm, ein Schwert in der Hand. „Ich hätte ihn erschlagen, das kannst du mir glauben." Bogen und Schwert fallen zu Boden. Lange liegen sie sich in den Armen.

Sechszehn

Sie haben vereinbart, sich keinem der Trupps anzuschließen, solange sie davon überzeugt sind, dass alles nach Plan verläuft. Ein Plan, den sie zusammen mit Lanto geschmiedet hat, nachdem sie die Römer erlebt hatten, denen anscheinend nichts wichtiger war als persönlicher Reichtum.

Wie zufrieden war sie gewesen, als sie noch in ihrem Sippendorf zum Wohle aller leben und arbeiten konnte? Dann war Lanto gekommen, den man verstoßen hatte, nur weil er mit einer Frau seiner Wahl zusammen gewesen war. Niemals wird sie den Tag vergessen, als sie ihr gemeinsames Kind verlor. Und doch, fragt sie sich, was aus ihnen geworden wäre, hätte sie es bekommen?

Ihre und Lantos Aufgabe besteht darin, die Kämpfe zu beobachten und Verstärkung zu schicken, wo es notwendig ist. Das war bisher nicht der Fall, denn allenthalben waren die Römer in der Minderheit und fanden zudem keine Zeit, ihre vollständigen Rüstungen anzulegen, so überraschend ist der Angriff der Verbündeten für sie gekommen.

Nanne hält es außerdem für möglich, dass die in der Stadt verbliebenen Legionäre den schwächeren Teil der kleinen Garnison darstellen.

Vielleicht glaubt die Stadtadministration, dass das Gros der germanischen Kräfte in die Schlacht im Westen verwickelt ist. Sie hat sicher nicht mit einem Sklavenaufstand in Mattiacum gerechnet.

Nanne beobachtet, dass die Aufständischen, unter ihnen besonders die befreiten Sklaven, teilweise mit großer Brutalität gegen die ehemaligen Ausbeuter vorgehen. Überall sieht sie Leichen liegen, ihrer Rüstungen beraubt.

Während Nanne, jede sich bietende Deckung nutzend, durch die Stadt läuft, erinnert sie sich an vieles, was seit ihrer Verschleppung passiert ist. Mit welcher Brutalität der Römer Swana erschlug, wie Lodan sie auf dem Weg in die Stadt drangsalierte, an die Auspeitschungen und Bestrafungen, wie sie Julius, ohne mit der Wimper zu zucken, strafversetzte, nachdem ihm Lodan eingeflüstert hatte, sie und Lanto machten Geschäfte auf eigene Rechnung, und wie brutal die chattischen Aufseher gegen Menschen des eigenen Stammes vorgingen. Vergessen hat sie auch nicht das menschliche Verhalten mancher Römer ihr gegenüber.

Elletra, zum Beispiel, die, als sie merkte, das Nanne kein Interesse an gleichgeschlechtlicher Liebe zeigte, sich sofort zurückgezogen hatte. Die ihr in den Tagen nach der Fehlgeburt beistand. Sie wäre unter anderen Umständen sicher eine Freundin geworden.

Unbeabsichtigt ist sie bei dem Stadttor angelangt, dass sie den Verbündeten im Morgengrauen geöffnet haben. Warum sollte sie nicht versuchen, sich aus der Höhe einen Überblick zu verschaffen? Sie klettert die Leiter zur Plattform des Wachturms hoch, blickt über die Stadt. An manchen Stellen sind Brände gelegt worden, erkennt sie an den aufsteigenden Rauchfahnen.

Sie wendet ihren Blick nach außerhalb, auf den Wald, der die Stadt umschließt. Da gewahrt sie am Waldrand unter sich eine Gruppe Männer, die eine Frau mit blonden Haaren vor sich hertreibt. Mehr als sie steigt, stürzt Nanne die Leiter hinunter und noch im Laufen reißt sie das Schwert hinter ihrem Gürtel hervor.

Mit drohend erhobenem Schwert tritt sie den ehemaligen Sklaven entgegen und erstarrt. In einigen von ihnen erkennt sie vormalige Aufseher. Das lässt sie sich aber nicht anmerken, als sie den Anführer zur Rede stellt: „Was habt ihr mit der Frau vor?", fragt sie mit drohendem Unterton in der Stimme.

„Schau es dir doch an, das Luder. Verkleidet hat es sich, das Weib des elenden Julius."

Jetzt erst wirft Nanne einen Blick auf die Frau – Elletra. Die zieht sich die Perücke vom Kopf und lässt sie resigniert zu Boden fallen. Nanne weiß, dass sie den Kerlen unterlegen wäre, ließe sie es auf einen Kampf mit ihnen ankommen.

Da tritt einer, den Nanne als einen der ehemaligen Aufseher erkennt, an Elletra heran, greift in den Ausschnitt ihres Kleides, dass Nanne als das ihre erkennt, zerrt daran, will es Elletra wohl vom Körper reißen. „Da schau her, verkleidet hat sie sich als eine von uns."

„Reiß ihr die Sachen vom Leib und dann her mit der Römerhure", schreit einer aus der Gruppe. Zustimmendes Gejohle der anderen.

„Mit einem Sprung ist Nanne heran und lässt ihr Schwert niedersausen. Der Mann schreit auf und greift sich an die Stelle, wo gerade noch seine Hand war.

„Haltet ein!", ruft Nanne den erschrockenen Männern zu, „überlasst sie mir. Im Forum werden wir über sie das Urteil fällen."

Mit ihrem brutalen Vorgehen hat sie vermutlich den Anführer der Verräter beeindruckt. Der überlegt kurz, fragt sich vielleicht, ob es nicht besser sei, in der Stadt noch ein wenig zu plündern, um dann, bevor sie von den ehemaligen Sklaven erkannt und zur Verantwortung gezogen würden, das Weite zu suchen, anstatt sich hier mit dieser Furie zu schlagen.

„Bring sie vor ein chattisches Gericht. Dort sehen wir uns wieder." Er wendet sich an seine Kumpane: „Auf, Chatten, kämpfen wir weiter für die gerechte Sache!"

Murrend einige, ziehen sie doch alle ihrem Anführer hinterher.

„Du glaubst doch nicht, Elletra, dass es die Verräter wagen, vor die zu treten, die sie gestern noch gepeinigt haben?"

Siebzehn

So wie Nanne will sich auch Lanto ein Bild machen. Er läuft innerhalb der Stadtmauer eine Runde – nichts von Bedeutung. Hier finden keine Kämpfe statt. Er überlegt, wo sich möglicherweise Römer versteckt halten könnten. Die Baustellen, denkt er, böten ein Versteck. Er schaut in jede Baugrube, hinter alle Stein- und Holzstapel, kein Mensch zu sehen. Dann die Häuser. Keines findet er verschlossen. Alle

Türen stehen offen. Manche Häuser wirken wie planmäßig leergeräumt, anderen sieht er die Plünderung an. Da war eine Lücke in ihrem Plan. An flüchtende Römer und plündernde Chatten haben sie nicht gedacht. Warum auch, fragt er sich, die Hauptsache ist doch, sie sind frei. Auch in den Sklaven- und Legionärsunterkünften ist niemand. Wären da nicht der Kampfeslärm, der aus dem Forum zu ihm herüberdringt, und die Leichen überall, könnte er annehmen, Mattiacum sei von allen verlassen worden. Das Forum will er sich bis zum Schluss aufheben. Er geht davon aus, dass seine Anwesenheit dort nicht von Nöten ist. Der Sieg der Chatten scheint ihm sicher. Vielleicht bestätigen die Pferdeställe und Wagenunterkünfte seine Annahme, dass die Damen und Herren mitsamt ihrem Besitz das Weite gesucht haben. Nur noch zwei Wagen findet er unter einem Dach – Elletra und Julius, denkt er.

Noch einmal zieht es ihn zu der Baustelle und dem Bauholzstapel, wo er sich oft mit Nanne getroffen hat. Auf dem Weg dorthin wird ihm bewusst, dass er nur um die Marktstraße und Julius' Haus einen Bogen gemacht hat.

Er setzt sich auf den Bauholzstapel, stützt seine Hände hinter sich ab, hebt sein Gesicht der Nachmittagssonne entgegen, schließt die Augen. Wie wird die Schlacht zwischen den von Varus angeführten Römern und Arminius' Aufständischen ausgehen? Wird er den Cherusker jemals wiedersehen? Wie wird sich das Leben der Chatten im Tal der Lagona ohne die Besatzer gestalten?

Lanto glaubt nicht daran, dass er zu seiner alten Sippe zurückkehren wird. Das Beste wäre, mit Nanne eine neue Sippe zu gründen, die der Lachse. Mit einer Hand greift er nach der Lachsflosse, vergewissert sich, dass die noch an dem Lederband hängt, das er um seinen Hals trägt.

Da geraten seine Gedanken durcheinander. Wieder fragt er sich, was die nach Rom heimgekehrten Bewohner dieser Stadt dort berichten werden? Vielleicht die Geschichte von Julius und Elletra, die in friedlicher Absicht und zu beiderseitigem Nutzen mit den Chatten Handel betreiben, bis eines Tages blutrünstige Barbaren plündernd, mordend und vergewaltigend die schöne Stadt Mattiacum dem Erdboden gleichmachten, um auf ihren Trümmern eine angeblich neue Ordnung zu errichten? Ein Zuhörer könnte fragen: „Und wer herrschte nun dort?"

Ein ehemaliger Aufseher, selbst Chatte, der seinem Herrn gefolgt war, wüsste eine Antwort darauf: „Ein Fürst namens Lanto von der Lagona."

Ein Dröhnen lässt ihn aufschrecken, holt ihn in die Wirklichkeit zurück. Und noch einmal, wieder ohrenbetäubend, als wenn Metall auf einen metallenen Hohlkörper trifft. Lanto stürzt los, will jetzt wissen, was da im Forum passiert. Erreicht das offene Tor.

Alle Augen sind auf das Geschehen am Reiterstandbild des Augustus gerichtet. Dort auf dem Sockel steht ein Mann, der ununterbrochen mit einer Axt auf den Hals des Pferdes schlägt. Lanto drückt die Handflächen auf seine Ohren, erträgt das Scheppern nicht mehr.

Und während er das Gefühl hat, den Boden unter seinen Füßen zu verlieren und dem Geschehen zu entgleiten, sieht er Nanne neben Elletra auf einem der leeren Sockel stehen. Ruhe gebietend heben beide ihre Arme und sofort herrscht absolute Stille auf dem Platz.

„Nunc est bibendum!"[1]

Achtzehn

„Schaut nur, er ist endlich wieder da!" Bruni und Sonja standen am Fenster und blickten hinüber aufs Kirschenwäldchen. Sie schnellten förmlich herum, als sie Sandrine das sagen hören. Alle drei starrten sie gebannt auf meine noch geschlossenen Lider, unter denen sie meine wandernden Augäpfel bestaunten, wie ein Weltwunder. Eigentlich wusste

---

[1] Jetzt heißt es trinken!

ich selbst nicht, was los war. Ich versuchte, meine Augen zu öffnen.

Als es mir endlich gelang, sah ich nur verschwommen drei Gestalten. „Was ist los, wo bin ich, und wo sind Alrune, Elletra und Nanne?"

„Gleich drei Fragen auf einmal", hörte ich eine Stimme, die mir irgendwie bekannt vorkam. Und dann eine andere: „Typisch Leander Parow, gleich drei Weiber hat er gehabt, wenn auch nur im Koma."

Auch die kannte ich und begann zu verstehen, versuchte ein Lächeln.

„Schaut nur, er hat mich verstanden und lächelt."

Noch nicht ganz sicher, musste ich nachfragen: „Leander Parow? Mein Name ist doch Lanto von der Lagona."

„Jetzt spinnt er total", meinte die dritte Frau, und nach einer Pause: „Hoffentlich bleibt da nichts zurück."

Da erinnert er sich: „Wenn du wieder einmal dem Tod von der Schippe ..." Das war kurz nach dem fürchterlichen Scheppern.

Tage später, der Arzt hatte gemeint, es sei alles wieder in Ordnung, war ich wieder in mein Inselhaus zurückgekehrt. Mit dem Kombinat ginge es ständig bergauf, da sollte ich mir keine Gedanken machen, zumal sie ja das Mädchen eingestellt habe, meinte Sonja, als ich noch im Krankenhaus lag.

„Welches Mädchen?", wollte ich natürlich wissen.

„Maria Rosbach, du erinnerst dich, die Freundin von Sandrine. Sie hat ihr Studium abgebrochen, will lieber etwas Kaufmännisches lernen. Im Moment wohnt sie noch in Gießen, in der WG, aber ich denke darüber nach, sie zu mir zu nehmen. Dann werde ich das Dachgeschoss ausbauen lassen."

Da hatte ich also schon zwei Angestellte. Hatte ich sie oder hatten sie mich? Egal, nur notariell regeln würde ich das schon wollen. Darüber musste ich bald mit ihr reden.

Sonja ließ sich natürlich nicht davon abhalten, mich weiterhin wie einen Kranken zu behandeln. Kaffee und Kuchen am Nachmittag wurden für uns beide zur Gewohnheit.

Bei einer solchen Gelegenheit rückte sie mit der Sprache heraus: „Weißt du, Leander, zu dritt im Kombinat, ich weiß nicht ..."

„Ich verstehe nicht, du hast doch gerade erst Maria Rosbach eingestellt?"

„Ich sprach auch nicht von Ria – sondern von dir."

„Wie jetzt, soll ich vielleicht verschwinden?"

„Nein, was denkst du? Meinst du denn nicht auch, du solltest die Geschichte von Lanto und Nanne aufschreiben?"

Ich sagte ihr nicht, dass ich schon im Krankenhaus daran gedacht hatte, tat noch etwas zögerlich: „Meinst du wirklich?"

„Aber ja, und wenn du deine eigene Geschichte voranstellst?"

Daran hatte ich noch nicht gedacht.

„Ich werde es mir überlegen, Sonja."

Vielleicht sollte ich da mal mit Herrn Fabuschewski sprechen, der ist doch Schriftsteller.

„Red doch mal mit Alexander Fabuschewski, Leander!"

Ein Blick in die Geschichte
Wir kennen die Germanen nur aus den schriftlichen Berichten mehrerer römischer Geschichtsschreiber sowie aus archäologischen Funden. Auf dieser Grundlage können wir uns eine Vorstellung vom Leben, von der Arbeit und von dem Kult der Germanen bilden.

Die notwendigen Mittel für ihr Leben gewannen die Germanen durch Pflanzenanbau (Ackerbau) und Tierhaltung (Viehzucht), daneben auch durch Jagd und Fischfang. Angebaut wurden vor allem Gerste, Weizen, Hafer und Hirse sowie Bohnen und Erbsen für die Ernährung; der Flachs wurde nach entsprechender Bearbeitung gesponnen und für die Herstellung von Kleidung verwendet. Die Vorbereitung der Felder für die Aussaat erfolgte mit dem einfachen hölzernen Hakenpflug. Um den Beginn unserer Zeitrechnung begann aber auch bereits die Verarbeitung von Eisen für Ackerbaugeräte. Durch zumindest teilweise aus Eisen hergestellte Geräte konnten im Laufe der Zeit die Erträge gesteigert werden. Zum Beispiel wurde mit einem großen harkenartigen Gerät, ähnlich der heutigen Egge, der Boden zerkleinert und für die Aussaat vorbereitet. So wurde allmählich mehr erzeugt, als verbraucht werden konnte. Es entstand ein Mehrprodukt. In guten Erntejahren wurde bereits mehr geerntet, als für die Ernährung der Sippenangehörigen unmittelbar notwendig war. In Dürrejahren dagegen reichte die Ernte nicht für die normale Ernährung aus. Überschüsse aus guten Erntejahren wurden als Vorräte für solche Notzeiten aufbewahrt. Die Getreidekörner wurden mit Mahlsteinen zerrieben und konnten dann zu Breispeisen verarbeitet werden.

Auch Haustiere hatten für die Arbeitstätigkeit und die Ernährung große Bedeutung: Ochsen waren die bevorzugten Zugtiere. Schweine waren die Hauptgrundlage für die Fleischnahrung. Die Kühe gaben Milch, die auch zu Käse verarbeitet wurde. Weite Gebiete östlich des Rheins waren von Wald bedeckt. In den Wäldern wurde Wild gejagt und Früchte gesammelt, hier fanden die Menschen den Honig zum

Süßen der Speisen. In den Wäldern fand ein großer Teil der Viehherden Futter, vor allem die Schweine Eicheln und Bucheckern. Aus Eichen, Eschen und Rotbuchen gewannen die Menschen Bauholz, die Kienäpfel der Kiefern waren hervorragend zum Feueranmachen geeignet und ihr körniger Samen wurde getrocknet und verzehrt.

Die Germanen siedelten in Waldlichtungen oder auf waldfreien Flächen. Ihre Häuser waren meist Wohn-Stallhäuser, Vieh und Menschen wohnten also unter einem Dach. Der wichtigste Baustoff war das Holz. Die Wandfüllungen zwischen den Pfosten bestanden aus Flechtwerk, das mit Lehm verstrichen war. Das Dach wurde mit Schilf, Rohr und Stroh gedeckt. Die Kleidung wurde im germanischen Haushalt selbst hergestellt; Spinnen und Weben waren den Germanen seit Langem bekannt. Die Männer trugen meist eine enge, lange Hose, einen Kittel in Form eines Hemds, einen Umhang, um die Füße ein zusammengebundenes Stück Leder, im Winter eine Kappe aus Filz oder Leder. Die Frauen besaßen meist ein ärmelloses, langes hemdartiges Gewand, sie trugen darauf einen Gürtel mit oft kunstvoll gestalteter Schnalle und darunter eine Ärmeljacke. Pelze schützten Frauen und Männer vor strenger Winterkälte.

Bei den Germanen herrschten zu dieser Zeit noch urgesellschaftliche Verhältnisse. Sie lebten in Sippen. In den Dörfern wohnten oft Angehörige mehrerer Sippen, deren Älteste den Rat der Dorfältesten bildeten. Dieser Rat organisierte das gemeinsame Leben und Arbeiten. Mehrere gleichberechtigte Sippen bildeten einen Stamm. Zwischen den einzelnen Dörfern und auch zwischen den Siedlungsgebieten der einzelnen Stämme lagen oft tiefe Wälder.

Im geschlechtlichen Zusammenleben dominierte zu Beginn unserer Zeitrechnung von den drei Hauptformen der Ehe, Gruppenehe, Paarungsehe und Monogamie, bei den Germanen die Paarungsehe und bei den Römern die Monogamie.
Vorausgegangen war bei den Germanen die Gruppenehe, die Form, worin ganze Gruppen von Männern und ganze Grup-

pen von Frauen einander gegenseitig besaßen und die nur wenig Raum ließ für Eifersucht.

Eine gewisse Paarung, für kürzere oder längere Zeit, fand bereits unter der Gruppenehe oder noch früher statt. Auf der Stufe der Paarungsehe lebte ein Mann mit einer Frau zusammen, jedoch so, dass ein Wechsel der Partner möglich war. Das Eheband war durch jeden Teil leicht löslich, und die Kinder gehörten nach wie vor der Mutter allein.

Die Entwicklung der Familie in der Urgeschichte bestand in der fortwährenden Verengung des ursprünglich den ganzen Stamm umfassenden Kreises, innerhalb dessen eheliche Gemeinschaft zwischen den beiden Geschlechtern herrschte.

Durch fortgesetzte Ausschließung von erst näheren, dann immer entfernteren Verwandten, zuletzt selbst bloß angeheirateten, wurde jede Art von Gruppenehe praktisch unmöglich und es blieb schließlich das eine, einstweilen noch lose verbundene Paar übrig.

Die monogame Familie entstand bei den Germanen, nachdem die Römer in ihre Geschichte eingetreten waren, aus der Paarungsche. Sie war gegründet auf der Herrschaft des Mannes mit dem ausdrücklichen Zweck der Erzeugung von Kindern mit unbestrittener Vaterschaft, und diese Vaterschaft wurde erfordert, weil diese Kinder dereinst als Leibeserben in das väterliche Vermögen eintreten sollten. Die monogame Ehe unterschied sich von der Paarungsehe durch die weit größere Festigkeit des Ehebandes, das nun nicht mehr nach beiderseitigem Gefallen lösbar war. Es war jetzt in der Regel nur noch der Mann, der es lösen und seine Frau verstoßen konnte. Das Recht der ehelichen Untreue blieb ihm auch jetzt noch durch die Sitte gewährleistet und wurde mit steigender gesellschaftlicher Entwicklung immer mehr ausgeübt.

Erinnerte sich die Frau der alten geschlechtlichen Praxis und wollt sie erneuern, so wurde sie strenger bestraft als je zuvor. Um die Treue der Frau, also die Vaterschaft für die Kinder, sicherzustellen, wurde die Frau der Gewalt des Mannes unbedingt überliefert: Wenn er sie tötete, so übte er nur sein Recht aus.

Mit der patriarchalischen Familie betreten wir das Gebiet der geschriebenen Geschichte. Mit der Einführung der Viehzucht, der Metallbearbeitung, der Weberei und endlich des Feldbaus änderten sich die Beziehungen zwischen den Geschlechtern. Der Mann übernahm die Arbeit auf dem Feld und war zunächst darauf bedacht, in der Folgezeit denselben Boden, der sich noch im Eigentum der Sippe befand, zu bearbeiten, woraus sich ein Gewohnheitsrecht entwickelte. Bald betrachtete er diesen Boden als sein Eigentum und war bestrebt, ihn an seine Nachkommen zu vererben. Deshalb musste er wissen, wer diese waren und erhöhte den Druck auf seine Frau, ausschließ von ihm gezeugte Nachkommen zu gebären.

Die Sippen und Stämme der Germanen mussten die Mittel für ihr Leben der Natur immer wieder neu entreißen. Sie konnten sich Vorgänge in der Natur noch nicht erklären. Die Naturmächte stellten sie sich als tierische oder menschliche Wesen vor, zum Beispiel Wolken, Nebel, Wind oder Sturm. Felsen und Frost waren für sie Riesen. Sie glaubten an das Fortleben der Seele Verstorbener in der Natur; an ruhigen Orten, wie an stillen Gewässern, im Wald und auf hohen Bergen, wurde die Zwiesprache mit verstorbenen Angehörigen gesucht. Die Seelen Verstorbener stellten sie sich in Gestalt von Elfen, Wichten und Zwergen oder auch Nixen, das heißt als Wasser- und Quellgeister, vor. Weitere solcher Geister waren für sie Hexen – bei den Westgoten zum Beispiel Frauen, die das Wetter machten –, die Walküren (Schlachtjungfrauen) und die Nomen (Schicksalsgöttinnen).

Die Germanen glaubten an Beschützer der Menschen gegen die ihnen feindlichen Naturgewalten. Diese nannten sie ihre Götter. Jeder Stamm hatte eine Gruppe von Göttern, die er besonders verehrte, jedoch bei der Einnahme neuer Wohnsitze oder nach unglücklichen Ereignissen wurden oft auch die bevorzugten Götter gewechselt. Ursprünglich war Ziu der gemeinsame Himmelsgott der Germanen; er wurde später bei vielen Stämmen vom Windgott Wodan verdrängt. Wodans Himmel war in der Vorstellung der Germanen Walhall, ein Ort, wo die in den Kriegen Gefallenen einzogen. Bei manchen Stämmen galten die Gefallenen auch als Gefolgsleute Wodans. Die Tiere des Schlachtfeldes, Raben und Wölfe, waren Wodan heilig.

Dieser Wodanskult wurde besonders von der entstehenden Oberschicht bei den Germanen gepflegt. Er war auf die Verherrlichung des Kampfes sowie auf die unbedingte Treue und Ergebenheit der Krieger gegenüber den Angehörigen dieser Oberschicht gerichtet. Neben Wodan existierten in ihrer Vorstellungswelt weitere Götter: Donar oder Thor war der Gewittergott, der Blitz sein Hammer oder seine Keule. Als die Hauptgöttin galt Frija oder Freia, die Gemahlin Zius und später Wodans. Neben diesen Hauptgöttern traten bei den einzelnen Stämmen noch verschiedene andere Göttinnen und Götter auf, denen jeweils besondere Aufgaben zugeschrieben wurden.

Die Verehrung der Götter erfolgte in freier Natur, vor allem auf Bergen, an Quellen, Mooren und in Hainen, später auch in Tempeln. Verschiedene Vorgänge in der Natur deuteten die Germanen als Hinweise der Götter. Die Menschen entnahmen daraus, wie sie sich in bestimmten Situationen verhalten sollten; wir nennen das Weissagung. Geweissagt wurde zum Beispiel aus dem Wasser, dem Flug und Gesang der Vögel, aus Blitz und Donner oder aus dem Heulen des Sturms.

Durch Opfer, meist Tieropfer, glaubten die Menschen den Beistand der Götter zu gewinnen oder sie zu versöhnen. Durch Zauberformeln oder Zaubersegen glaubte man, die Seelen, Geister und Dämonen zwingen zu können, die Zukunft vorauszusagen oder gar zu beeinflussen.

Allmählich schwand die Gleichheit der Stammesangehörigen. Die Verhältnisse in der Urgesellschaft änderten sich mit der Erzeugung eines Mehrprodukts. Die gewählten Vertreter im Stammesrat erhielten eine bevorzugte Stellung, die noch damit gefestigt wurde, dass die Stammesangehörigen begannen, ihnen – zunächst freiwillig – Abgaben aus ihrer landwirtschaftlichen oder gewerblichen Produktion darzubringen. So bildete sich allmählich ein Stammesadel heraus.

Die Bauern waren zugleich Krieger. Das Eisen gewannen die Germanen aus Eisenstein, der mit Hilfe von Holzkohle zu schmiedbarem Material verarbeitet wurde. Durch die Entwicklung der Eisenherstellung wurden nicht nur die Waffen verbessert, sondern vor allem die landwirtschaftlichen Geräte und die Werkzeuge für handwerkliche Arbeiten.

Seit dem Jahre 12 vor unserer Zeitrechnung versuchten die Römer, germanische Siedlungsgebiete zu erobern und eine römische Provinz zu bilden. So unterwarf Drusus, Stiefsohn des Kaisers Augustus, zwischen 12 und 9 v. u. Z. germanische Stämme wie die Bataver, Chauken, Cherusker, Chatten, Markomannen u. a. Unter seinem Nachfolger Tiberius, ebenfalls Stiefsohn des Kaisers Augustus, wurden die römischen Eroberungen weitergeführt und germanische Stämme noch fester unter römische Herrschaft gebracht. Durch militärische Gewalt wurden Angehörige des Stammesadels gezwungen, Verträge abzuschließen. So wurden zum Beispiel größere germanische Stämme wie die Cherusker und Chauken zum Dienst für das Römische Reich verpflichtet. Auf diese Weise dehnten die Römer ihre Herrschaft weit in das Innere Germaniens, sogar bis zur Elbe, aus.

Die einzelnen germanischen Stämme konnten diese Erfolge der Römer nicht verhindern, obwohl die Römer nicht einmal in der Lage waren, ganz Germanien dauerhaft mit Truppen zu besetzen. Ursache dafür war, dass ein Bündnis zwischen diesen Stämmen fehlte. Aber vor allem war es die Haltung eines Teils des entstehenden Stammesadels dieser Stämme. Ihnen ging es in erster Linie um die Festigung ihrer eigenen Macht im jeweiligen Stamm, und sie wollten dafür die Unterstützung Roms nutzen. Damit mussten sie sich zugleich verpflichten, Rom bei der Unterdrückung ihrer eigenen Stammesgenossen zu helfen. Oft waren ihre Bestrebungen auch gegen andere Angehörige des Stammesadels gerichtet, sogar gegen solche aus der eigenen Familie, die den Römern feindlich gesinnt waren.

Manche dieser Angehörigen des Stammesadels hatten zeitweise im Römischen Reich gelebt und besaßen das römische Bürgerrecht. So hatte der Anführer der Cherusker, Arminius, als Offizier im römischen Heer gedient, und der Markomannenführer Marbod hatte seine Jugend in Rom verbracht.

Um das Jahr 7 unserer Zeitrechnung gab Tiberius den Oberbefehl über die in den germanischen Gebieten tätige römische Rheinarmee an Quintilius Varus ab. Varus war bisher römischer Statthalter in der Provinz Syrien gewesen und wandte nun seine dort gesammelten Erfahrungen gegen die Germanen an: Er führte die Rechtsordnung der Sklavereigesellschaft ein, machte sich selbst zum obersten Richter und nutzte römisches Recht als Mittel der Unterjochung und Erpressung. Zum Beispiel mussten die Germanen den Römern Vieh, Getreide und Leder liefern. Wenn sie die geforderten Abgaben nicht freiwillig brachten, raubten die römischen Krieger.

Wer Widerstand leistete, wurde ins Lager geschleppt. Die alten germanischen Stammesgesetze wurden durch römisches Recht ersetzt. Die Richter sprachen lateinisch und die Germanen verstanden sie nicht. Der Angeklagte konnte sich nicht verteidigen. Oft verurteilten römische Richter Germanen zu Stockschlägen, ließen sie in die Sklaverei verkaufen oder gar töten. Bisher hatten die Germanen selbst über die Vergehen gerichtet, gemeinsam in der Stammesversammlung, beim Thing, beraten und Urteile gefällt.

Varus übersah dabei eines: Die Germanen lebten noch in der Urgesellschaft, und sie waren nicht bereit, sich der römischen Sklaverei widerstandslos zu unterwerfen. So wuchs der Widerstand gegen die römische Unterdrückung bei ihnen rasch an. Mit großer Sorgfalt wurde der Aufstand vorbereitet. Die Germanen wussten: Der Aufstand eines einzelnen Stammes hatte keine Aussicht auf Erfolg. So schlossen sich viele Stämme unter Führung des Cheruskers Arminius in einem Bündnis zusammen. Arminius kannte als ehemaliger römischer Offizier die Verhältnisse im Lager des Gegners sehr gut. Es gelang ihm, Varus zu täuschen und heimlich den Widerstand der verbündeten germanischen Stämme – der Cherusker, Brukterer, Angrivarier, Marser, Chatten und vieler anderer – zu organisieren.

Arminius hatte in geheimen Zusammenkünften immer mehr Germanen in seinen Plan eingeweiht. Das war für ihn nicht einfach, denn viele misstrauten ihm als ehemaligem römischem Offizier. Außerdem gab es selbst in seiner Familie nicht wenige, die weiterhin zu Rom hielten. Arminius kannte die Stärke und die Kampfkraft des römischen Heeres. Er wusste auch, dass die Germanen in einer offenen Feldschlacht den gut bewaffneten und geübten römischen Legionen unterliegen würden. Deshalb wandte er eine List an. Im Jahre 9 u. Z. täuschte er Varus durch falsche Nachrichten über einen entfernten Aufstand.

Varus ließ sich überlisten. Er verließ mit drei Legionen, drei Reiterabteilungen und sechs Abteilungen von Bundesgenossen, zusammen etwa 30.000 Kriegern, seine festen Standlager, um gegen die „Aufständischen" zu ziehen. Als das römische Heer durch den vom Septemberregen aufgeweichten Teutoburger Wald zog, wurde es von den germanischen Kriegern überfallen. Die Schlacht dauerte drei Tage. Am ersten Tage überfielen die Germanen die in Marschordnung ziehenden römischen Legionen von allen Seiten, im Schutze von Bäumen, dicht verwachsenem Unterholz, Büschen und Gestrüpp. So waren die Römer gezwungen, nach Erreichen eines größeren Platzes im Walde ein durch Wall und Graben gesichertes Lager zu errichten. Sie nutzten diese Pause zur Vernichtung der meisten Wagen und alles entbehrlichen Trosses und zogen am nächsten Tage mit wesentlich kleinerem Tross und in besserer Ordnung sowie mit veränderter Marschrichtung weiter. Doch immer wieder wurden sie in Schluchten und dichtem Wald von den germanischen Kriegern angegriffen. Auch in der nächsten Nacht wurde eilig ein Lager hergerichtet. Doch beim Weitermarsch am nächsten Tage wurden Angriffe und Überfälle der germanischen Krieger immer häufiger und gefährlicher, sodass die Römer völlig erschöpft wurden.

Schließlich nahm sich Varus das Leben. Auch dadurch entmutigt, erlosch der Widerstand der römischen Legionen sehr schnell. Die meisten Überlebenden gerieten in die Gefangenschaft der Germanen. Die hohen römischen Offiziere wurden beim Dankfest den Göttern geopfert. Die Masse der Legionäre aber wurde auf die verbündeten germanischen Stämme verteilt und musste fortan auf den Höfen germanischer Bauernfamilien als Knechte Dienste leisten.

Kaiser Augustus soll nach Empfang dieser niederschmetternden Nachricht von der schweren Niederlage ausgerufen haben: „Quintilius Varus, gib mir die Legionen wieder!"
Auch später noch bezeichneten die Römer diese Niederlage im Teutoburger Wald als eine der schwersten in ihrer Geschichte. Die Hälfte der römischen Rheinarmee war vernichtet, und die Römer waren nicht imstande, gleichwertigen Ersatz für das Heer aufzubieten. So verzichteten sie notgedrungen auf ihren Plan, eine römische Provinz Germanien zu errichten. Die römischen Truppen waren damit an die Rheingrenze zurückgedrängt. Für die östlich dieser Grenze sesshaften Germanen war damit die Unabhängigkeit wiedergewonnen.

Von Reiner Kotulla sind bei Shaker Media erschienen und können bei allen Buchhandlungen und beim Verlag www.shaker-media.de bestellt werden:

Karen (2010)
Kein Krimi, sondern eine Liebesgeschichte. Doch es geht um mehr. Um Zwangsarbeit in Wetzlar und um Widerstand. Gab es den hier überhaupt? Dieser Frage geht Alexander Fabuschewski nach und stößt dabei auf ein geheimnisvolles Manuskript.
Da wandern in den zwanziger Jahren des vergangenen Jahrhunderts zwei junge Männer aus ihrer ostdeutschen Heimat aus, nach Berlin, erleben unterwegs Liebe und Enttäuschung. Einer von den beiden wird Fremdenlegionär, der andere schließt sich der kommunistischen Arbeiterbewegung an, kämpft gegen den Hitler-Faschismus, bis man ihn zu seiner Sicherheit nach Wetzlar schickt. Hier lernt er Elena, seine zweite große Liebe, kennen, eine Lagerliebe.
Alexander Fabuschewski ermittelt und verliert dabei den Blick für sein eigenes Glück.

Muriel (2009)
Alexander Fabuschewski steckt in einer Schreibkrise. Soll er so weitermachen wie bisher? Darüber spricht er mit Karen Schuster, einer Freundin. Die vermittelt ihm den Kontakt mit Lars Grünwald, der einen Doppelmord in Stockhausen zum Gegenstand einer Kurzgeschichte gemacht hat. Alexander beschließt, eigene Ermittlungen anzustellen. Durch einen seltsamen Fund lernt er Muriel Sanders kennen. Alexander kommt mit seinen Recherchen nicht weiter und folgt, um Bedenkzeit zu gewinnen, einer Einladung Karens nach Berlin. Dort lernt er Karens Freundin, Irina Neuber, kennen, eine Friedensaktivistin. Gemeinsam führen sie eine spektakuläre Aktion gegen die Bundeswehr durch. Eine Wanderung durch die Müggelberge bringt die drei einander näher. Gemeinsam ist ihnen die Überzeugung, dass Kriege kein Mittel

der Politik sein dürfen. Wieder zurück in Wetzlar und Stockhausen setzt Alexander Fabuschewski mit Hilfe von Irina und Karen seine Ermittlungen fort. Er erkennt auch hier einen Zusammenhang mit den Berliner Ereignissen. Doch dann geraten sie in tödliche Gefahr.

Melina (2009)

Auf einem Campingplatz im Norden Sardiniens eignet sich Alexander Fabuschewski ein herrenloses Kanu an. Ohne lange zu überlegen, begibt er sich damit auf „große Fahrt". Er „erobert" das La Madalena-Archipel und auf der Isola Spargi das Herz von Angelika Puddu, die ihn, völlig durchnässt, bei sich aufnimmt.
Später lernt er Melina kennen und damit beginnt nach seiner Rückkehr nach Wetzlar ein Abenteuer, das ihn in den Dunstkreis von Männern bringt, die unter dem Deckmantel einer Bundeswehrreservistenvereinigung ein verbrecherisches Spiel inszenieren.
Alexander Fabuschewski quartiert sich im Seehotel am Ahrtalsee ein und ermittelt von dort aus.
Gemeinsam mit Melina, einer unerschrockenen und mutigen, doch manchmal etwas leichtsinnigen jungen Frau, entgeht Alexander Fabuschewski einer tödlichen Gefahr und kann seinen Roman schreiben, dem er ihren Namen gibt.

Das Gitter (2008)

Auch wenn der Westerwald zu seiner zweiten Heimat geworden ist, auch wenn er sich in Wetzlar wohlfühlt, zieht es ihn doch immer wieder in den Nordosten Deutschlands. Birken, Kiefern, Sand und Wasser sind Merkmale, mit denen er Heimat verbindet.
Eine Reise dorthin ist für Peter Fabuschewski der Beginn einer Reihe von Abenteuern beruflicher und privater Art. In Güstrow will er nur den Barlach-Engel bewundern und findet Akten aus vergangener Zeit. Diese Akten interessieren auch andere. Marina und Brigitte machen aus unterschiedlichen

Gründen seine Bekanntschaft. Gründe, die er zunächst nicht durchschaut.

Als Peter Fabuschewski sowohl Bekanntschaften als auch Akten loswird, fährt er zurück nach Wetzlar. Doch hier endet die Geschichte nicht. Er will helfen, wird dabei zusammengeschlagen und lernt Renate kennen, eine geheimnisvolle Person. Ein Zufall hilft bei der Aufklärung. Aber auch Marina und Brigitte haben ihn nicht vergessen.

Von Reiner Kotulla sind außerdem erschienen und können bei allen Buchhandlungen und im Internet bestellt werden:

Marijana (2008)

Bei Marijana handelt es sich wie schon bei den vorangegangenen Büchern des Autors um einen literarischen, regional angesiedelten Kriminalroman, der allerdings entgegen jeder Gattungsspezifik seinen eigenen Regeln folgt. Die Haupthandlung ist eine über mehrere Tage sich erstreckende Floßfahrt auf der Lahn, an der neben dem Schriftsteller Alexander Fabuschewski und seiner jugendlichen Partnerin noch ein befreundetes Paar teilnimmt. Schon zu Beginn wird von einer Flussleiche berichtet, die auch immer wieder Bezugspunkt der auf dem Floß geführten Gespräche wird. Bei ihren Ausflügen an Land begegnen die vier immer wieder geheimnisvollen Menschen und ihren Rätseln. Aber der Roman bietet weit mehr als die Aufdeckung eines Verbrechens: er ist erotische Liebeserzählung, Philosophisches Gedankenspiel, politisches Manifest.

Michelle (2007)

Der Journalist und Autor Alexander Fabuschewski hat sein jüngstes Buch gerade fertig und auch schon ein weiteres, dieses Mal auch zum Thema Stalking und Rechtsradikalismus, im Kopf. Da bekommt er eine mysteriöse E-Mail von Michelle, einer jungen Frau, die er bei der Recherche zu seinem letzten Buch kennengelernt hat. Michelle möchte sich die

Probleme mit ihrem Ex-Freund Pauli von der Seele schreiben, der immer mehr zum aggressiven Stalker wird, ihr nachstellt und sie schließlich brutal überfällt. Sie lebt in ständiger Angst vor ihm. Fabuschewski, der auf diesem Wege erfährt, dass Pauli ein rechtsradikaler Aktivist ist, verstrickt sich bei seinen Recherchen immer tiefer im braunen Sumpf. Als er bei einer Lesung überfallen wird, dämmert ihm langsam, dass er seinem Forschungsobjekt vielleicht doch etwas zu nah gekommen ist.

Morina (2006)

Alexander Fabuschewski kommt nach Wetzlar, um ein paar Sachen zu holen, die sein Vater braucht, der nach einem Unfall im Dillenburger Krankenhaus liegt. Im Bistro „Am Dom" liest er die Regionalzeitung und lernt Michelle Carladis kennen, zwei Faktoren, die den Lauf der Dinge entscheidend beeinflussen. Mit Renate, einer Freundin seines Vaters, verbringt er zwei Wochen auf Sardinien. Renate kennt den Fall aus beruflichen Gründen. Morina Vlado, Schülerin der Realschule „Am Stoppelberg" in Wetzlar, ist während einer Klassenfahrt in England angeblich von einem Mitschüler sexuell belästigt worden. Alexander Fabuschewski hat genügend Geld gespart, um zwei Jahre schreibend überleben zu können. Er zieht nach Wetzlar und beginnt mit den Nachforschungen. Dabei lernt er Juri Brelow kennen, der ein Freund werden könnte. Der lädt ihn zu einer Woche Skifahren im Kleinwalsertal ein. Dort lernt Alexander Verena und deren eifersüchtigen Freund kennen. Hauptsächlich drei Fragen sind es, auf die Alexander Antworten finden muss: Hat Juri Brelow ein Verhältnis mit seiner Schülerin Morina Vlado? Hat Kai Ludwig Morina Vlado vergewaltigt? Ist Brunhild Schelliga nur eine schamlose Intrigantin? Alexander wird es herausfinden. Doch dann überschlagen sich die Ereignisse.